安徽省哲学社会科学规划后期资助项目研究成果，项目批准号：AHSKHQ2021D10

亳州碑刻与地方社会研究

程立中　著

合肥工业大学出版社

图书在版编目(CIP)数据

亳州碑刻与地方社会研究/程立中著．--合肥:合肥工业大学出版社,2022.10
ISBN 978-7-5650-5566-9

Ⅰ.①亳… Ⅱ.①程… Ⅲ.①碑刻-研究-亳州-古代 Ⅳ.①K877.424

中国版本图书馆 CIP 数据核字(2022)第 152066 号

亳州碑刻与地方社会研究

程立中 著　　　　　　　　　　　　责任编辑　王钱超

出　版	合肥工业大学出版社	版　次	2022 年 10 月第 1 版
地　址	合肥市屯溪路 193 号	印　次	2022 年 10 月第 1 次印刷
邮　编	230009	开　本	710 毫米×1010 毫米　1/16
电　话	人文社科出版中心:0551-62903205	印　张	15.25
	营销与储运管理中心:0551-62903198	字　数	242 千字
网　址	press. hfut. edu. cn	印　刷	安徽联众印刷有限公司
E-mail	hfutpress@163.com	发　行	全国新华书店

ISBN 978-7-5650-5566-9　　　　　　　　　　　定价：49.00 元

如果有影响阅读的印装质量问题,请与出版社营销与储运管理中心联系调换。

序　言

碑刻作为一种特殊的文献载体，历史悠久，源远流长。其在内容、形式、性质等方面，具有不同于传世文献的独特功能，其价值之巨大，也是其他文献所不能代替的。历史时期的亳州，自古便是南北文化交流之地。道家文化、曹魏文化、中医药文化等，大都在此生发，并与周边文化彼此碰撞，融为一体，共同谱写了灿烂辉煌的地域文化。

亳州地处皖北，地势显要，历史上屡经兵燹，加之自然灾害频发，故所存历代文献甚少，有些内容则以碑刻文献的形式，留存之今。（乾隆三十九年）《亳州志》中的"艺文·碑记"收录了多篇碑文，如《延祐元年追封文庙碑》《吴郡守惠政祠碑记》《亳州兴造记》《张公惠政祠碑记》《重修学宫记》《王仁子墓表》等。（道光）《亳州志》中"艺文·碑记"收录有《亳州纠曹厅壁记》《沈抚军平寇安亳记》《亳州兴造记》等。（光绪）《亳州志》中"艺文志·金石"收录有《汉故幽州刺史朱君之碑》《汉谒者曹君之碑》《汉故颍川太守曹君碑》等。亳州旧志中收录的碑刻文献，就主要内容而言，主要有以下几个方面。

亳州的历史人物。方志记载地方历代人物，已形成定例。亳州自古历史悠久，名人辈出，大多彪炳史册，影响深远，如地方文献所言"夫论人物于亳，何必借才于异地乎？"亳州旧志中收录的碑文，有的出自名人之手，有的为地方知识精英所作，具有较高的历史文化价值。

亳州的地方教育。方志大都记载地方教育情况，早在唐代的《沙州都督府图经》里，就有州县之学的记载。明清亳州旧志中收录了多篇学宫、儒学、书院等碑刻文献，是了解当时教育兴废及发展的重要史料。亳州历史时期的学宫、儒学和书院的创建时间、创建规制以及创建者等相关内容皆在碑刻文献中有所体现。通过相关碑刻文献，基本可以窥见当时地方教育的历史演变状况。

亳州的古代建筑。亳州自古以来就是区域之要地，历史上留下众多的文化遗迹，由于年代久远，加之战乱不断和自然灾害多发，许多历史遗迹损毁消失，对其建筑全貌难以稽核。但是有些古代历史建筑在碑刻文献中得以记载，可以通过这些珍贵的碑刻文字，了解其大致状况。如明代孙陞的《汤陵碑记》中详细记载了当时"汤陵"具体位置和创建情况；孙维龙的《重修咸平寺》则详细记录了当地咸平寺的建筑规制情况。这些珍贵的碑刻文献，无疑是研究亳州古代建筑的重要资料。

亳州的灾害荒政。地方之志书，大都对当地的山川河流进行记述。由于亳州境内地势平坦，为平原地带，较大的河流为涡河，其穿境而过，故历次所修的《亳州志》大多对涡河的发源和流经情况进行了较为详细的记载。由于涡河为淮河一重要支流，一旦黄水夺淮入海，而亳州境内的涡河则首当其冲，故多篇碑刻文献对当时黄水入涡的泛滥成灾惨景进行了较为详实的记录，如《永清桥碑记》《江公救灾记》等碑文中，涉及相关内容较多。亳州灾荒以及相关救济情况的历史变迁，碑刻文献中也得以保存，这对研究当时的荒政救济具有较大的参考价值。

目　　录

第一章　亳州碑刻与历史名人 ……………………………………………（1）

　　第一节　贤明之君：以《亳州汤陵碑记》为中心 …………………（1）

　　第二节　耿介之臣：以《薛考功墓铭》为中心 ……………………（15）

　　第三节　清廉之官：以《朱公书院记》为中心 ……………………（26）

第二章　亳州碑刻与地方教育 ……………………………………………（37）

　　第一节　亳州文庙：以《修文庙记》为中心 ………………………（37）

　　第二节　亳州学宫：以《重修学宫记》为中心 ……………………（42）

　　第三节　亳州书院：以《柳湖书院记》为中心 ……………………（51）

第三章　亳州碑刻与古代建筑 ……………………………………………（59）

　　第一节　古代城池：以《亳州兴造记》为中心 ……………………（59）

　　第二节　古代宫祠：以《天静宫兴造碑》为中心 …………………（67）

　　第三节　古代寺庙：以《咸平寺碑记》为中心 ……………………（77）

第四章　亳州碑刻与灾害荒政 ···················· （86）

　　第一节　自然灾害：以《永清桥碑记》为中心 ·········· （86）

　　第二节　水利建设：以《修浚亳州河渠碑记》为中心 ······ （99）

　　第三节　储粮备荒：以《建修义仓碑记》为中心 ········ （108）

参考文献 ··· （117）

附　录　相关亳州碑刻选辑 ························· （121）

后　记 ··· （237）

第一章

亳州碑刻与历史名人

第一节　贤明之君：以《亳州汤陵碑记》为中心

据亳州旧志记载，汤王陵在明清之际，先后历经三次修建，"在城东北二里……乾隆三十六年，知州郑交泰率邑人李学书重修。"① （光绪）《亳州志》中收录四篇有关亳州"汤陵"的碑文，分别为：明代嘉靖二十三年李丕显所撰的《亳州汤陵碑记》，明代孙陞所撰的《汤陵碑记》，清代康熙二十年唐翰弼所写的《重修汤陵碑记》，以及乾隆三十六年郑交泰所撰的《重修汤陵碑记》。笔者将以李丕显所撰的《亳州汤陵碑记》为中心，结合另外三篇碑文和其他文献记载，从正史、地志和传说三个维度，探讨亳州"汤陵"的相关内容，以深化对亳州"汤陵"的相关认识。

一、圣人之德，帝王之治

嘉靖二十三年《亳州汤陵碑记》一文，该碑文撰于嘉靖二十三年（1544）四月，作者为直隶监察御史李丕显。据《福州人名志》记载："李丕显（生活

---

① （光绪）《亳州志》卷二《舆地志二·陵墓》。

于明代），字宪文，长乐人。初以举人资历代理休宁教谕，操行廉正，每日召
集秀才谈经讲艺，士悦服之。嘉靖十四年（1535）中进士，为永嘉知县。善
于治事，爱民养士，贤声大著。升南京监察御史，官终赣州知府。著有《四
书及诗经达说》。"① 笔者将以此碑文为中心，结合其他文献资料记载，从文化
视角探讨历史人物的地方书写，通过与正史典籍及民间传说的叙事内容进行
比较，探寻三者之间的不同及其原因。

李丕显在明嘉靖二十三年（1544）《亳州汤陵碑记》的开头写道："圣人之
德，帝王之治，生而人歌诵之，没而人追祀之，以有道存焉。而历世既远，浸
微浸灭，跲而复振者，吾圣道扶持之功用也。"② 此处所言的"圣人之德，帝王
之治"，暗含着对汤王的无比尊崇，那么在正史中对汤王又是如何叙事的呢？

商汤，姓子，原名履，又有武汤、成汤之称，是商部落的杰出首领，也
是商朝的建立者。商汤吸取夏桀亡国的教训，勤政爱民，注重农业生产，获
得百姓爱戴，因此而成为中国历史上明君的象征之一。

商始祖的出现，在正史之中，见于《史记·殷本纪》："殷契，母曰简狄，
有娀氏之女，为帝喾次妃。三人行浴，见玄鸟堕其卵，简狄取吞之，因孕生
契。"③ 契是殷的始祖，故言殷契，因其母简狄，吞玄鸟之卵而孕，故而生之。
在《诗经·商颂·玄鸟》篇中也有记载："天命玄鸟，降而生商。"④ 所谓玄
鸟，是为燕子，因其色为黑，故名玄鸟。

据《史记》记载，契卒后，子昭明立；昭明卒后，子相土立，直到主癸
卒后，子天乙立，是为成汤，"成汤，自契至汤八迁。汤始居亳，从先王居，
作帝诰。"⑤ 此为正史中关于汤王及其始祖的记载情况，至于嘉靖二十三年
（1544）《亳州汤陵碑记》中所言的"圣人之德，帝王之治"，在《史记》中的
记载有"网开三面"之说，"汤出，见野张网四面，祝曰：'自天下四方皆入
吾网。'汤曰：'嘻，尽之矣！'乃去其三面，祝曰：'欲左，左。欲右，右。

① 福州市地方志编纂委员会：《福州人名志》，福州：海潮摄影艺术出版社，2007 年，第 98 页。
② （光绪）《亳州志》卷二《舆地志二·陵墓》。
③ ［汉］司马迁：《史记》，北京：中华书局，1959 年，第 91 页。
④ 程俊英：《诗经译注》，上海：上海古籍出版社，2004 年，第 564 页。
⑤ ［汉］司马迁：《史记》，北京：中华书局，1959 年，第 93 页。

不用命，乃入吾网。'诸侯闻之，曰：'汤德至矣，及禽兽。'"① 汤王的仁德为当时诸侯所称颂，如李丕显所说的"生而人歌诵之"，后世不断崇祀纪念，也符合其所谓的"没而人追祀之"，汤王的德政至今为后世传颂，李丕显认为是"以有道存焉。"

汤王的仁德之政，除《史记》所载的"网开三面"之外，还有"汤王祷雨"之说，但此传说并不见于正史，而记载在先秦诸子典籍中，如《墨子·兼爱下》中的记载："汤曰：'……万方有罪，即当朕身。朕身有罪，无及万方。'"② 又如《吕氏春秋·季秋纪·顺民》中也有类似记载："昔者汤克夏而正天下，天大旱，五年不收。汤乃以身祷于桑林。"③ 此事件后来又引入史书，如皇甫谧的《帝王世纪》中所载："汤自伐桀后，大旱七年，洛川竭，使人持三足鼎祝于山川。"④ 此传说使汤王的明君形象，展现得淋漓尽致。

汤王的仁德之治，对后世产生了较大的影响，如明代曾为礼部尚书的孙陞，在《汤陵碑记》中就指出："夫汤之功烈赫赫，在天下非独亳人之所当祀，而亳人生于百世之后，乃能聿先奏假，为天下观德之倡，谓非礼之善物哉？肸蠁之余，昔所云作福作灾者，今始有所定。而亳之民降福穰穰矣。……若夫国之大祀，所以为万世帝王功德之报者，则自有太常之典章，在曷用及哉？是役也，崇德善俗，教民以礼。监察君可谓得观风之体要。而州牧奉扬善意，以存国故，使历世阙典轶然修举，其能亦足书也。"⑤ 这或许是孙陞乐于撰写此记的初衷，但我们从此段言语之中，可以知道孙陞对于明君汤王的景仰之情。在他看来，"汤之功烈赫赫"，天下并非只有亳地之人理所祭祀，言外之意，明君汤王值得天下人祭祀。就如"国之大祀"，所以为万世帝王功德之报者，则自有太常之典章。那么作为官员重视汤祀，其看重的是"崇德善俗，教民以礼"，无论他所言的监察御史可谓"得观风之体要"，还是州牧"奉扬善意"，均可以看作是后世理政者对明君汤王之治的向往，从该碑文最后孙陞所附的诗一首，也可以看出作者之意。

---

① ［汉］司马迁：《史记》，北京：中华书局，1959 年，第 95 页。
② 吴毓江，孙启治点校：《墨子校注》，北京：中华书局，1993 年，第 179 页。
③ 许维遹：《吕氏春秋集释》，北京：中华书局，2009 年，第 200 - 201 页。
④ ［晋］皇甫谧：《帝王世纪》，北京：中华书局，1985 年，第 19 页。
⑤ （光绪）《亳州志》卷二《舆地志二·陵墓》。

有娀立子曰先王，居于祇台迁于商。

十有四世天生汤，道古圣贤基必张。

骊宫神告天降祥，金符帝篆殊辉煌。

百辟来享商是常，圣敬日跻官赏明。

一德咸有惟阿衡，道我嘉师四海清。

仲虺作诰宽仁行，桐宫桑林帝之乡。

景山九九松柏长，大河东去何汤汤。

猗那久废谁云将，国故常举委道旁。

遗塚七尺城北方，东都御史按水荒。

曾行拜墓亳之阳，持斧于今更有光。

新庙奕奕云天翔，卜日得吉展元堂。

金玉俎豆罗膻芗，管声瞎瞎钟鼓喤。

我民世世来盛筐，谧我皇运万亿昌。

又如乾隆三十六年（1771）《重修汤陵碑记》，作者在碑文开头便点出了乾隆三十六年亳州汤陵重修的原因，作为知州的郑交泰对地方文化遗迹的保护较为重视，平时利用闲暇时间，探访亳州历史遗迹，对于毁坏者加以修建。由于当时亳州汤陵之松门、祠宇荒废较甚，故引起郑交泰重修之想，"余治亳之三年，民事稍暇，则访境内古迹、坛庙，以次修葺。城东北旧有成汤之陵，循例展谒。埏道松门，不无芜废。载瞻祠宇，谋及更新。"① 于是在李学书等州人的大力支持下，郑交泰决定对亳州汤陵进行重修。

此碑文为亳州知州郑交泰所撰，据《香山县志》记载：郑交泰，字协德，平岚乡人，少读书强记，屡试不售，由例贡生就铨，拣发广西，补苍梧县知县。丁内艰，起复，知安徽望江、阜阳县。迁亳州、六安州知州，擢嘉兴府知府，授浙江督粮道。交泰性英毅，善听断，能以片词析疑狱，治声闻于江南北，凡疑狱积年不能决，交泰一再鞫，必得其情。性勤敏，尝以旬日断释积囚四百余人，民免拖累苦，囹圄几空。去后百姓皆思之，所至无不以争得好官为快。另据（光绪）《亳州志》卷九"职官志"记载，郑交泰，广东香山人，贡生，乾隆三十五年（1770）为亳州知州。

---

① （光绪）《亳州志》卷二《舆地志二·陵墓》。

由于汤陵故地之争，自古就有，作为亳州知州的郑交泰在重修亳州汤陵之时，也需要面对这一问题，故该碑文在谈及这一问题时，重点论述了由于历史地理古今变化较大，仅仅执故名而索今地，其准确性很难得以保证。"考亳有汤陵，载于《皇览》，因三亳异地，今太常祀典定于西亳。然后儒之考据者亦仅于故简中按地名而已，名有定而地无定，陵谷迁移，城郭变易，水火兵戎之后，荡析离居，有迥非其故址者。墨守之家，执故名而按今地。纵极精核，未见其百无一失也。"① 况且三亳之地相距不远，自然地理环境相似，土地平坦，又无名山大川，故后人辨别起来较难，在郑交泰看来，亳州作为汤王的首政之地，亳州人更应该倍加珍惜这一重要的文化遗产。"况三亳总在一隅，其境平旷，无崇山峻岭可为表识。此陵独巍然于首政之地，亳之人以为古我前王即真古，何地不致其爱护哉？"②

该篇碑文最后点出，重修亳州汤陵的意义不仅仅是"借重古人"，以扬一地之名，更重要的是体圣王之训，淳风美俗，以达太平之治，"所望者：亳之人以汤陵重，应知善体汤之训，《书曰》：以义制事，以礼制心。又曰：无从匪彝，无即慆淫。苟能奉懋昭之遗，以承天子建中之化，风俗淳美，即从此为敬前王之心始子。"③ 郑交泰认为，即使自己未能上循汤王宽仁之治，重修亳州汤陵，也可以风示将来，以留美俗遗风于后世。

由此可知，作为亳州知州的郑交泰，对于重新修建汤陵一事，他所注重的不仅仅是汤陵的历史遗迹，更注重的是汤王的明君之治，以及汤王仁德之风对于当时地方社会治理的现实意义和价值。他们所关注的"汤王"事迹，与正史所记载的汤王内容，存在一定的差异，尤其是清代亳州地方知州，从现实社会治理的视角，重新认识"汤王"遗迹的文化价值。

二、愿斯陵之修举，关政理之得失

至于汤所葬之处在于何地，由于历史久远，稽考不易。嘉靖二十三年（1544）《亳州汤陵碑记》则认为："亳自墉东迤，距不数里，厥地曰凤头村。内有丛冢盘积，旁附古刹，世传为汤陵遗址。顾其祀典举废不一，莫之详焉。

---

① （光绪）《亳州志》卷二《舆地志二·陵墓》。
② （光绪）《亳州志》卷二《舆地志二·陵墓》。
③ （光绪）《亳州志》卷二《舆地志二·陵墓》。

凡观人风者至是亦漫无所考焉。"① 关于亳州汤陵的文献记载问题，地方学者所编著的专著中，大都认为最早始于三国时期曹丕的《皇览》一书，如《亳州四名》一书中云："汤王墓的记载，最早见于三国时期《皇览》一书，'涡北凤头村，有成汤故垒'，并说在建平元年（公元前6），汉哀帝派遣御史长卿谒汤陵。亳州曹操宗族墓出土的汉桓帝延熹七年（164）烧制的字砖中有'谒汤都'铭刻，说明亳州在东汉末年举行过大型拜谒汤王陵的礼仪。"②《皇览》为三国时期魏文帝曹丕敕诏王象、刘劭、桓范、韦诞、缪袭等编撰，通过撰集经传，以类相从，分门别类，汇编而成，主要供皇帝阅览之用，全书共有"四十余部，部有数十篇，通合八百余万文。"（《魏志·杨俊传》裴松之注）可见卷帙之庞大，内容之丰富，可惜的是该书早已亡佚。据洪湛侯在《中国文献学要籍解题》中考证，该书后来的节录本和抄本，在隋末也已散佚，"《皇览》开创了我国类书编纂的体例，故历来学者视为'类书之权舆'。由于原书卷帙过繁，梁代曾有何承天、徐爰、萧琛三家的节录本、抄合本。至隋朝末年这些传本也已全部散佚。"③ 相关记载也无从考证。

明代孙陞所撰的《汤陵碑记》记载了亳州汤陵的具体位置和明嘉靖年间两次修建情况，"陵在城北二里河北凤头村，见《郡县表》。嘉靖二十三年，同知傅棨封建。三十七年，御史张九功命知州张瓒立庙堂，门廊树之松柏。"④ 由此可知，亳州汤陵为当时的亳州主政者王家相、傅子棨，于明嘉靖二十三年（1544）重修，在汤陵古刹旁，建立祠堂，以便每年祭祀汤王之用。嘉靖三十七年（1558），亳州知州张瓒在御史张九功的命令下，为亳州汤陵重立庙堂和门廊，种植松柏等树，并立碑为证，汤王陵从此得以显著。据《亳州四名》记载："1642年，李自成第二次攻陷亳州城，杀知州何燮，烧汤陵庙堂、山门，千年古柏及建筑被焚烧一空。"⑤

据文献记载，关于汤陵所在之地，历代有多种观点，现摘录几条，以便与亳州地方文献记载作比较。

① （光绪）《亳州志》卷二《舆地志二·陵墓》。
② 汪东恒：《亳州四名》，合肥：安徽人民出版社，2005年，第176页。
③ 洪湛侯：《中国文献学要籍解题》，杭州：杭州大学出版社，1997年，第198页。
④ （光绪）《亳州志》卷二《舆地志二·陵墓》。
⑤ 汪东恒：《亳州四名》，合肥：安徽人民出版社，2005年，第176页。

部分古代文献中的"汤陵"记载情况

所在地点	记载内容	文献出处
曹县	薄城北郭东三里平地有汤冢。冢四方,方各十步,高七尺,上平也	《皇览》
	梁国蒙县北有薄伐城……今城内有故冢方坟,疑即杜元凯之所谓汤冢者也	《水经注》
	古亳城在考城东北五十二里,有汤葬,亦有殷水,盘庚徙治	《路史》
	宋皇祐五年(1053),重修汤陵;元延祐四年(1317),重修汤陵;明宣德间,重修汤陵。汤王陵在县南二十里,碑在曹南土山之巅,广二十丈,袤四十丈,高称之,陵上建庙古有之,迄清朝因其废而重修,增其旧制	康熙《曹县志》
偃师	洛州偃师县东六里有汤冢,近桐宫,盖此是也	《括地志》
	汤王陵坑,在县东北山上八里	《太平寰宇记》
	尸乡南有亳坂,东有桐城,太甲所放处;亦曰桐宫,汤墓在焉	《太康地记》
山西	殷汤陵在县北四十三里	《元和志》
	汤冢,后魏天赐中圮,其明器悉为河东张恩弃之于河	《圣贤冢墓记》
	殷汤陵,在县北四十三里。后魏太和中,有县人张恩破陵求货,其陵下先有石弩,以铜为镞,盗开埏门,矢发中三人皆毙。恩更为他计,卒取得墓中物,其物多是钟磬及诸乐器,再得其铭。恩恐人知,以铭投之汾水。后事泄,为主司所理,乃于水取得其铭,铭曰:"吾死后二千年,终困于恩。"由是执事不复深加其罪。刘向云"汤葬地",盖不练其处也	《太平寰宇记》
陕西	雍州三原县有汤陵,又有汤台,在始平县西北八里。按:其国盖在三原始平之界矣	《括地志》
	契,商始祖受封于此,故邑人祀之 成汤庙在兴平县西北二十里汤祠乡,祀商成汤	《大明一统志》
	兴平县商汤祠,在县西北二十里汤祠乡	《长安志》

注:本表是笔者依据相关文献记载内容,简单整理而成。

由上表可知，汤王所葬之地，历代众说纷纭，因缺乏明确的文献记载，故有多种说法。由于历史久远，加之文献记载的缺失，因此汤陵的具体位置众说纷纭，不得而知，究其原因也莫衷一是。嘉靖二十三年（1544）《亳州汤陵碑记》则给出了较为合理的解释："余谨按之《商书》云：王归克夏，自亳。则克夏之年为汤之元年，汤即正命自亳也。及伊尹复政于太甲，则复归于亳。越数世，而祖乙都耿。至盘庚，复迁于殷。盖商室世圮于河水之患，屡徙不一，虽民之安土重迁者，亦不得不从之。故其陵寝布散蔓落，易世之后，不知所自云。"① 而笔者所要关注的是，明清时期部分知识精英，如何看待"汤陵"在亳州这一问题，而他们所关注的重点，与其他文献记载，又有哪些不同之处？

明代李丕显在嘉靖二十三年《亳州汤陵碑记》中，对于亳州汤陵记载，用的是"世传为汤陵遗址"，并没有确切地指出此地"汤陵"，可以看出作者的严谨之处。接着，李丕显又进一步叙述了自己探访汤陵的原因，"嘉靖甲辰，余承乏奉命来莅兹土。既至，则欲按彼古汤正域旧区，虽世代凋谢，幅员无稽，但抚若川原盘郁，察尔人心土俗，不大异古。虽犷狉之民，或弊吾良，于是为之喟然兴嗟。又想见当时誓诰，所纪肇修，建中之政，制心制事之训，真足以垂法后人。直欲吊彼古汤君臣于千百世之上，如将陶陶然入于其地也。于是访之而得所谓汤陵焉。"②

该碑文作者李丕显，曾以举人资历代理休宁教谕，操行廉正，"善于治事，爱民养士，贤声大著"，后升至南京监察御史，官终赣州知府。他作为主政一方的"贤臣"，自然对明君象征的汤王，倍生景仰之情，故在碑文中言："夫距古既邈，遗感犹存。愿斯陵之修举，政理之得失。斯庸可以弗葺乎哉？惟时州守臣王子家相、副守傅子棨等，罔不乐事，协恭以赞，厥成矣。"③

由此可知，在李丕显看来，当时亳州汤陵的修建，事关"关政理之得失"，故对于当地而言，不仅仅是一处古迹那么简单，而对社会政治治理有着重要的影响。从此碑文可以看出，明代官员对于亳州"汤陵"修葺的关注，更侧重其政治意义，这不仅与自身作为地方官员身份有关，也与当时亳州的

---

① （光绪）《亳州志》卷二《舆地志二·陵墓》。
② （光绪）《亳州志》卷二《舆地志二·陵墓》。
③ （光绪）《亳州志》卷二《舆地志二·陵墓》。

社会风气有一定的关系，正如在碑文中所言："察尔人心土俗，不大异古。虽犷猂之民，或弊吾良，于是为之喟然兴嗟。又想见当时誓诰，所纪肇修，建中之政，制心制事之训，真足以垂法后人。"① 面对当时地方的社会风气，作者想起了汤王之制，随后又进一步叙述对明君汤王的追祀之事，"祠完而堂房有翼，经纬有章。岁时嗣祀，笾豆既陈，黍稷惟馨，庸界千祀。盖帝王之治，虽易代既远，而圣人之德，罔不焕然光也，是乌可以无传以垂永久哉？"② 由此可知，李丕显认为对于明君汤王应"岁时嗣祀"，只有后人通过祭祀这种仪式，才能更好地弘扬明君的仁德之事。汤王之治，虽然历史久远，后世通过祭祀，传承"圣人之德"，否则无以永垂久远。

在碑文最后，作者发出历史的感叹："吁歟！天地之气数，日月有薄蚀，陵谷有湮沉，世道有升降，而斯陵无恙！君子曰：于是可以观人纪尔。"③ 世事变迁，各有进退沉浮，万事万物，遵循着升降湮灭之道，虽历经千古，而"斯陵无恙"。汤王以其仁爱之心，德及天下，惠及万代，虽历经千载，依然被后世所念，为后人所祀，故如君子所言："于是可以观人纪尔"。

可见，嘉靖二十三年《亳州汤陵碑记》对"汤王"的书写，与正史所记存在较大的差异，碑文更侧重于"汤王"的仁德之治，对现实社会治理的启示，追述汤王遗风，目的是弘扬汤王圣德，传承汤王勤政爱民的德政精神。

在历代关于汤王陵传说中，清代曹县汤陵之说影响颇大。清代著名学者孙星衍详论诸说，终持曹县汤陵说为正，"始平即今兴平，《长安志》：兴平县商汤祠，在县西北二十里汤祠乡，则《括地志》所称汤陵，即汤祠矣，但按汤陵以在今曹县者为成汤陵，古者墓而不坟，故至汉建平时始得之，其在今偃师者乃汤亭之误，在今荣河者，出魏时小说家附会之言，不足信，在今澄城者，亦汤池之传，疑在今兴平者，或亳王汤之陵：俱不足以夺曹县汤陵之说。"④

关于何处为真正汤陵的位置问题，作为亳州汤陵的重修主导者，也需要面对这个问题，故唐翰弼在《重修汤陵碑记》中针对曹县汤陵之说，给出了

① （光绪）《亳州志》卷二《舆地志二·陵墓》。
② （光绪）《亳州志》卷二《舆地志二·陵墓》。
③ （光绪）《亳州志》卷二《舆地志二·陵墓》。
④ 潘建荣：《商汤伊尹文化概览》，北京：中国文史出版社，2011年，第114页。

自己的观点："史载成汤年百岁葬济阴,今曹邑。《一统志》《皇舆考》诸书皆属曹。独《郡县表》《亳志》属亳,孙宗伯《记》中陵辨详甚。……成汤曰:契至汤八迁,始居亳,从先王居。既克夏,迁亳,亳又为畿甸,先王顾谛明命,抚绥万邦,民服厥命,罔有不悦。功德及天下,后世无已;天下及后世,思慕亦无已。乌在其曹与亳也? 而亳为畿甸,首政顾不桐乡若乎?"①由此可知,作为亳州知州的唐翰弼,坚持亳州汤陵说为正宗,是理所当然之事,也正是地方主政者的参与,使得汤陵之争由学者演进为官方。

清代康熙二十年《重修汤陵碑记》的作者为唐翰弼,据《新纂云南通志(八)》记载,"唐翰弼,辽东人,荫生。康熙三十五年,知腾越州,性廉明,善决狱,几于无讼。凡所兴废,民多便之。"②另据(光绪)《亳州志》卷九"职官志"记载可知,唐翰弼于康熙十七年(1678)为亳州知州。

作为清代亳州知州的唐翰弼,在撰写《重修汤陵碑记》时,由于朝代更迭,有必要对历代亳州汤陵的修建历程略作交代,故对此加以简述。明嘉靖二十三年(1544),州守王家相、傅榮封建之,李丕显作记;嘉靖三十七年(1558),张九功复命州守张(羽廷)立堂庙,树松柏,孙陞为记。时至清代康熙年间,亳州汤陵虽为后人奉祀不断,然历经兵燹,风雨剥蚀,垣堵颓圮,加之守者因旁阁奉西方圣,即以僧主之力,勿能经营。于是唐翰弼在亳州主政的第二年,便思考重修汤王陵,苦于"值岁不稔,公帑匮不可",后来民衣食稍给之时,便召集诸绅,且告知曰:"犹是子姓之遗风也,而令陵寝,若是谓亳,何不佞从?"在唐翰弼的倡议下,当时亳州民众,无不曰善,于是鸠工庀材,准备兴修。

康熙二十年(1681)《重修汤陵碑记》碑文最后,重点叙述了当时亳州汤陵的重修时间及其修建内容,"庚申七月二十又五日始,卒事于明年四月二十又五日"。不足一年的时间,整个亳州汤陵修葺一新;就修建内容看,亳州汤陵的殿堂、楹门、陵墓及其垣墙等,均进行较大的修复,"旧唯飨殿,兹则创三楹为门,门距数十武。又创三列,及殿,及陵,所以崇观也。旧垣庳且薄,土恶善溃。兹则高寻有一尺,厚半之。周遭堵一百九十三焉。若木若竹若蘗

① (光绪)《亳州志》卷二《舆地志二·陵墓》。
② 江燕等:《新纂云南通志(八)》,昆明:云南人民出版社,2007年,第132页。

若甒，而砌而鋪而丹堊。"① 如此较大的工程，匠作之费，五百余两。就其规模而言，亳州汤陵故地较为宽阔，由于历年侵削较甚，较之以前，规模有所削减，"陵地故饶，历年久强者侵削，侁十之七，今度其广袤，垣内地二十五亩有奇。神道通北，广十一武。南减其一，河上成梁，通往来。垣外地五亩有奇，给僧守者葬。"② 可见在当时主政者的大力支持下，清代亳州汤陵得以修葺不废，从而为后人留下这一珍贵的历史文化遗迹。

由此可知，唐翰弼主政亳州期间，对修建地方文化遗迹表现出较为浓厚的兴趣，尤其是对于汤王这样的明君文化遗迹，更是怀着景仰之心，"功德及天下，后世无已；天下后世，思慕亦无已。乌在其曹与亳也？而亳为畿甸，首政顾不桐乡若乎？"③ 因此，他对亳州汤王陵的叙事，更侧重于明君汤王的桑梓情结。

三、是亳者，成汤首政之地

汤王都亳，说明亳地不仅是商汤的都城，而且也是商朝早期的政治中心，关于"汤都亳"问题，《史记》中记载"成汤，自契至汤八迁。汤始居亳，从先王居，作《帝诰》。"④ 但是，"亳"的具体地点，历代文献无明确记载，故历史上存在多种说法，众说纷纭，莫衷一是。据古代典籍记载，由于商汤时经常出现水灾，为寻找宜居之地，曾多次搬迁地点，只要是他曾经建都的地方，后世大多称之为"亳"，于是也就有了后世所谓的"三亳"之说。

明清时期以"亳"命名的地点较为少见，而亳州还保留"亳"字，故当时部分知识精英认为，亳州曾属商汤所都之其中一"亳"。针对"三亳"之说，明代礼部尚书孙陞在其所撰的《汤陵碑记》中言："按：《史记》：成汤，自契至汤八迁，始居亳。《书》有三亳：西亳在偃师，皇甫谧辨其非汤所都，明矣；南亳在谷熟，汤自商丘来始都之。《书》序所谓从先王居，作《帝诰》是也；北亳在蒙，一曰景亳，山名，汤所盟处。"⑤

---

① （光绪）《亳州志》卷二《舆地志二·陵墓》。
② （光绪）《亳州志》卷二《舆地志二·陵墓》。
③ （光绪）《亳州志》卷二《舆地志二·陵墓》。
④ ［汉］司马迁：《史记》，北京：中华书局，1959年，第93页。
⑤ （光绪）《亳州志》卷二《舆地志二·陵墓》。

　　在孙陞看来，根据皇甫谧考辨，偃师之西亳，并非汤所都，其论证得较为明了；谷熟之南亳，是汤自商丘来始都之，也就是《尚书序》中所言的"从先王居"，作《帝诰》是也；而蒙之北亳，又曰景亳，为山名，是汤所盟处，也是《春秋》中所言的"商汤有景亳之命"处。随后又指出，就地理而言，历史上的"三亳"之地，"皆不出今州境百里之外"。"三亳"之说，由来久矣，作为明代礼部的孙陞，为何有此一番论述？他又想说明什么问题？

　　孙陞（1501—1560），字志高，号季泉，浙江余姚人，为明代孙燧之子。据《余姚文史资料（第3辑）》所载黄建周所写的孙陞传可知，孙陞于明世宗嘉靖十四年（1535）考中进士第二名，此后历任编修、右中允、祭酒、礼部左右侍郎等职，直至南京兵部尚书。死后他被朝廷追赠为太子少保，谥号文恪。孙陞在任职期间，比较清正、尽职，办事注重实效，重用那些有真才实学的人，反对奉承拍马；在南京任职期间，大刹当地的奢侈腐朽之风，提倡俭朴；针对当时东南一带资本主义已萌芽的现实，上疏朝廷，提出发展一些切实可行的专业技术，得到皇帝的赞赏并采纳。孙陞还以"孝友天植"著称，他父亲死于宸濠之难，他和两个哥哥堪、墀曾誓死赴仇，为父守墓三年，丧期满后，又继续穿孝服三年，被人并称为"三孝子"[①]。

　　孙陞在《汤陵碑记》中对于"三亳"之说也进行了简要论述，并给出了亳州为成汤首政之地的结论："而《皇览》亦曰：'亳城北三里有成汤冢。'云是亳者，成汤首政之地，斯民所当报祀于世世者也。"[②] 该碑文对《皇览》中所记内容，提出了一个新解释，即"是亳者，成汤首政之地"，作为当时的礼部尚书，这一论述无疑对于"亳州"为汤所都之地，上升到国家层面的高度。既然亳州为成汤首政之地，此地居民世世代代祭祀汤王理所当然，那么此前没有听说此地祭祀汤王者，又是什么原因呢？孙陞给出的说法是，嘉靖二十三年（1544）秋，监察御史张九功行部至亳，询问其故后得知，原来是"怃然以为缺典"所致。孙陞此番言论，无疑对当时的亳州而言，具有重要的影响，不禁要问的是他为什么这样说？从碑文中也可略知其原委，"乃命知州张

---

　　① 市政协文史资料研究委员会，市文联乡贤研究会：《余姚文史资料（第3辑）》，内部资料，1987年，第33-34页。

　　② （光绪）《亳州志》卷二《舆地志二·陵墓》。

珽、同知诸暲建庙于陵之阳，祀焉。庙成，走书抵余，以碑文请。"① 可见，其原因是嘉靖三十七年（1558），当时的御史张九功因政事到亳州，得知亳有汤陵而无祭祀，于是乃命知州张廷、同知诸暲建庙于汤陵之阳，进行祭祀，庙成之时，于是便请当时的礼部尚书孙陞，撰写碑文以记之。

亳州实为一隅，而商汤都亳之说，历史久远，众说纷纭，当时并没有明确定论。而作为礼部尚书的孙陞，能够为亳州新建的汤王庙撰写碑文，实属不易。但作为受人之请而作，加之当时的监察御史之令，孙陞为亳州汤陵正名，也不难理解了。

依据文献记载，有关"商汤都亳"之说，罗列如下，以便与亳州地方文献记载作比较。

部分古代文献中的"商汤都亳"记载情况

所在地点	记载内容	文献出处
曹县	夫自鸿沟以东，芒、砀以北，属巨野，此梁、宋也。陶、睢阳亦一都会也。……汤止于亳。其俗犹有先王遗风，重厚多君子	《史记》
	汤止于亳	《汉书》
	北亳城，在县东北五十三里。自契至汤九迁，汤始居亳，与葛伯为邻	《太平寰宇记》
商丘	殷汤都亳，在梁，又都偃师	《帝王世纪》
	汤即位，都南亳，后徙西亳也	《史记》
偃师	尸乡，殷汤所都	《汉书》
	尸乡南有亳坂，东有城，太甲所放处也	《晋太康地记》
	河南偃师为西亳，帝喾及汤所都，盘庚亦徙都之	《括地志》
	偃师西亳，汤都也	《元和郡县图志》
陕西	亳，京兆杜陵亭也	《说文》

以上各种文献记载，对于"商汤都亳"之说，后世并没有取得较为一致的观点，以至于学术界又出现了一些新的解释，如"亳在内黄说""亳在山西

---

① （光绪）《亳州志》卷二《舆地志二·陵墓》。

说""亳在郑州说"和"亳在定陶说"等诸多观点，并且各家之说，均进行了
一番论证，给出了各自的证据。

由于历史上殷商王朝多次迁都，亳都之争由来已久，自古众说不一。亳
州旧志中所收录的《亳都考》对三亳之争的历史状况进行了较为详细的论述：
"汤居亳之地有三，前代聚讼不已，迄今尚无定论。以亳都为在河南偃师之尸
乡者，《汉书·地理志》之说也，是谓西亳。郑康成、孔颖达、司马贞皆从
之；以亳都为在济阴之薄县者，臣瓒及杜预之说也，是谓北亳，一曰蒙亳。
近世儒生之解多从之；以亳都为在宋州谷熟者，皇甫谧之说也，是谓南亳。
《水经注》《括地志》以下皆从之。三家之说各有证据，而于当日之情势及各
国之地形参考，互证其理，不能相通。于是历代志家及言地学者，或偏主一
说而不免于臆断，或并存诸说而不能有所折中。"①

可以看出，当时亳州当地知识精英对"商汤都亳"这一问题，保持了较
为理性的态度。而作为受人之请的孙陞，在《汤陵碑记》中对于"商汤都亳"
给予了自己的解释。此外，他似乎更为关注的是后世对于"汤"的祭祀问题，
"或曰：亳之祀汤，礼欤？曰：祭法曰，先王之制祭祀也，法施于民则祀。又
曰：汤以宽治民而除其虐，此实有功烈于民者也。汤而不祀，祀典废矣。矧
亳为汤首政之地，而体魄之所藏乎？商俗最重祀，汤作《帝诰》，孔安国谓：
作诰告先王，言已来居亳。而盘庚之迁西亳，亦曰：兹予大享于先王。则牺
牲粢盛，非亳之所常有事乎？亳安得而不祀汤也？"②

由此可知，孙陞认为"汤以宽治民而除其虐，此实有功烈于民者也"，如
后世对于有功于民的汤王，不给予祭祀，那么祀典就可以废弃了，可见他所
言的"祀汤"，正是因为他所看重的汤王的仁德之治。作为朝廷大员，维护当
权者的统治，实为理所当然，包括监察御史张九功在内的明代官员，他们所
看重的正是汤王的治国之道，尤其是汤王的德政，对后世社会治理，具有重
要的意义。由于"亳为汤首政之地"，那么亳州祭祀汤王，自然在情理之中。

① （光绪）《亳州志》卷一《舆地志一·都邑》。
② （光绪）《亳州志》卷二《舆地志二·陵墓》。

第二节　耿介之臣：以《薛考功墓铭》为中心

薛考功，原名薛蕙，其墓位于亳州城南薛家阁之西。据《亳州四名》记载："薛蕙（1489—1541），字君采，号西原。祖居亳州城内薛家巷。12岁就能诗能文，于书无所不读。明正德九年（1514）中进士，授刑部主事。因谏武宗皇帝南巡，受廷杖夺俸，引疾归里。后复起用，任吏部考功郎中。"① 有关薛蕙生平事迹的文献记载，有史部传记类《明史》卷一百九十一"薛蕙"，《明儒学案》卷五十三"考功薛西原先生蕙"。碑刻方面有明代唐顺之的《吏部郎中薛西原墓志铭》，以及文徵明的《吏部郎中西原先生薛君基碑铭》，以上两篇碑文均收录在（光绪）《亳州志》卷二"舆地志·陵墓"中。此外还有其友人苏州府知府王廷的《吏部考功郎中西原薛先生行状》（《考功集附录》）。而（光绪）《亳州志》卷十三"人物志·儒林"中也有薛蕙的生平简介。基于以上文献记载，其材料有多种来源，有正史、碑铭、志书、文集等多种载体，不同的文字作者对于"薛蕙"的叙事，应有所差异，笔者将依据（光绪）《亳州志》所收录的《薛考功墓铭》（唐顺之的《吏部郎中薛西原墓志铭》），作为中心材料，重点探讨不同作者对于"薛蕙"历史书写的差异及其背后的原因。

一、无所不窥，不名一家

明代唐顺之在《薛考功墓铭》开篇便指出薛蕙的学术成就，"西原先生悯学者，漓于多岐，作《约言》。学者执言诠，以求见圣人之心，而不能自见其心也，作《五经杂说》。方士穿凿乎性命之外，而不知养性之为养生也。世儒泥于有无之内，而不知无为之为有为也，作《老子解》。"②

唐顺之，明朝武进人，嘉靖八年（1529）会试第一，官至右金都御史。唐顺之学识渊博，通晓兵法，志在经世，时人称"荆川先生"，著有《荆川先

---

① 汪东恒：《亳州四名》，合肥：安徽人民出版社，2005年，第92页。
② （光绪）《亳州志》卷二《舆地志二·陵墓》。

生文集》。

作为一位学识渊博的军事人才，唐顺之对于薛蕙学术成就的评价，是作为墓志铭的形式呈现于世的。常理而言，墓志铭对于一个人一生的成就，一般总结得大多较为恰当，当然也存在一些赞颂之词的成分。但总的来说，通过墓志铭还是可以窥其成就大略。

如唐顺之所言，当时薛蕙作《约言》的原因，是因为"西原先生悯学者，漓于多歧"。从薛蕙《约言》的写作背景可知，"明薛蕙撰是编，乃其退居西原时，学养生家言后，读《中庸》：'喜、怒、哀、乐之未发'句，自谓有得，因此作书，分为九篇，曰天道、性情、潜龙、时习、君道、学问、君子、立言和春秋，其学以复性为宗。……即心即理是姚江良知之宗也，其去濂洛关闽之学，固已远矣。"① 可知，《约言》是薛蕙退居亳州之后，将儒道两家思想进行融合碰撞之后所得新的体会，有感而发，从而形成文字。

何谓《约言》呢？从李宗枢为其所作的序言可知，"《约言》，正学也。……是故君子有以见，夫吾心之礼，散见诸万物有以见；夫天下之文，会于其心，同归而殊途，一致而白虑。至博而无外也；至约而无余也，是故先生有感焉，约夫言以正学也。"② 《约言》全书总共分为九篇，分别为：天道篇、性情篇、潜龙篇、时习篇、君道篇、学问篇、君子篇、立言篇与春秋篇。如在《约言·天道篇》中所言："由孔子而上至于尧舜，由尧舜而上至于伏羲，前圣传之，后圣承之，伏羲而上，其孰传之邪？传诸天也。吾是以知群圣人者，非传前圣之道也，传天之道也。夫圣人者，传天之道，以诏下民而已矣。"③ 圣人所传之道，乃是天道也，这是把古代圣人的思想进行神秘化。

当时有些学者，因为存在人之不善，进而认为是性之不善。但在薛蕙看来，不知未发之性与由情言性，二者之间并不完全相同。"未发之中，即性善也。发而有不善，惑于物而迁其性耳……欲其不谬，可得乎？"④ 此外，薛蕙对于动与静的认识，大多从"人性"的角度进行阐释，如"静者，性之本，

————————

① ［明］薛蕙：《约言》，《四库全书存目丛书（子84）》，济南：齐鲁书社，1995年，第299页。

② ［明］薛蕙：《约言·李宗枢序》，《四库全书存目丛书（子84）》，济南：齐鲁书社，1995年，第268页。

③ ［明］薛蕙：《约言》，《四库全书存目丛书（子84）》，济南：齐鲁书社，1995年，第269页。

④ ［明］薛蕙：《约言》，《四库全书存目丛书（子84）》，济南：齐鲁书社，1995年，第280页。

主静者，复性之学也。"① 在《丛书集成初编》中收录的《约言》，内容较少，没有体例，较为散乱，更似摘要。

唐顺之在《薛考功墓铭》中指出，薛蕙作《老子解》，是因为"方士穿凿乎性命之外，而不知养性之为养生也，世儒泥于有无之内，而不知无为之为有为也。"《老子集解》在历代中国研究老子著作中具有一定的地位，有关此书的写作背景及其主要观点，当前研老学者已有相关论述，"明代中晚期，心学盛行……他在书中主要阐述了《老子》乃性命之说、道者修身兼及天下、性道统一说等思想，并且广泛批评了前人对于老子思想的研究与见解。"②

至于薛蕙写作《老子集解》的大致背景，以及此书的写作时间问题，高叔嗣在为该书作序中可知一二，"亳，老子所产也。初老子著书，言：天道玄虚。自汉以下，莫能溯其本旨，咸窥见一偏，说繇此起，故其书日离……书成嘉靖九年，岁在庚寅之次。"③

薛蕙认为，老子位"为性命之学者"，但是人们并没有真正理解老子的思想，虽然后世也有学者研究老子，但并不能真正懂得老子所言的本来之意。如其在《老子集解》自序中所言："昔老子有言，吾言甚易知，天下莫能知。"④

薛蕙通过把老子与孔子两位先哲所提倡的学问进行比较后发现，均是"致思性命之理"，主要目的是让人"导人反其天性"，因此老子学说"而非异端之流也"。薛蕙甚至认为所说的"性命"就是道，"夫性命者，道也……迷其所同得，故异见。失其所同传，故异说。是则同乎此者谓之同，异乎此者谓之异，予见后人之异矣，未见老子之异也。"⑤ 薛蕙之所以强调老子与孔子学说，两者之间并没有不同之处，其目的正是借助孔子之地位，为老子之学正名，"他这样强调老子不异于孔子，正是要为老子学说争得一个合法地位，但终究还是要借助孔子的圣人地位来立说，要把老子思想同一到孔子及儒家的学说中去。"⑥ 故熊铁基等学者认为，这也许是因为孔子及儒家自古以来就

---

① ［明］薛蕙：《约言》，《四库全书存目丛书（子84）》，济南：齐鲁书社，1995年，第271页。
② 熊铁基等：《中国老学史》，福州：福建人民出版社，2005年，第443页。
③ ［明］薛蕙：《老子集解·高叔嗣序》，北京：中华书局，1985年。
④ ［明］薛蕙：《老子集解·自序》，北京：中华书局，1985年。
⑤ ［明］薛蕙：《老子集解·自序》，北京：中华书局，1985年。
⑥ 熊铁基等：《中国老学史》，福州：福建人民出版社，2005年，第444－445页。

有着不可动摇的正统地位之缘故。

唐顺之在《薛考功墓铭》中评价薛蕙："先生之学，无所不窥，不名一家。"① 可谓是涉猎广泛，知识渊博，他曾经对养生学说较为感兴趣："中岁始好养生家言。"② 故后来因读老子之书，并结合儒家经典进行体悟，经过多年躬身亲行，他终有所得，从而著书立说。"然因是读老子及瞿昙氏书，得其虚静清元之说，不逆于心……而后信乎其心，其自信之确也，而后著之于书。"③ 可见，薛蕙所著之书，并非仅仅是书本知识的转述，而是对古代儒道等家经典，经过自身践行之后体悟所得。

薛蕙涉猎儒道诸学典籍之外，其学无所不窥，如星相医卜之类，也能深入研读，了其旨趣。此外，薛蕙受三教合流的思想影响是十分明显的，（光绪）《亳州志·人物志》卷十三"儒林"中记载，薛蕙曾写过《题邻舍三教图》，"斯道有三教，圣心无二天。"

明代文徵明的《薛考功墓碑》对于薛蕙的学问给予了较高的评价。薛蕙进士及第后，虽详明析律，精审治狱，但依然不忘问学，精进不懈，"群经史籍，读之几遍，被服枕藉。后遂以浃洽见诸论撰，精深典则，不为长语。为诗温雅丽密，有王、孟之风。乐府歌词追蜀汉魏。然先生不以为能，直欲见之行事。"④

在唐顺之看来，薛蕙倡导本心之说，且论之精微，这是其有志于道的结果，其诗文并非其主要成就，虽然有时闲情雅致，偶尔吟诗作对，但不在意其"较工与否"。但后世多慕其诗文，而对其学说则有兴趣者少，"先生少尝刻镂于诗，世绝喜其工……然而《西原集》世争慕效之，而《约言》《老子解》，好者鲜矣。"⑤ 可见，唐顺之认为薛蕙的思想成就，更应该受到世人的重视。

---

① （光绪）《亳州志》卷二《舆地志二·陵墓》。
② （光绪）《亳州志》卷二《舆地志二·陵墓》。
③ （光绪）《亳州志》卷二《舆地志二·陵墓》。
④ （光绪）《亳州志》卷二《舆地志二·陵墓》。
⑤ （光绪）《亳州志》卷二《舆地志二·陵墓》。

二、其行己素洁峻，表里皦然

唐顺之在《薛考功墓铭》中，还简要叙述了薛蕙的科举仕途情况："先生以正德甲戌举进士，授刑部贵州司主事。病免，起为福建司主事。以才调吏部验封主事。嘉靖初，先生在吏部历考功郎中，而罢后，十八年辛丑正月九日，以病卒于家，年五十有三。其罢也，坐论大礼。先生自为刑部，时值武庙南巡，抗疏谏，祸叵测，先生晏然。后大礼之议起，乃撰《为人后解》《为人后辩》奏入，下狱。已而复其官。"① 结合相关文献记载可知，薛蕙的仕途情况，大致如下：正德九年（1514），薛蕙进士及第，授刑部贵州司主事，年仅二十六岁，后来因病告归；正德十一年（1516），任刑部福建司主事直本科；正德十四年（1519），薛蕙对明武宗的南巡，上疏力谏，虽遭遇不测，依然坦然处之，不久调任吏部验封司主事，当时薛蕙三十一岁。嘉靖元年（1522），三十四岁的薛蕙，从文选司主事升至验封司员外。次年，薛蕙又担任会试同考官。嘉靖三年（1524），薛蕙升至考功司郎中，时年仅三十六岁。

嘉靖初年，朝中出现"大礼之争"，大致经过是：明正德十六年（1521）四月二十日，明武宗去世，由于其无子嗣，由明孝宗之侄（明武宗堂弟）兴献王之子朱厚熜继承大统，遗诏曰："朕绍承祖宗丕业，十有七年。有孤先帝付托，惟在继统得人，宗社生民有赖……即日遣官迎取来京，嗣皇帝位。"② 诏书中仅言"兄终弟及"和"嗣皇帝位"，并没有涉及以何种身份继位。

正德十六年（1521）四月二十五日，遣官往迎其母亲；二十七日，便命礼官集议崇祀兴献王典礼。

尚书毛澄会同公卿台谏等官六十余人上议："汉成帝立定陶王为嗣，而以楚王孙后定陶，承共王祀，师丹以为得礼……而令崇仁主考兴献王，叔益王。"③

嘉靖皇帝看过之后，并不满意，并言："父母可移易乎？其再议！"于是杨廷和及蒋冕、毛纪等大臣又多次上言，以议此事，但嘉靖皇帝终不从；六月，仍命礼官集议追崇大礼。七月，观政进士张璁上《大礼疏》，曰："朝议

---

① （光绪）《亳州志》卷二《舆地志二·陵墓》。
② ［清］谷应泰：《明史纪事本末》，北京：中华书局，1977年，第733页。
③ ［清］谷应泰：《明史纪事本末》，北京：中华书局，1977年，第734－735页。

谓皇上入嗣大宗，宜称孝宗皇帝为皇考，改称兴献王为皇叔父，王妃为皇叔母者，不过拘执汉定陶王、宋濮王故事耳……《礼》：'长子不得为人后。'况兴献王惟生皇上一人，利天下而为人后，恐子无自绝父母之义……则兴献王不失其为父，圣母不失其为母矣。"① 此疏上呈嘉靖皇帝，看后遣司礼监官送至内阁，谕曰："此议实遵祖训，据古礼，尔曹何得误朕！"并暗自高兴曰，"此论一出，吾父子必终可完也。"杨廷和等大臣又多次上言，嘉靖皇帝均不从，最终尊其父为兴献皇帝，母兴献皇后，祖母为康寿皇太后。

可见争议的焦点是：朱厚熜到底称谁为皇考？也就是上考孝宗还是上考兴献王的问题。以杨廷和为首的等人，引证汉定陶王和宋濮安懿王故事，主张不应重私亲，应该重大统。强调朱厚熜要上考孝宗，做孝宗子。对兴献王，只能称皇叔。做到既继嗣又继统。而张璁等少数人，则迎合朱厚熜的心理，主张不能自绝于私亲，应该上考兴献王，称孝宗为皇伯考。做到只继统不继嗣②。后来，又围绕与之有关的一系列的问题，朝臣之间展开论争，从而形成了以杨廷和为首的"为孝宗后"派，以张璁为首的"继献王嗣，继武宗统"派，持续几年争论不断。争论开始时，杨廷和一派占据优势，但嘉靖三年（1524）九月时，在嘉靖皇帝的支持下，张璁等人最终取得了胜利。

发生在明嘉靖初年的"大礼之争"，薛蕙也参与其中，《明史》则有所记载："嘉靖二年，廷臣数争'大礼'，与张璁、桂萼等相持不下。蕙撰《为人后解》《为人后辨》及辨璁、萼所论七事，合数万言上于朝。"③ 薛蕙参考古代典籍，撰写了《为人后解》、《为人后辨》的数万言之论述，是站在廷臣的立场，反对皇帝的意见。

《为人后解》有上下二篇，推明大宗义。《为人后辨》所言："陛下继祖体而承嫡统，合于为人后之义，坦然无疑。乃有二三臣者，诡经畔礼，上惑圣听。夫经传纤悉之指，其未能睹其十一。遽欲恃小慧，骋夸词，可谓不知而作者也。"④ 薛蕙认为皇上应"继祖体而承嫡统"，这符合"为人后之义"，对于张璁、桂萼等人的言论，嗤为"诡经畔礼"，目的是"上惑圣听"。

---

① ［清］谷应泰：《明史纪事本末》，北京：中华书局，1977年，第734-735页。
② 何宝善：《嘉靖皇帝朱厚熜》，北京：北京燕山出版社，1987年，第5页。
③ ［清］张廷玉等：《明史》，北京：中华书局，1974年，第5074页。
④ ［清］张廷玉等：《明史》，北京：中华书局，1974年，第5074页。

随后他又引经据典，加以辩说，"其曰：'陛下为献帝不可夺之适嗣'。按汉《石渠议》曰：'大宗无后，族无庶子，已有一适子，当绝父嗣以后大宗否？'……岂得不废小宗以继大宗乎？'"① 可见薛蕙之意非常明显。薛蕙认为"为人后者为之子，乃汉儒邪说"，并论证其悖礼者有五，最后得出结论，"由此观之，名汉臣以邪说，无乃其自名耶？抑二三臣者，亦自度其说之必穷也，于是又为遁辞以倡之曰：'夫统与嗣不同，陛下之继二宗，当继统而不继嗣。'此一言者，将欲以废先王为后之义欤？则尤悖礼之甚者也。然其牵合附会，眩于名实，苟不辩而绝之，殆将为后世祸矣。"②

薛蕙在《为人后辨》中，言辞大多较为激烈，又如"若晋之哀帝、唐之宣宗是也。其或诸王之嗣，则未有仍考诸王，而不考天子者也。陛下天伦不先于武宗，正统不自于献帝。是非予夺，至为易辨。而二三臣者猥欲比于遭变不正之举，故曰悖礼之尤者也。"③ 薛蕙所写所辨七事，大多与此相仿，上奏朝廷之后，惹怒皇帝，如《明史》所载："书奏，天子大怒，下镇抚司考讯。已，贳出之，夺俸三月。"④ 参与此次"大礼之争"，其利害关系，薛蕙应该也较为清楚，但他依然坚持上言。

这与薛蕙的思想认识应该有较大的关系，如他所言的君子，"君子以诚身为贵……学非主于诚身，虽博学多能，卒非己有，所谓不诚无物也。"⑤ 在薛蕙看来，君子以诚身为要，其实有于身者，"惟善为然"。由此观之，薛蕙不顾安危，多次上书言"议大礼"，其中个因，或可窥其一二。

据《明史》记载："时亳州知州颜木方坐罪，乃诬蕙与木同年相关通，疑有奸利。章下所司，蕙亦奏辨。帝不听，令解任听勘。蕙遂南归。既而事白，吏部数移文促蕙起。蕙见璁、萼等用事，坚卧不肯起。十八年，诏选宫僚，拟蕙春坊司直兼翰林检讨。帝犹以前憾故，报罢。"⑥ 遗憾的是，此时薛蕙亦卒矣。

---

① ［清］张廷玉等：《明史》，北京：中华书局，1974 年，第 5074 页。
② ［清］张廷玉等：《明史》，北京：中华书局，1974 年，第 5075 页。
③ ［清］张廷玉等：《明史》，北京：中华书局，1974 年，第 5076 页。
④ ［清］张廷玉等：《明史》，北京：中华书局，1974 年，第 5076 页。
⑤ 黄宗羲：《明儒学案（下）》，《黄宗羲全集（第八册）》，杭州：浙江古籍出版社，2012 年，第 612 页。
⑥ ［清］张廷玉等：《明史》，北京：中华书局，1974 年，第 5076－5077 页。

　　明代文徵明在《薛考功墓碑》中也对薛蕙的遭遇，抱以无限的惋惜之情，薛蕙一身才学，为国尽忠，不为所用，反遭打压，故文徵明在碑文中也流露出无限的惋惜之情："先生仕嘉靖初，为吏部属，浸显矣。而刚肠嫉恶，与时抵捂，竟为小人所乘，迄今废死。是其经世之学，卓越之才，与凡有为之志，皆不得少见于世，而今已矣。呜呼！予所为致慨于此，岂独为一时一郡惜之？固为天下惜之也！"① 我们知道，文徵明，原名壁（或作璧），字徵明，后改字徵仲，江苏长州人，明代著名的画家、文学家，号"衡山居士"，精通诗、文、书、画，尤其是书画造诣颇深，沈周、唐伯虎、仇英合称"吴门四家"。作为当时的文化大家，对于薛蕙这样卓越之才的离世，或者体会得更为深切。

　　唐顺之在《薛考功墓铭》中对薛蕙的评价是："先生貌癯气清，与之接，不待叩其学而知其埃壒之外。其行己素洁峻，表里皦然，一无所缁，好恶无所假借。其才虽高，然坦易洞朗，破去崖岸。豪杰皆慕与之交，其庸众亦无所嫉者。独以一二权贵人故，至一斥遂不用。先生方且艺圃灌花，澹如也，而当世咸共惜之。"② 可知，唐顺之综合薛蕙一生之行，作出这一评价，其中"豪杰皆慕与之交，其庸众亦无所嫉者"，突出了薛蕙的表里皦然的品节。对于一位满腹才华之人，只能归乡"艺圃灌花"，过着淡然闲适的生活，有才而不得其用的嘉靖时期的社会现状，留给时人的只能是"而当世咸共惜之"的哀叹。反观《明史》对薛蕙的评价："蕙貌癯气清，持己峻洁，于书无所不读。学者重其学行，称为'西原先生'。"③ 相对来说则显十分简略，这是因为清代《明史》的作者，对于一位前朝之臣，没有必要倾注过多的情感进行书写。

三、对客临文，觞咏自得

　　据亳州旧志记载，薛蕙退隐故里后，艺圃灌花，唱和吟对，著书自娱，过着悠闲自得的生活，"遂绝意仕进不复就，乃营庐舍于南园以自适也，扁曰：退乐。中丞马公易日常乐中，凿方塘浮以芙蕖，绿以竹树，杂莳花药，

---

① （光绪）《亳州志》卷二《舆地志二·陵墓》。
② （光绪）《亳州志》卷二《舆地志二·陵墓》。
③ ［清］张廷玉等：《明史》，北京：中华书局，1974年，第5077页。

拘亭其上，白岩乔公题曰：莹心。或对客临文，觞咏自得。"① 由此可知，薛蕙从朝中隐退之后，过着悠闲自得的生活，在家乡亳州，营建园林，过着"对客临文，觞咏自得"的生活。

唐顺之在《薛考功墓铭》中对薛蕙在家乡亳州的慈善行为加以记载："先生居乡，绝不肯为人干请。至戚里有病，亲为之检方制药。尝脱绵袄施冻者，或曰：'焉得人人而济之？'曰：'吾不愧此心耳！'先生始号西原居士，后扁其斋曰：'大宁斋'，更号'大宁斋居士'，而世犹称西原先生云。"② 关于薛蕙的归乡之后的生活琐事，则更能反映其日常生活的点点滴滴，也让后人更加直观地了解薛蕙的修善诚身的品行，这些内容均为《明史》中所不载。

薛蕙被诬得以清白之后，见时事乖违，从此息意仕进，于是遂筑圃于城南，读书谈道以自娱，其所见园林名为"常乐园"。其孙薛凤翔在《牡丹史》中对"常乐园"作了较为详细的记载："先大父西原公议礼归田，小筑丘园，去城南可二里。小径逶迤，灌木交荫，径穷得园。园内文石玲珑，嶙然玉立。石后茅屋数椽，不事雕饰，颜曰大宁斋。斋后有亭，亭西有轩。轩在丛篁间，多集名人题咏。斋东过荆扉，有亭曰莹心，乔太宰白岩小篆也。凿池环亭，荷香断续，游鱼上下，公时啸傲其间。"③ 由此可知，薛蕙所建的私家园林，结构布局巧妙，具有浓厚的文化气息，非普通农家园子所能比。

据薛凤翔《牡丹史》记载，明代亳州牡丹繁盛，始于薛蕙的"常乐园"，"晚年潜心性命，检藏注经，为诗书乐地。亳之有牡丹，自兹园始。"④ 由于园中牡丹繁盛，加之薛蕙在文坛的影响，常乐园声名远播，"故京洛旧游、当州大吏每多造访，唱和流连，一花一石无不行诸歌咏，常乐园之盛传于淮北。"⑤ 在薛蕙的影响下，当时一些文人士大夫也对营园自适产生了兴趣，并在园中广植牡丹，如松竹园的主人"王别驾谦夫，博雅君子也。早年从考功公游，

① （顺治）《亳州志》卷三《人物列传一》。
② （光绪）《亳州志》卷二《舆地志二·陵墓》。
③ ［明］薛凤翔：《牡丹史》，合肥：安徽人民出版社，1983 年，第 77 页。
④ ［明］薛凤翔，李冬生点注：《牡丹史》，合肥：安徽人民出版社，1983 年，第 77 页。
⑤ （乾隆三十九）《亳州志》卷三《古迹》。

因创园，去长乐不数武。有茂林修竹之胜，茅斋数间错置幽旷处。深嗜牡丹，凡竹间隙地皆种之，因爱佛头青，所种极多。"① 在薛蕙的影响下，明清时期当地私家园林中的牡丹逐渐繁盛，如薛凤翔的清华园"过此则浴霞楼，楼下环植牡丹如千本，凭轩俯视恍如初日，荡潮而繁星浴霞也。"② 如清代趿鹤园"牡丹极盛，连畦覆垅，黄紫争妍"③。由于战乱、自然灾害、园主变故等原因，到光绪年间，常乐园林荒废殆尽。

薛蕙归乡之后，告别了官场，远离了仕途，在自己所精心构筑的"常乐园"内，艺圃灌花，唱和吟对，读书自娱，过起了恬淡闲适的生活，如学者所言："薛蕙爱郊游，爱牡丹，爱诗文，也爱美酒。告别了官场的凶险，远离了名利的角逐，淡去了世俗的荣辱，进士出身的明朝重臣薛蕙辞官还乡后，过起了看庭前花开花落、望天上云卷云舒的恬淡生活。……美酒，牡丹，田园，让薛蕙忘记了官场上的荣辱与沉浮，让他找到了毕生的自由与快乐，'唯余对酒时，暂作伸眉客'，'借问煎熬催白首，何如潦倒醉青春'。常乐园成了他永恒的精神家园。"④

此外，唐顺之在《薛考功墓铭》中还记载了薛蕙的祖、父辈的相关情况，"云薛氏故隶偃师，国初以戍武平，遂为亳人。祖琇，父镒封吏部主事，自封主事君。而上皆不显，然世推长者。妣杨安人，生三子，先生其仲，与其季萱皆无子，而伯兄兰有一子曰存。先生与兄兰友爱甚笃。其没也，兰为之主其丧，将葬于亳城南先茔之次。"⑤ 在《考功集》的"附录"中，收录有王廷的《吏部考功郎中西原薛先生行状》，对薛蕙的家世介绍得较为详细。

唐顺之在《薛考功墓铭》中所记载的薛蕙家世，对上追溯到其祖父"薛琇"，以及其父"薛镒"，而之前情况不再追述。但王廷在《吏部考功郎中西原薛先生行状》中则对上追述至其高祖、曾祖的情况，"其先河南偃师人。国初有讳彬者，先生高祖也，以从军隶武平卫，因家于亳。曾祖讳森，字茂林，

① ［明］薛凤翔，李冬生点注：《牡丹史》，合肥：安徽人民出版社，1983年，第81页。
② ［明］薛凤翔，李冬生点注：《牡丹史》，合肥：安徽人民出版社，1983年，第79页。
③ （乾隆三十九）《亳州志》卷三《古迹》。
④ 王正明等：《亳文化概论》，合肥：合肥工业大学出版社，2021年，第248页。
⑤ （光绪）《亳州志》卷二《舆地志二·陵墓》。

倜傥有义行。祖讳琇,字廷瑞,为卫主文,能以文法活人。考讳镒,字大用,封承德郎吏部验封司主事,宽简质直,不与人校,众推长者,尤喜施与振人之急。"① 综上所述,可知薛蕙的祖先原为河南偃师人,明朝初年跟随其高祖薛彬,因从军隶属武平卫而迁居亳州,其曾祖薛森,品行高洁,而且又有义行。或许由于王廷为薛蕙之好友关系,"廷最庸劣,往为亳州判官,蒙先生一见契合,遂忘年而友之,朝夕讨论,颇深切。至因于先生之行,已大节知闻较悉,求之古人信亦鲜俪,乃因国子生汝清所列事行而序次为状,伏冀采录而为之铭,以垂不朽。"② 故对薛蕙之家世了解得更为全面。

有关薛蕙的卒年时间问题,唐顺之在《薛考功墓铭》中记载:"(嘉靖)十八年辛丑正月九日,以病卒于家,年五十有三"③ 嘉靖十八年(1539)薛蕙去世,这与《亳州四名》所记载的部分内容相出入,"薛蕙(1489—1541),字君采,号西原。祖居亳州城内薛家巷。……后赦出。嘉靖二十八年(1541)病死家中。"④,可见两者记述并不一致,其中嘉靖二十八年应为1549年。

关于薛蕙的离世时间,明代文徵明的《薛考功墓碑》中也又有记载:"嘉靖二十年辛丑正月丙申,吏部考功郎中西原先生薛君以疾卒于亳之里第。是岁十月庚午,葬城南一里祖茔之次。"⑤ 嘉靖二十年(1541)薛蕙因病卒于亳州,当年十月葬于亳州城南一里。而与明代唐顺之的《薛考功墓铭》中记载,薛蕙于"(嘉靖)十八年辛丑正月九日,以病卒于家,年五十有三。"两者关于薛蕙的卒年时间的记载有明显出入,以至于后人在这个问题上模糊不清。我们依据两篇碑文的记载进行推算,其中明代唐顺之的《薛考功墓铭》云薛蕙享年"年五十有三"可知,薛蕙应卒于嘉靖二十年(1541),而非唐顺之《薛考功墓铭》中所说的"嘉靖十八年(1539)",更不是《亳州四名》中的"嘉靖二十八年(1549)"。

---

① [明]薛蕙:《考功集·附录》,文渊阁《四库全书》,集部第1272册:第122页。
② [明]薛蕙:《考功集·附录》,文渊阁《四库全书》,集部第1272册:第125页。
③ (光绪)《亳州志》卷二《舆地志二·陵墓》。
④ 汪东恒:《亳州四名》,合肥:安徽人民出版社,2005年,第92页。
⑤ (光绪)《亳州志》卷二《舆地志二·陵墓》。

第三节　清廉之官：以《朱公书院记》为中心

朱公书院，又名朱公祠，位于亳州城北花戏楼东侧。清代康熙年间，朱之琏在亳州知州任上，为官清正廉洁，深受百姓爱戴，康熙三十七年（1698），地方民众为感念其德政爱民，故捐资为其修建祠堂，名曰"朱公书院"。乾隆二十五年（1760）又加以重修。

关于朱之琏的事迹，在《清史稿》中有所记载，作为朱之琏曾经任职所在地亳州，清代所编撰的志书中也有记载，（光绪）《亳州志·职官志》卷十"名宦"中"朱之琏"，以及该志所收录的康熙四十六年（1707）吴楚奇的《朱公书院记》、乾隆十四年（1749）小子霖的《朱公崇祀名宦祠碑记》等地方文献。此外，由于朱之琏勤政为民，其事迹为历代百姓传颂，民间也有一些关于朱之琏的传说。笔者将以吴楚奇的《朱公书院记》为中心，结合其他文献史料，探讨各文献对朱之琏的记载，以及他们之间的差异和原因，从而深化对朱之琏相关问题的认识。

一、事治民安

据吴楚奇的《朱公书院记》记载，朱之琏，字商玉，号苍岩，奉天人，历任福建建阳令、四川忠州知州，康熙三十一年（1692）考取进士，同年任亳州知州。朱之琏任职为官清正，勤政为民，施政以德，深得当时百姓爱戴，正如碑文所形容的，"公赋性醇孝，恪遵先型。嘉禾、临江之间，廉明叠著。袁邵武沧浪之诗，吴广州贪泉之咏，未足为公颂也。"① 由于朱之琏为明朝皇室后裔，虽然时至清朝，依然被授予爵位，"'明太祖起布衣，统方夏，驾轶汉、唐、宋诸君。末叶灾荒，臣工内讧，寇盗外起，以致社稷颠覆。考其嗣主，未有荒坠显迹，盖亦历数使然。且其制度规模，我朝多所依据。允宜甄访支派，量授爵秩，俾奉春秋飨祀。'世宗缵绪，遂授朱之琏一等侯世袭，往

---

① （光绪）《亳州志》卷四《营建志二·坛庙》。

江宁、昌平致祭，自是岁举以为常。"①《清史稿》卷一百六十九"诸臣封爵世表二"记载了朱之琏的封爵世袭"一等延恩侯"情况：

朱之琏封爵世袭情况简表

次 序	姓 名	关 系	时 间	备 注
初封	朱之琏		乾隆十四年八月	（雍正二年十二月，以明代后裔，由正定知府特赐一等侯。八年，卒。）赠一等延恩侯，世袭
一次袭	朱 震	朱之琏子	雍正八年十一月	袭一等侯
二次袭	朱绍美	朱震子	乾隆十一年二月	袭一等侯。十四年八月，改袭一等延恩侯。缘事革。
三次袭	朱仪凤	朱绍美从子	乾隆四十年十二月	袭
四次袭	朱毓瑞	朱仪凤子	嘉庆二年	袭
五次袭	朱秀吉	朱毓瑞子		
六次袭	朱秀祥	朱秀吉弟	道光八年	袭
七次袭	朱贻坦	朱秀祥族祖	道光九年	袭
八次袭	书 桂	朱贻坦族叔	道光十六年	袭
九次袭	鹤 龄	书桂继子		
十次袭	诚 瑞	鹤龄族孙	同治八年	袭
十一次袭	朱煜动	诚瑞子	光绪十七年	袭

注：笔者依据《清史稿》记载内容，简单整理而成。

上表不仅记载了朱之琏及其后代封爵世袭情况，而且还可以了解到朱之琏的世系大略情况。据（光绪）《亳州志》卷九"职官志"记载：康熙三十一年（1692），朱之琏任亳州知州。上任仅数月时间，便赞颂之声遍及大街小巷，在吴楚奇看来，这是由于"盖凋瘵以极，一朝解悬，譬之乾蝎就腊，一

---

① ［清］赵尔巽：《清史稿》，北京：中华书局，1976年，第2530页。

受阳和，倏尔蠕动，所谓冷然之风逗体苏回，不觉神魂之浃以洽矣。"① 朱之珵立身行己，廉明仁厚，到亳州不久，便省刑薄税，减少仆从，生活节俭，并亲自问民疾苦，来亳州一年，"事治民安，绝请托，寡宴会，光霁中，铁面霜寒，四方□□者多为愧励。"②

吴楚奇在《朱公书院记》中简略记载了朱之珵治理亳州情况，"亳斗狠相高，智欺愚，强凌弱，公择其甚者，治以法，奸逆顿尔屏息。若夫狱决之际，秦鉴高悬，不事烦言，而民情允服，且远方免株连羁旅之苦。"③ 此处，吴楚奇点出了当时亳州的社会民风状况。其实不仅亳州，明清时期整个皖北地区，均有类似的社会现象存在。如明代叶春及在《石洞集》中所言："龁齕之人，负郭千顷，荒芜不治，持筹执笔，以争刀锥指计，僮奴扼吭而诛其入。所谓舍万金之产而行乞于市也。土田当辟，古今诸儒具有论者。大者在唐、邓、汝、颍、陈、蔡、许、洛、荆、襄、淮、楚间。"④ 在叶春及看来，当时包括皖北一带具有争斗民风。

这种民风的形成，有其特殊的社会历史地理原因，有时同样的社会群体，在不同的历史地理环境下，所形成的社会习俗，也有所差异。如查揆在《论安徽史治》中所言："独淮泗之间，物产瘠少，贩易不通，逐末之利，罕知其术。于是不工商而贩妇女、鬻盐硝，不百艺而开场聚博徒，甚乃习教鸠集为不轨。"⑤ 可见，同为"无田业者"，江浙一带与淮泗之间，各自的生活习俗具有明显的差异。又如光绪年间的王定安所言："安徽襟江带淮……独滨淮郡邑，当南北之交，风气慓急，其俗好侠轻死，挟刀报仇，承平时已然。"⑥ 可见，就安徽本域而言，江南与皖北之间，民风也有显著的不同之处。

又如（乾隆）《颍州府志·舆地志》卷一"风俗"所载："谓颍俗自前明隆万间，习于奢靡，男女、饮食、衣服、宫室、车马，皆□□逐波，后至不变，一变而趋简陋，势也。观此知颍俗之所由来者，渐矣！……惟士君子不以礼法自守，小民无所标准，其黠者习于讦告，憨者流于斗狠，下至无等，

---

① （光绪）《亳州志》卷四《营建志二·坛庙》。
② （光绪）《亳州志》卷四《营建志二·坛庙》。
③ （光绪）《亳州志》卷四《营建志二·坛庙》。
④ ［明］叶春及：《石洞集》，文渊阁《四库全书》，集部第1286册：第274页。
⑤ 聂崇岐：《捻军资料别集》，上海：上海人民出版社，1958年，第31页。
⑥ 王定安，朱纯：《湘军记》，长沙：岳麓书社，1983年，第87页。

盗窃成风。迫究事所由起，虽斗粟尺帛皆足酿为祸阶。"① 可见，"斗狠"之风俗，并非亳州所独有，而是涉及整个皖北之地。

据清嘉庆十一年（1806），亳州知州周鹤立所颁布的《励风俗示》可知："惟是地居都会，奸宄易藏，俗竞锥刀，嚣凌杂起，总其流弊，约有三端：最为害者，莫如赌博：攫他人之财帛，心甚贪狠。须一己之橐囊，形同腐鼠。黠者设为机阱，愚者受其牢笼。虽家有百万之金钱，不崇朝而可罄；即天与十千之禾稼，亦乐岁而终穷。生为盛世之游民，死作冥乡之乞鬼，真可知已蠢孰甚焉。此弊之所当亟除者一也。更可恨者，莫如斗殴：或借睚眦以泄忿，拔剑为豪；或绿叱咤以生风，捉刀相向。轻则伤肌断骨，重则捐命忘躯。不思发肤受之父母，生我者未报所生。刑法定自朝廷，杀人者亦自当拟杀。与其受诸苦楚，被阎罗驱入枉死城中；毋宁忍此须臾，效淮阴俯出少年胯下。此弊之所当亟除者二也；……至于兵农相济，尤须同力同心。回汉殊途，尤当各安各业。毋或恃强而凌弱，毋或倚重而暴寡。本署州盟心若水，秉公而无少偏祜；执法如山，遇恶则不留姑息。当兹下车伊始，诚恐观听未周，合行剀切。晓谕为此，示仰阖境人民知悉。尔等勉为良善，慎毋自蹈于匪彝。如其犯此，刑章断不稍假以宽典。懔之，慎之，毋贻后悔。"② 虽言犷悍好讼之风俗，并非仅亳州一地所独有，而是涉及整个皖北地区。但由此可知，当时亳州社会习俗，的确较为复杂，相对而言需要当政者投入更大的精力进行社会治理。

面对如此复杂的社会习俗，要想尽快地治理好，对于朱之琏而言，无疑也具有挑战，如乾隆十四年（1749）《朱公崇祀名宦祠碑记》记载，在朱之琏来亳州任职前，曾有人告诫他说："亳乃江南繁剧区，其俗犷悍，多奸猾，险健好讼，轻文事，非建阳、忠州比也，子其慎诸。"③ 面对如此的社会局面，朱之琏则显得颇为自信，并笑而应曰："政贵因地制宜，岂以成见拘哉？"据该碑文记载，当时朱之琏到亳州上任之后，采取了一系列有针对性的措施，上任伊始，访察民情，对豪奸之人，治以重法，故奸逆屏息；断案决狱，不徇私情，公平剖断，民情允服，"下车日即访挈豪蠹十余人，立致重法。诸奸

① （乾隆）《颍州府志》卷一《舆地志·风俗》。
② （光绪）《亳州志》卷二《舆地志二·陵墓》。
③ （光绪）《亳州志》卷四《营建志二·坛庙》。

猾皆股栗慑伏，寻悔过，自改迹。有讼于庭者，为平心剖断，摘发若神，自后人无敢乱法犯禁。一州积习顿除，徐得以文事化导之。"① 可见，效果也非常显著，"一州积习顿除"。

朱之琏治亳期间，不仅治狱严明，而且廉洁奉公，政治清明，贪污贿赂日减，"曩时，守土者日用多取给市肆，公茹雪饮冰，糁粒织缕不累民间。是以吏除需索，人戒染指，舞文受贿者日以远。"② 如此清廉之官，在其任内，始终恪尽职守，为民谋利，可谓是了却百姓关心事，赢得生前身后名，这或许是朱之琏作为一州之官，其精神可以够超越时空的原因所在。

朱之琏一直深受地方百姓崇敬，其事迹代代通过口耳相传，流传至今。老辈人说："能断油，能断盐，不断朱公香火钱。"③ 此外，当地还流传着关于朱之琏惩治地方恶霸的传说：

因为那时亳州城里有一恶霸，姓王名玉尺，刮地皮太狠，外人称他"王一尺"。王玉尺的母亲是皇帝的奶妈，借此他自称千岁，蛮横霸道，不少前任州官都毁在他手里。

朱之琏上任时，一行人马到了河南归德府（今河南商丘）北边的朱集子，悄悄地住进客店。朱之琏单身进亳州私访，他串大街，走小巷，进茶棚，入酒肆，把王一尺的罪行查访得一清二楚。那年，老天数月不下雨，涡河干得底朝天。王一尺命人填平城里所有的水井，只留他家后花园里一口井。全城72条街的百姓，离了他王一尺就休想活命。王一尺规定：只准大闺女小媳妇去他家打水，还得脱光衣裳才能进花园。这家伙吃饱了，天天在花园里看年轻女子，瞧见哪个长得好，立即就霸占，倘若谁不服，他便叫你活不见人，死不见尸。

对王一尺的罪行，朱之琏恨得咬牙切齿。走马上任以后，朱之琏先行香拜庙，然后到几位绅士家拜访一遍，就是不拜王一尺。老百姓听说州官敢不拜王一尺，觉得有了盼头，一传十，十传百，都暗暗准备告状。

朱之琏拜访一圈后，在四门抬出放告牌，"哗啦"一下子，告状的差点挤破衙门。第二天，朱之琏打鼓升堂，告状的跪了黑压压一片，状纸堆得有尺

---

① （光绪）《亳州志》卷四《营建志二·坛庙》。
② （光绪）《亳州志》卷四《营建志二·坛庙》。
③ 汪东恒：《亳州四名》，合肥：安徽人民出版社，2005年，第66页。

把高。有的说王一尺霸占了他的房子，有的说王一尺夺了他的生意，有的说王一尺抢走了他的闺女……朱之琏听罢众人的冤屈，把惊堂木一摔，大声喝道："咄，大胆的刁民！王玉尺素来读书知礼，本官在京早有耳闻，怎会做出这等不法之事？青天白日，朗朗乾坤，尔等竟敢欺骗官府，诬告好人，给我统统轰出去。"众百姓一看阵势，以为新官和王一尺穿的是一条裤子，告也是白告，只得一个个摇头叹气。

再说王一尺，因为做贼心虚，每天都派人到衙门口打探，一听朱之琏把原告都轰出堂了，不由得眉开眼笑，心想：新州官明里不拜我，却在背后替我使劲。好，只要你小子肯为我效劳，老子保你稳坐亳州。这家伙哪里知道，朱之琏是怕打草惊蛇，故施稳兵之计。

朱之琏把状子整理好后，立刻传快、壮、皂三班衙役问："你们谁能三板子打死人？"众衙役一齐回答："小的不能。"朱之琏一绷脸说："给你们两天期限，一定请到这样的能人，过时请不到，每人重打四十。"众衙役不敢怠慢，分头查访，不到两天，便请出一个人来。此人家住本城九道湾，姓佟名魁，是干过 35 年的老班头，如今在家养老。朱之琏把佟魁叫到书房，问道："你打板子果真有功夫吗？"佟魁说："谈不上功夫，小的轻打重打都会。""轻打怎讲？""打 50 板不烂豆腐。""重打如何？""打三板能断筋骨。""再重呢？""用抽裆之法，一板子能把人打死。"朱之琏听了大喜，吩咐如此如此，事成之后重重有赏。

一天下午，王一尺在家里正和妻妾饮酒作乐，忽然闯进几个手疾眼快的公差，二话不说，一抖铁索链子，套住王一尺就走。到了衙门，王一尺仗着根子粗，指着朱之琏大骂："好你个狗官，不识字你也摸摸招牌，竟敢把老爷我捆上公堂，莫非你活得不耐烦了？"朱之琏一拍惊堂木，怒道："王一尺，你目无法纪，作恶多端，本官尚未审你，你胆敢辱骂公堂。衙役们，给我先打十板。"

众衙役大喊一声，把王一尺按倒在地。老班头佟魁解下王一尺的裤带，自前往后一勒，扎死两头儿，然后垂手站立一旁。朱之琏喊一声："用刑！"

只见老佟魁扬起板子，照准王一尺的屁股尖儿一连三扳（板）。王一尺大叫一声，两眼一瞪，当场见了阎王。

三板子打死王一尺的消息传开了。满城百姓个个拍手称好，欢天喜地①。

通过此传说与碑刻文献记载的内容相比较，可以看出两者之间，在对朱之琏的清官形象的书写方面，还是存在一定的差异。传说散发出浓郁的民间气息，不仅在语言方面极富口语化，在叙述方面更具故事化，还注重塑造朱之琏不畏强权、足智多谋、为民做主的形象。这是按照古代封建社会百姓心中最为理想的地方官形象，加以通俗化书写。而碑文中的朱之琏书写，大多出自当时的知识精英之手，语言自然典雅，富有文采，他们更侧重对朱之琏"政绩"进行较为全面的书写，意在突出封建州县官员的清正廉洁、为民造福的形象，更多的是"民为邦本"思想的体现。

二、修举废坠

据地方文献记载，朱之琏除为官清廉、为民造福之外，尤其注重文教，修葺毁坏的历史文化建筑。如（光绪）《亳州志·职官志》卷十"名宦"记载，朱之琏"才长政敏，治有余闲，修举废坠，葺理学宫，倡建城东奎星楼。"②

又如在当时北门外的永清桥，本曰灵津渡，为宋真宗赐名。明嘉靖年间，刺史范昞改建，名曰范公桥，清代康熙三十年（1691），知州朱之琏命行僧如意募化，历经九年修成，更名普济桥。刘科的《重修永清桥碑记》中也有记载："康熙三十年，行僧如意承州牧朱之琏命，挟册走募，得善士田维贤捐银三千两，扬州兴化季大有捐修中节，余者州人助成。九年毕工，又更名普济。"③又如位于城隍庙西街面北的痘疹堂，是清雍正元年（1723），由知州朱之琏倡议修建的，对于当时地方痘疹病人的救治、起到了重要作用。

位于城北一里的圆觉寺，相传于唐代贞观年间创修，明代天启五年（1625）又重修修建，后来破损不堪，康熙三十六年（1697），知州朱之琏加以重修，并树立碑记以记之。康熙三十六年（1697），戴有祺在《圆觉寺碑记》中记载："独域北有寺名圆觉者，去城不里许，南带河流，北襟陆野，堂廊净敞，庭院清幽，既可群游，尤堪独赏，颇为临观胜地。相传创自唐代贞

---

① 汪东恒：《亳州四名》，合肥：安徽人民出版社，2005 年，第 66 - 68 页。
② （光绪）《亳州志》卷十《职官志·名宦》。
③ （光绪）《亳州志》卷三《营建志一·关津》。

观时，中间遭兵燹陵夷而废兴者已数数矣。明季末年，寇氛横逆。郡城不保，何况山林？而一片清池皓月，不凄凉于蔓草荒烟者几希。洎皇清定鼎，海宇升平。缁流始因有增无稍理新之。"① 并在碑文后注明，"奉政大夫知亳州事关中朱之琏立。"

朱之琏在亳州任职期间，对于破损的历史遗迹，总是竭尽全力加以修葺，甚至有时自己捐俸以供资费。如吴楚奇在《朱公书院记》中所言："学宫久荒，殿庑颓敝，公大蠲俸橐，率先修治。旬月间，蜿蜒腾骧，阳马飞越，芹宫莅止，无异思乐色笑也。"② 据乾隆十四年（1749）小子霖的《朱公崇祀名宦祠碑记》记载，朱之琏除捐俸葺倾颓已久的奎璧楼外，并"选能文者数十人诵读其下，最以变化气质，陶淑清性。由是士习端方，文风丕振。壬午乡举，吴君楚奇名冠南闱，咸以为勤学兴贤之验。"③ 此外，还有免除义门之税，给流亡之人送去银钱，加以救济，可谓是身被其泽者，至今历数世犹颂德不衰。

吴楚奇在《朱公书院记》中记载，除尽力修葺损毁的文化建筑外，朱之琏还注重教化。遇到诉讼之事，他总是耐心疏导，在他的真诚感化下，达成和解，父慈子孝、兄友弟恭的伦理之风渐盛。即使对那些一时无法劝说的，他也总是反复思虑，即便是按典律判，也让当时人心安理得，"遇骨肉争讼，多方劝谕，至于涕零。因之父慈子孝，兄友弟恭。即梗顽难化，应加重典，又虑彻始，终恐以愤激生他变，委屈驯服，务俾心安。"④ 无论寒暑，朱之琏总是整日忙碌、勤政为民，"至于勤劳案牍，盛暑祁寒，黎明视事，日昃不遑。暇则浏览典籍及习射习书，汲汲无须臾之暇。"⑤ 难怪吴楚奇在碑文中对朱之琏称赞有加，"他如严博奕、儆游民、申保甲、防寇盗，文武协和，兵民各得，嘉绩尤难更仆数。"⑥

朱之琏在亳州任职六年，因建阳任内盗案罣误，例得降调。当时百姓知

① （光绪）《亳州志》卷四《营建志二·坛庙》。
② （光绪）《亳州志》卷四《营建志二·坛庙》。
③ （光绪）《亳州志》卷四《营建志二·坛庙》。
④ （光绪）《亳州志》卷四《营建志二·坛庙》。
⑤ （光绪）《亳州志》卷四《营建志二·坛庙》。
⑥ （光绪）《亳州志》卷四《营建志二·坛庙》。

道此事后，仓皇奔告，环公堂号泣者，顷刻以万计。无奈之下，民众到省城督抚，请求允许朱之琏留任亳州，在督抚的代请下，朝廷允许留任。关于朱之琏调离亳州，而"亳人乞留再任"之事，在碑刻和传说中均有记载，现将各文献中所记载材料加以对比：

康熙四十六年（1707），吴楚奇的《朱公书院记》：

先是因公罣误，士民数万吁请督抚两宪，乞特疏题留。天子可其奏，得复任，欢声震天地。阅数年，廉惠精勤，较前益厉。于是远近人民相聚而谋曰："公旦晚且超擢矣！常人一分之德，犹且不忘。况生我民者亿万族，可无一祠一宇记明德于勿替乎？"

落成又数年，大驾南巡。公三随御辇，深蒙宠眷，擢皖江司马。民情仓皇，为罢市累日。又聚数千人请于宪府，宪府以"恩擢出，上意莫敢违，且无政成不调之理"，曲为安慰，士民知不可以复留①。

乾隆十四年（1749），小子霖的《朱公崇祀名宦祠碑记》：

阅几季，因建阳任内细事，例得降调。亳民闻之，仓皇奔告，环公堂号泣者，顷刻以万计。曰："愿以万口赎我父母。"先大夫正色抚之曰："某以薄德牧斯土，体圣主忧劳、百姓之意，愧未称职。今有过，仅议降调，方重感激。而尔等乃尔，不益吾罪过耶？"众咸喻服。然迫于情，终聚泣不忍散。无已，由便门出署。众哭，随之，径奔省吁大中丞范公。大中丞悯其情，为叠疏代请。圣祖仁皇帝施格外之恩，可其奏，因复留亳。

后十二年，擢安庆府同知。有倡前此之议者，众止之曰：今之去，为父母荣也。安有人子而不愿荣其父母乎？遂各顶盆香，具酒脯，泣而送之。建生祠于北门外，绘像以祀。岁时相向拜祝，与在亳时无异②。

汪东恒主编的《亳州四名》：

朝廷欲将朱之琏调离亳州。消息传开后，亳州数万民众到都督府和巡抚两院请愿，要求朱之琏留任。皇帝得知这个消息，颇为惊讶，特意批准朱之琏继续留任。过了几年，皇帝南巡，朱之琏应诏三次侍奉，随时接受皇帝的

---

① （光绪）《亳州志》卷四《营建志二·坛庙》。
② （光绪）《亳州志》卷四《营建志二·坛庙》。

垂询。

此后，皇帝降旨提升他为皖江司马。亳州民众又自发地罢市数日，再次聚集数千人往都督府请愿，挽留朱之琏。都督解释说，这次朱公是被提拔，并且还是皇帝亲自决定的，我等谁能更改；再说，像朱公这样有突出政绩的人如果得不到提拔，岂不违背常理？大家觉得言之有理，只好商量如何为他送行①。

可以看出此两处碑文所记载内容，大体上相同，均是记述朱之琏离任亳州之时，当地百姓祈求再任，并为之建立生祠之事。但在叙事语言和手法方面，略有差异，其中吴楚奇所用语言，较为精练，这与其自身的文化背景有关。如据（光绪）《亳州志·人物志》卷十"文苑"记载，吴楚奇，字南英，号鸿皋，"由凤阳府学生举康熙壬午江南第一。性潇洒不羁，工诗善画。……论古今事，语必己出，不袭前人窠臼。"② 可见，吴楚奇精于诗文，地方学者称之为"江南名士"。而关于《朱公崇祀名宦祠碑记》作者小子霖的记载不多，从该碑文落款可略知一二，"乾隆十四年岁次乙丑十二月，庐州府知州调松江府知府小子霖撰"。而相对于碑文而言，民间传说中的内容，大体是根据碑文所载内容，进行的口语化书写。

朱之琏在亳州任上，由于修葺古迹，加之乐善好施，有时甚至捐俸为而之，故为地方公益而欠下债务，令人动容的是，当时地方百姓争为输纳，"见公负帑项七千余两，争为输纳。富者什佰，贫者锱铢，不旬月而事竣。"③ 可见，朱之琏深受百姓爱戴之状况。

后来朱之琏又升任安庆府同知，未离亳州之前，当时民情仓皇，为罢市累日，又聚数千人请于宪府，由于命令难违，不可以复留。离亳赴任之时，当时百姓各顶盆香，具备酒脯，泣而送之。送行之盛况，吴楚奇在碑文中描述得较为详细："村童、田妇持筐负担，壶浆鸡豚，匍匐上献。缰属不绝，至于泣下。濒行，郡老幼焚香祝送，涡水两岸无隙地。"④

康熙四十八年（1709），亳州水灾，田庐漂流，民不聊生。由于朱之琏深

① 汪东恒：《亳州四名》，合肥：安徽人民出版社，2005 年，第 68－69 页。
② （光绪）《亳州志》卷十三《人物志·文苑》。
③ （光绪）《亳州志》卷四《营建志二·坛庙》。
④ （光绪）《亳州志》卷四《营建志二·坛庙》。

得亳州百姓爱戴，故上级特派他到亳州负责赈灾事宜，到亳州后，散粥募粜，躬自董率，昼夜无倦，又倡捐医药，活民甚多。朱之琏在亳州期间，由于乐善好施，欠下很多债务，当时百姓争着为他还账，以至于吴楚奇在碑文感叹道："予思振古及今，循良甚夥，然未有人心爱戴至于如此者。即有之，亦安能作述继美，先后如出一辙？公绍闻衣德，继承光大，岂但江左东山名香两地，行且盐梅霖雨，颂衮衣者，遍寰区也。人以公为名臣，吾独以公为孝子。岂谀词哉？"① 后来，朱之琏又升任宣化府知府。

————————
① （光绪）《亳州志》卷四《营建志二·坛庙》。

第二章

亳州碑刻与地方教育

第一节　亳州文庙：以《修文庙记》为中心

我国所建文庙，其目的是为纪念伟大思想家、教育家孔子，而建设的祠庙建筑。由于时代的变迁、王朝的更迭，历代对文庙的称谓也有所差异，有时称"夫子庙"，有时称"至圣庙"，有时又称"先师庙"，有时还称"先圣庙"等。唐朝开元二十七年（739），唐玄宗为崇敬孔子，追谥为"文宣王"，其实世人所言的文庙，是"文宣王庙"的简称。宋朝大中祥符五年（1012），朝廷加封孔子为"至圣文宣王"；元朝至大元年（1308），朝廷又加封孔子为"大成至圣文宣王"。文庙自唐朝开元二十七年（739）以来，其称谓一直延续至今，也是后世尊崇孔子的历史见证。而亳州文庙的早期建设情况，从元朝（后）至元三年（1337）《修文庙记》中可了解其大致梗概，笔者将依据此碑文，并结合其他文献记载情况，粗略探讨亳州文庙的兴建情况。

一、亳有孔子庙昉

文庙是"文宣王庙"之意，唐玄宗于开元二十七年（739），追封孔子为"文宣王"，此后各地逐渐开始建设"孔庙"，也就是世人所言的文庙。"从唐宋代开始，政府官办的地方学校中都必须建立孔庙。"① 由此可知，地方文庙始创于唐代，文庙成为地方主要的官学建筑样式之一，"其数量之多、分布之广、规模之大、标准之高、建筑技术与艺术之精美，在我国古代建筑类型中堪称是最为突出的一种，是我国古代文化遗产中极其重要的组成部分。"② 分布在祖国各地的文庙，不仅是我国官学建筑的重要组成部分，也是我国文教昌盛的历史见证。

据地方旧志记载，亳州文庙最初建于城内东北，位于当时的州治东，元代汝南王张柔，曾复建文庙两庑、前后二堂，陵川刘方为之撰写碑文，可惜此碑早在清朝就已亡失无存。元（后）至元三年（1337），知州盖苗、监郡阿里海牙在原址基础上建两庑，并绘七十子像、修筑宫垣、学室等建筑，供师生居之，而至元三年《修文庙记》则记载了此次亳州文庙的修建情况。

据至元三年《修文庙记》所言："孔子之道与乾坤准，乾像以形覆而天道成，坤像以形载而地道宁。孔子以教传而人道立，故通四海，历万世，咸庙祀以致崇极，不敢有丝毫遗坠。主民社者，将植化以示之人，务莫急于此矣。"③ 由于孔子作为我国古代伟大的教育家、思想家，儒家学说的创始人，因此历代封建王朝对其大都尊崇有加，这从历代朝廷追赠孔子封号即可知道。

历代追赠孔子封号一览表

序号	朝代	皇帝	时 间	封 号
1	西汉	平帝	元始元年（1）	谥"褒成宣尼公"
2	北魏	孝文帝	太和十六年（492）	改封"文圣尼父"
3	北周	静帝	大象二年（580）	进封"邹国公"
4	隋朝	文帝	开皇元年（581）	尊为"先师尼父"
5	唐朝	太宗	贞观二年（628）	尊为"先圣"
6	唐朝	太宗	贞观十一年（637）	尊为"宣父"
7	唐朝	高宗	显庆二年（657）	复尊为"先圣"
8	唐朝	高宗	乾封元年（666）	赠"太师"

---

① 张亚祥：《江南文庙》，上海：上海交通大学出版社，2009 年，第 18 页。
② 邓爱民，桂橙林：《文庙书院》，武汉：长江出版社，2019 年，第 2 页。
③ （光绪）《亳州志》卷七《学校志·学制》。

（续表）

序号	朝代	皇帝	时　间	封　号
9	唐朝	武后	天授元年（690）	封为"隆道公"
10	唐朝	玄宗	开元二十七年（739）	谥"文宣王"
11	宋朝	真宗	大中祥符元年（1008）	加封"玄圣文宣王"
12	宋朝	真宗	大中祥符五年（1012）	改称"至圣文宣王"
13	元朝	武宗	大德十一年（1307）	加封"大成至圣文宣王"
14	明朝	世宗	嘉靖八年（1529）	改称"至圣先师"。诏撤塑像，易以木主
15	清朝	世祖	顺治二年（1645）	加称"大成至圣文宣先师"
16	清朝	世祖	顺治十四年（1657）	改称"至圣先师"

　　注：笔者依据《曲阜孔庙建筑》（潘谷西编，中国建筑工业出版社，1987年版）所列"历代追赠孔子封号"，并结合其他文献记载，简单制作而成。

　　由上表可知，历代封建王朝对孔子追赠封号所体现出的崇敬之情。对于封建地方官府而言，由于孔子仪范百王，师表万世，尊崇孔子对民众有着巨大的教育意义，各地主政者大都较为重视，正如该碑文所言："主民社者，将植化以示之人，务莫急于此矣。"由于尊崇孔子对于地方文教发展具有重要的意义，故自唐代以来，地方建立文庙祭祀孔子渐渐兴盛起来，"地方文庙即地方孔庙，指建于各地官办学校（或书院）中的孔庙，它们因学校而设，庙学设在一起，因为孔庙在学校当中，故有学庙之称，是地方官员、乡绅和民众祭祀孔子的地方。"① 当时封建地方官府，借助文庙与学校，通过孔子的祀典仪式，从而实现对地方文化教育的掌控。

　　又如元（后）至元三年（1337）《修文庙记》所载："亳有孔子庙，昉自丁巳岁，创建于汝南王张柔。今且八十年，郡官更居无虑百数，踵事增修仅十举。"② 此处碑文，似乎认为亳州文庙创于元代张柔，其实亳州文庙的创建时间应该更早。据（乾隆三十九年）《亳州志》记载内容可知，张柔应该为复建，"郡县学校始自贞观，亳之黉序夏竦修之，而墟于金季。稽其复建，则自

――――――――――

　　① 张亚祥：《江南文庙》，上海：上海交通大学出版社，2009年，第18页。
　　② （光绪）《亳州志》卷七《学校志·学制》。

元忠武张柔始。"① 另外，《元史·张柔传》也有记载，张柔移镇亳州时，"环亳皆水，非舟楫不达，柔甃城壁为桥梁属汴堤，以通商贾之利；复建孔子庙，设校官弟子员。"② 张柔重建文庙后，元朝一代曾先后增修十余次，而此次是规模较大的一次修建。

元（后）至元三年（1337），知州盖苗任职亳州，曾到文庙查视，当看到亳州文庙因年久失修、破败不堪时，连连叹责："甫视事，伏谒庙下。相其门庑楼亭，岁久不葺，日久剥落，蹙额叹曰：'是责也，我任之'。问学廪俱以匮告，问学田之岁入，则有隐租可资。"③ 在此情形下，从而萌发重修亳州文庙的想法，故问"学田之岁入，则有隐租可资"，其实是在考虑筹集兴修文庙的资金问题。第二年春天，知州特集合属僚，共议修建文庙之事于府厅，当时的监郡阿里海牙公慣契之，从而得到众多下属的一致赞同。于是便"遂括其隐，倍蓰于旧。会其赢，当其租之五千缗，乃治朴斫甄埏垍、调垩化、涂练日、元功价、出物入、佣分工、合匠趋、献能吏、慎董役、属邑无所扰，主民无所衰，无浮费，无旷时。浃五旬而就绪，其先西庑绘七十子之像，列从祀也"④。由此可知，此次文庙修葺所支出费用较巨，在工程实施过程中，大家分工合作，官民齐心协力，做到"属邑无所扰，主民无所衰"，既没有出现浪费资金现象，也没有耽误工期，历经"五旬"而告竣。

二、治道固在

中华文化历经风雨，虽经社会屡次巨变，但文化一直未曾间断，且历久弥新。尤其是儒家文化，在中国两千多年的文化激荡交融中，已成为中华优秀传统文化的象征，对历代封建社会稳定发展，产生了重要作用，"一般说来……历史上无论何种民族建国建朝都奉儒学为正宗，孔子为圣人，从而把修庙祀孔作为国家大事来办。"⑤ 因此，几乎各地州县治所所在地，均建有文庙。

① （乾隆三十九）《亳州志》卷二《学校》。
② 宋濂等：《元史》，北京：中华书局，1976年，第3475页。
③ （光绪）《亳州志》卷七《学校志·学制》。
④ （光绪）《亳州志》卷七《学校志·学制》。
⑤ 邓爱民，桂橙林：《文庙书院》，武汉：长江出版社，2019年，第2页。

最初建于城内东北的亳州文庙，据元（后）至元三年（1137）《修文庙记》所载，"中墀近右，有亭树，大德加号，碑扬德音也。东碑在亳，西碑在建，庙各庇以重屋，昭成绩也。庙之南峙神门，又南建棂星门，壁背傅朱，妥圣灵也。"① 此处碑文叙述了至元（后）元三年（1337），亳州文庙的大致空间布局，及其文庙内外的环境设施，如有亭有树，有东西碑刻，庇以重屋，以示尊崇。文庙之南有大门，又南还建有棂星门。由此可知，元代亳州文庙的规制，相对较为完整，我国文庙到明代中后期才基本定型，文庙的建筑格式逐步规范，如果与明代的文庙规制相比，"文庙也逐步规范化，其建筑形成了独有的建筑群模式。中轴线上坐北朝南一般依次为棂星门、泮池、戟门、大成殿、崇圣祠等主要框架。一般说来，看这些建筑是否完备，是确定文庙建筑是否完整的主要标志。"② 可见元至元三年，所建的亳州文庙，在规制方面与明代还存在一定的差距。

其中该碑文中所言，在亳州文庙"又南建棂星门"，棂星门又称"灵星门"，据元代鲜瑮在《庙学门记》中记载："古营造法式，以上天帝座前三星曰灵星，王者之居象之，故以名门。先圣为万世绝尊，古今通祀，衮冕南面，用王者礼乐，庙门之制悉如之。"③ 由此可知，文庙中建有"棂星门"，说明孔子可用王者之礼，可见历代封建统治者对孔子的尊崇。从地方文献记载也可知道，地方文庙内大都塑列众多儒家人物，从位次布局来看，总是尽力凸显孔子的尊崇地位，依据地方旧志记载，把文庙正殿建筑内的儒家人物位次，列表如下：

据元（后）至元三年（1337）《修文庙记》记载，此次亳州文庙的修建，在规制方面仍按旧制，"凡盖瓦级砖，凡曲桶枋栱甃石之朽缺者，举撤而新之，且多饰于其先焉。仪与观兼隆，华与质适称。望者竦惊，人者增敬，过者啧啧，屡颔厥首。又以宫墙四环，卑不逾肩，无以肃内外，改筑而高之，加覆以厦。"④ 此次修葺，主要对砖瓦桶栱，甃石之朽缺者，加以更新，修葺之后，达到"望者竦惊，人者增敬，过者啧啧"的效果，同时又对卑不逾肩

---

① （光绪）《亳州志》卷七《学校志·学制》。
② 邓爱民，桂橙林：《文庙书院》，武汉：长江出版社，2019 年，第 8 页。
③ ［明］周复俊：《全蜀艺文志》，《文渊阁四库全书》影印本，集部 1381 册：第 445－446 页。
④ （光绪）《亳州志》卷七《学校志·学制》。

的四周围墙，进行加高，以整肃内外。

此次亳州文庙的修建，在讲堂西北的空余之地，还修筑了三间学室，以便文学官郡人士居住。在元至元三年（1337）《修文庙记》的最后，该碑文作者指出了修建亳州文庙的重要意义："噫，有牧者知治民不知化民久矣！苛禁暴令以市声，敲扑桎梏以鼓势，曰'治道固在'，是此无异父之教子，不能预导以义方，俟其恶行狼疾，而始呵之杖之，真寡恩也哉！"①作为地方主政者，修建古代历史建筑，所看重的正是其文教价值。此碑文作者认为，一方之主政者如果只知道一味地治民，而不知道利用文化的力量对民众进行教化，虽然可以动用手中的权力，发号苛刻严禁的暴令，哪怕动用严厉的桎梏刑罚，虽云此为"治道"，但其负面作用也显而易见。如果仅用严刑峻法，正如父亲教育儿子，不用循循善诱之法，导以正途，等其恶行狼疾之时，动用棍棒之法，进而呵之、斥之，也于事难补，这也体现了父亲对于儿子寡恩的一面。碑文作者以父亲教育儿子之事，比喻地方主政者只知道利用严刑峻法治理社会，不知道应先对民众进行教化，"预导以义方"，其效果会更好。故云："今公布政，可谓知本者。夫使里巷小民观夫子圣道若是，其可遵，则老必谕其少，长必约其幼，自相率而驯于教，非感化之妙机欤？"②一般而言，地方文庙也会举行一些政治礼仪制度，对于民众来说，具有重要的引导教化作用；同时，地方文庙又是当地文化权威的载体，其对民众的影响，不是一般的行政制度所能比的，这种预导作用，更为深入持久。所以地方文庙正是由于具有政治、社会、文化等多种属性，成为历代封建社会主政者，实现社会的长治久安的重要手段。

第二节　亳州学宫：以《重修学宫记》为中心

学宫，一般是指地方官办学校以及其中的宫殿建筑，明清时期有些地方的府、州、县也称庙学为学宫。学宫与文庙不同，尤其是在建筑布局和功能方面，两者的差异较为明显，前者更侧重于教学，后者侧重于祭祀。"学宫并

---

① （光绪）《亳州志》卷七《学校志·学制》。
② （光绪）《亳州志》卷七《学校志·学制》。

不像文庙那样有严格的布局制度，它有一定的灵活性。"① 古代各地学宫建筑情况，大多保留在地方旧志中。笔者以清代张肇扬《重修学宫记》为中心，结合其他文献记载，对古代亳州学宫建筑进行粗略探讨。

一、学校为教化所由隆

学宫有时又称"儒学"，因古代封建地方官府大多在文庙内设立学校，使文庙与学校结合，从而使得学宫既是尊崇孔子之地，又是教书育人之所，把两者有机地结合在一起。由于孔子被后世誉为我国私人办学的初祖，备受后世尊崇，清代更是如此，如顺治元年（1644），山东巡抚方大猷奏请崇祀先师孔子，皇帝下令礼部："先师为万世道统之宗，礼当崇祀，昭朝廷尊师重道至意。本内所开各款，俱应相沿，期于优渥，以成盛典。著该部查照，一体饬行。"② 又如清顺治二年（1645），国子监祭酒李若琳奏请加孔子谥号，故皇帝又谕礼部："孔庙谥号加称'大成至圣文宣先师孔子'，既监、科考订金同，准如议行。一应礼仪，还照明朝旧例，不必更改。"③ 并实施隆重的祀孔子典礼，康熙二十二年（1683），皇帝亲自书写"万世师表"匾额，命令各地孔庙悬挂。

张肇扬在《重修学宫记》中言："崇文重道，尊奉至圣先师，典礼之隆，亘古未有。去年重修太学，今春告成。行释奠礼，衣冠、文物、俎豆、钟镛，堂哉，皇哉，蔑以加矣！盖心契真传，故典昭明，备有如是也。"④ 张肇扬认为，清代帝王尊崇孔子典礼之隆，前所未有，不仅重修太学，而在祀典之物品安排方面，均显示出皇家气派。正是因为学宫具有教人成贤成圣之功能，故历代封建统治者十分重视祀孔典礼制度，"尽管历代对孔子庙的建筑制度缺乏统一的规定，但奉祀制度是详细而统一的。孔子庙奉祀人物的增减、奉祀人物的服饰、奉祀方式，甚至奉祀人物的坐向都是国家统一规定的。"⑤ 清代对孔子的祀典制度，不仅作了统一规定，而且较为复杂。

---

① 张亚祥：《江南文庙》，上海：上海交通大学出版社，2009 年，第 45 页。
② ［清］文庆，李宗昉等：《钦定国子监志（上）》，北京：北京古籍出版社，2000 年：第 1 页。
③ ［清］文庆，李宗昉等：《钦定国子监志（上）》，北京：北京古籍出版社，2000 年：第 2 页。
④ （光绪）《亳州志》卷七《学校志·学制》。
⑤ 孔喆：《孔子庙祀典研究》，青岛：青岛出版社，2019 年，第 4 页。

该碑文所言"释奠礼衣冠、文物、俎豆、钟镛，堂哉，皇哉"，从清代皇帝亲自到国子监祀典孔子，所使用的"文物、俎豆"等物品可知："先师位前帛一，牛一，羊一，豕一，登一，铏二，簠簋各二，笾豆各十，尊一，爵三，炉一，登二；四配各帛一，羊一，豕一，铏二，簠簋各二，笾豆各八，爵三，炉一，登二，东西各尊一；十二哲各帛一，铏一，簠簋各一，笾豆各四，爵三，东西各羊一，豕一，尊一，炉一，登二；两庑二位共一案，每位爵一，每案簠簋各一，笾豆各四，东西各羊三，豕三，尊三，统设香案二，每案帛一，爵三，炉一，登二。牲载于俎，帛正位、四配异篚，十二哲东西共篚。尊实酒，疏布幂，勺具。"[1] 即使在崇圣祠的祀典，其所用物品也较为繁复，"崇圣祠正位前各帛一，羊一，豕一，铏二，簠簋各二，笾豆各八，爵三，尊一，炉一，登二；四配各帛一，簠簋各一，笾豆各四，爵三，东西各羊一，豕一，尊一，炉一，登二；两庑东二案，西一案，均簠簋各一，笾豆各四，每位爵一，东西各帛一，羊一，豕一，尊一，炉一，登二，俎、篚、幂、勺具。"[2] 由此可知，清代封建帝王对于孔子的尊崇之重、礼遇之高，的确如张肇扬所言"尊奉至圣先师典礼之隆，亘古未有"。

张肇扬在《重修学宫记》中又言："士生其间，观感于文德之敷，无论海内外，固莫不服教畏神，思应休明于勿替。亳为古谯地，文庙之建，创自元时张万户柔。明正德间，汉东颜公木卜迁于州之西南隅，即今地也。"[3] 张肇扬认为，学宫建设对于地方"文德"具有非常重要的作用，因四海之内，莫不尊崇孔子，信服其学说。亳州作为古谯之地，自古文化昌盛，文庙建设早期创自于元代的张柔。明正德年间，知州颜木又迁之亳州城西南隅，此处碑文所载亳州学宫兴建历史的内容，仅做概要式介绍，具体情况需要结合相关文献记载，加以认真考察。

由于古代地方学宫与文庙建在一起，往往合二为一，既承担教学功能，又具有祀典孔子的功能，把教育和祀典有机地融为一体，故后世有时把二者名称互用。此碑所言的"文庙之建，创自元时张万户柔"，我们从亳州旧志记载可知，"学宫旧在州治东，唐故址也。宋庆历年间，节度使夏竦重修。元汝

① 孔喆：《孔子庙祀典研究》，青岛：青岛出版社，2019 年，第 165 页。
② 孔喆：《孔子庙祀典研究》，青岛：青岛出版社，2019 年，第 165 - 166 页。
③ （光绪）《亳州志》卷七《学校志·学制》。

南王张柔复建文庙两庑、前后二堂陵川刘方撰记。"① 元代张柔对亳州文庙的
两庑、前后二堂，进行了"复建"，并非该碑文所言的"创（建）"，因在唐朝
亳州文庙就应该已经存在，不然何来的"唐故址"？宋朝庆历年间，节度使夏
竦对亳州学宫又进行了重修。此外，关于亳州文庙的地理位置，亳州旧志记
载与张肇扬《重修学宫记》所言，具有明显的差异，前者为"州治东"，而后
者为州之"西南隅"，为何有如此之大的地理变化？明代正德十六年（1521），
"生员段九畴等以旧制狭隘，且迫近州治，请移建于西南隅军储仓旧址。知州
颜木集议成之，采石玺废宅，柏桧杂植其中，实不如旧地风水之利也。"② 针
对这次亳州学宫的前移，薛蕙为此撰写《移建亳州学记》。

据《明史·薛蕙传》记载："薛蕙，字君采，亳州人。年十二能诗。举正
德九年进士，授刑部主事。谏武宗南巡，受杖夺俸，旋引疾归。起故官，改
吏部，历考功郎中。"③ 薛蕙晚年退隐亳州，著书立说，筑园自乐，著作有
《约言》《老子集解》《五经杂录》《大宁斋日录》《西原集》等。薛蕙在《移建
亳州学记》中言："汉东颜子治亳逾时，而亳理视于学，卑隘而陊。"④ 其中的
"颜子"是指当时的知州颜木，据（光绪）《亳州志》卷九"职官志"记载可
知，颜木，湖广应山进士，正德十五年（1520）任亳州知州。同时该志在卷
十"职官志·名宦"中还对其进行简介，"颜木，湖广应山人，正德甲戌进
士。知亳州，修建学校，禁遏豪强。时有武绅为暴境内，发其奸私，置之于
法。合郡震惧。尤长于文学，与薛考功时有唱和。"⑤ 颜木在亳州任职期间，
修建学校，重视教育，文学才能显著，时常与薛蕙吟诗唱和，故薛蕙为之撰
写《移建亳州学记》，也不难理解。

颜木认为，学校为整饬教化之地，通过教化可以造就正直、善良之才，
而这些正直、善良之才，正是国家所需要的，因此振兴学校教育，作为地方
知州责无旁贷。于是他通过观察，认为当时亳州城内的西南隅，为兴建学校
的较为理想选址，因而与众人谋划，大家一致认同，随后又上报请示，获得

---

① （光绪）《亳州志》卷七《学校志·学制》。
② （光绪）《亳州志》卷七《学校志·学制》。
③ 张廷玉等：《明史》，北京：中华书局，1974 年，第 5074 页。
④ （光绪）《亳州志》卷七《学校志·学制》。
⑤ （光绪）《亳州志》卷十《职官志·名宦》。

批准后便动工兴建，逾年而新。薛蕙《移建亳州学记》主要借记述颜木移建亳州学宫之事，从而发表一番议论，如颜木认为亳州学宫卑隘而陿，故谋划迁于亳州城内西南。针对此次迁移学宫之事，薛蕙则云："夫颜子之心则勤矣，然非徽第取位焉是求，殆亦饬教淑士焉是图。且夫教弗饬，士弗淑，虽徽第取位，抑末矣。"① 在薛蕙看来"饬教淑士"之术，自上古以来，历经汉唐，经久不衰，"蕙闻虞、夏、商、周四代之代兴也，是故饬教淑士之术，相沿而具，其教经而训其士，睿而哲。夫子删之，载于六籍，皆是物也。及嬴秦氏背废古制，天下学士微矣。二汉修复教术，下历于唐，凡十世已。"② 薛蕙认为十世所习，或同或否，约而数之，厥失有五。

据《移建亳州学记》可知，薛蕙认为唐代以前十世之习，总结有"五失"，同时对宋明之学加以论述："稽道真者失之谬，矜事功者失之夸，尚师训者失之固，志述作者失之浮，专词艺者失之卑。时则有若贾谊氏，有若董仲舒氏，有若扬雄氏，有若王通氏，有若韩愈氏。夫五子者，当世之善士也。其于五失，未之或免也。诸子何讥焉？至宋诸儒者作，其议论庶几夫古矣。原经术以正始，参庶得以广用。循敬义以谨学，极性命以致道。故曰：其议论庶几夫古矣。我明造士，黜异端，屏词艺，而右经术。故天下之士惟宋儒是师，其言道德性命，贾谊氏诸人或愧焉，不可谓不盛矣。若究其业之所就，尚有不及古人之一节，抑又何耶？"③ 针对所存在的问题，随后薛蕙又进行补充："夫学者之道，有通有弊，有枉有直。攻其弊，斯可通矣；理其枉，斯可直矣。"④ 故薛蕙在《移建亳州学记》最后又言，如想培养出古代"淑士"，应该先从兴办教育开始。

二、遂焕然一新矣

时至清代，由于历年既久，亳州学宫风雨侵蚀，剥落销蚀，破败不堪。乾隆三十一年（1766），亳州知州陈廷柱提议重新修建亳州学宫，不久因工作调动，离开亳州，接任者张肇扬继续完成此事，"余来莅兹土，适诸绅士奉前

① （光绪）《亳州志》卷七《学校志·学制》。
② （光绪）《亳州志》卷七《学校志·学制》。
③ （光绪）《亳州志》卷七《学校志·学制》。
④ （光绪）《亳州志》卷七《学校志·学制》。

任陈公命，议加修葺，并改旧制，移明伦堂于大成殿北。署篆今升本府张公继之，议如初。然莅任未久，草创而不及观成也。幸踵其后，敢弗皇皇然图所以藏事哉？"① 随后该碑文重点记述此次亳州学宫的兴建情况。

其中"并改旧制，移明伦堂于大成殿北"，据亳州旧志记载，明伦堂原在亳州学宫之西北隅，敬一亭在明伦堂之后，而大成殿后面为六经阁，科贡题名碑在明伦堂东西，两间讲堂、进德斋、讲学斋、修业斋在明伦堂两翼，以上建筑在清朝光绪年间，均已损毁废弃。依据古代学宫的建造规制，明伦堂一般建在大成殿后面，如岭南学宫的建筑基本构成，"由前至后依次为照壁、棂星门、泮池、戟门、乡贤祠、名宦祠、两庑、大成殿、明伦堂、魁星楼、崇圣祠等。"② 而亳州学宫的建筑顺序略有差异，"今亳州学宫在城内西南隅，中为大成殿，殿前为丹墀，拜台，两翼为东西庑，前有戟门，再前为棂星门，门前为泮池，度以拱桥，桥前为照壁，壁上擘窠四字曰'宫墙万仞'，殿东北隅为崇圣祠，殿后为明伦堂，东角门外为青云路、奎星楼、文昌宫，宫后为节孝祠。"③ 通过与岭南学宫比较可知，亳州学宫的建筑布局由前至后依次为：照壁、拱桥、泮池、棂星门、戟门、东西庑、拜台、丹墀、大成殿、明伦堂等，前者棂星门在泮池前，而亳州学宫棂星门在泮池之后。

此次亳州学宫的修建主持者为亳州知州张肇扬。张肇扬，山东莒州人，乾隆三十二年（1767），任亳州知州，为官清廉。据（光绪）《亳州志·职官志》卷十"名宦"记载，"剔除积弊，宽猛并用。民间有祝有诅，其祝者乡村农民讼狱，即为伸雪，无灾累之苦；其诅者奸猾。胥役有过即惩，无丝毫庇护。"后来他改授颍州府通判，又升寿州知州，卒于任上。张肇扬到亳州任职后，听说前任知州陈廷柱准备修葺文庙之事，计划把明伦堂建于大成殿以北，于是与程光弼、李绎、王万年等人商议倡捐修葺，众人踊跃乐从，经过一年的时间，工程竣工，"而亳之学校自殿庑、堂阶以及斋舍，遂焕然一新矣。"④ 现将亳州学宫及其相关建筑的历次修建情况，列表如下：

① （光绪）《亳州志》卷七《学校志·学制》。
② 王发志：《岭南学宫》，广州：华南理工大学出版社，2011年，第3页。
③ （光绪）《亳州志》卷七《学校志·学制》。
④ （光绪）《亳州志》卷七《学校志·学制》。

历次亳州学宫及其相关建筑修建情况一览表

地理位置	修建时间	建筑内容	修建主持
州治东	唐朝	创建	
	宋朝庆历年间	重修	节度使夏竦
	元朝	复建文庙两庑、前后二堂	汝南王张柔
	元至元丁丑年	建两庑，绘七十子像。筑宫垣、学室，召师生居之	知州盖苗、监郡阿里海牙
	元大德十一年	《仁宗延祐元年加封孔子碑》	知州姜大亨立
	明洪武三年	因故基重建	知州张文弼
	宣德十年	增修，塑十二哲像	知县陈温、武平卫指挥周广
	正统元年	修殿门、两庑、斋库，神厨	御史彭命县令卢试荣
	景泰五年	徙明伦堂及学门于殿右	知县徐贵
	天顺六年	建大成殿五间	知县邓昱
	成化九年	建明伦堂五间	知县王瓛
	成化九年	重修	知县谢宥
	弘治十四年	因县改州，恢拓其制，增设二斋仓库	知州王沂
	弘治十四年	修正殿、戟门	同知张淮
	弘治十八年	开兴贤街神道	知州刘宁
西南隅	正德十六年	移建于西南隅军储仓旧址	知州颜木
	嘉靖中	重修，复开正南神道，题其坊曰"文明坊"，左右曰"兴贤坊"、"育才坊"	知州张廷
	万历中	重修文昌阁，原在殿后，改建于东南隅	知州马呈鼎
	清康熙十九年	修大成殿	知州唐翰陛
	康熙五十八年	重修，又于戟门东添建三楹，令有事庙中者于此屏息肃仪焉	知州苏灏
	雍正九年	率本州绅士茸之	知州尤拔世
	乾隆十九年	倡修，旋以事去	知州严文照

（续表）

地理位置	修建时间	建筑内容	修建主持
西南隅	乾隆十九年	踵成之	署任李天玺
	乾隆三十一年	复议重修，并移明伦堂于殿北，旋以事去	知州陈廷柱
	乾隆三十一年	继成之	知州张肇扬
	乾隆四十二年	重修戟门并名宦、忠义祠	绅士黄光荣、赵敔、陈永茂
	乾隆五十四年	重修两庑	绅士徐继泰、孟兴杓、鲁讷等
	乾隆五十七年	重修照壁	绅士李长年、戴錞、陈永淳
	乾隆五十八年	重修泮池、月桥	绅士陈永淳、李长年
	嘉庆十四年	重修正殿	绅士何天衢、李长年、陈永茂等
	嘉庆二十五年	修棂星门、两庑	绅士张德化
	道光六年	捐修照壁、大门、两庑、戟门、棂星门及崇圣、名宦、乡贤、忠义各祠	邑人丁国安等
	道光十三年	相继捐修大成殿、明伦堂及崇圣、名宦、乡贤各祠	廪生汤嵩龄、州绅何星衢、孟毓泰等
	同治八年	重修，未竣，去	知州钟泰
	同治八年	踵成之，集资兴工，重修大成殿，增建东西牌楼，移照壁于大门之地。其余两庑、戟门及学宫内诸祠，以次新修如式	知州王懋勋

注：笔者依据（光绪）《亳州志》卷七"学校志"所记载内容，进行制作而成。

国家造士，隆于国学，州邑铸材，盛于学宫，张肇扬认为修建文庙，不仅有正学养材之利，还有兴行教化之用，"余因念学校为教化所由隆，人才所自出。士列名黉宫，皆当由圣贤之言，体圣贤之心，以求为圣贤之徒，而非沾沾于文艺之末，博一时之声华名利已也。"① 学校所培养人才，其目的是继承圣贤之学，将来能成为圣贤之人，而不仅仅是培养"文艺"之才，作为地方知州的张肇扬，对于学校教育的认识，这与其自身知识背景有很大的关系。

如张肇扬在《重修学宫记》中所言，当时亳州教育并不发达，仅就科举考试而言，其结果并不理想，"今亳之人士多以科第寥寥为憾"②，他在读《御制太学碑文》之后，其对学校教育有更进一步的认识，体会得也更加深刻，"大要以学先为己，无役志于粉华。知为己，则四书五经皆圣贤精蕴，体而行之，靳至于圣贤而有余；不能为己，徒猎取词华，以为苟可以应有司之求足矣。是无实之学，亦安望其有裨实用？"③ 由此可知，张肇扬认为学校教育，重在"学先为己"，并不在于辞藻粉饰，所谓"为己"，则是从《四书》《五经》等传统典籍中，汲取圣贤之学；如仅"猎取词华"，并无"实用"，只能是"无实之学"而已。这反映出作为具有儒学背景的亳州知州，对于地方学校教育的认识。

亳州自古名邦望郡，人才代出，"况亳本名区，论道德则言传五千，论文词则才推七步。嗣是历唐宋以来，代有文人高士。即前明如薛考功、李方伯诸先哲气节事功，彪炳志乘，足为士林楷式。近世科名虽不及古，然在凤、颖间，犹为翘楚。"④ 从老子作《道德经》始，建安时期的曹植，明代的薛考功、李方伯等，代有人才。碑文最后所载："有以培其根而沃其膏，蒸蒸然将进而日上也。然则继自今，贤才迭起，蔚为国华，其即于学校之新卜之乎？"⑤ 可见，张肇扬认为当时亳州学宫之修，对于贤才的培养具有重要意义。

---

① （光绪）《亳州志》卷七《学校志·学制》。
② （光绪）《亳州志》卷七《学校志·学制》。
③ （光绪）《亳州志》卷七《学校志·学制》。
④ （光绪）《亳州志》卷七《学校志·学制》。
⑤ （光绪）《亳州志》卷七《学校志·学制》。

第三节　亳州书院：以《柳湖书院记》为中心

书院，为我国古代的一种教育组织形式，在我国古代教育发展中产生着重要影响。何谓书院教育，"是指以私人创建或主持为主，收藏一定数量图书，聚徒讲学和研讨，高于一般蒙学的特殊教育组织形式。"[①] 清朝时期，亳州也建有书院，如柳湖书院、培英书院等，笔者以清代华度的《柳湖书院记》为中心，结合地方文献，粗略探讨亳州书院的建设情况。

一、集城乡之秀者，肆业其中

书院之名称，最早起源于唐代。如袁枚的《随园随笔·典礼类·书院》记载："书院之名，起于唐玄宗时，丽正书院、集贤书院，皆建于朝省，为修书之地，非士子肄业之所。"[②] 可见书院之名，始于唐玄宗时期，当时仅作为唐代的官府之地，并非正式的教育组织机构，因不具备后世所常言的书院教育的功能。具有学校教育性质的书院，后世学者认为始于唐代，如元代吴澄的《鳌溪书院记》所载："书院之名何始乎？肇于唐，盛于宋……郡邑之学有废而不立之时，学者无所就于学。于斯时也，私设黉宫，广集学徒以补学之缺。……衡之石鼓亦赐额，此先宋以前之书院也。"[③] 也有学者认为具有学校性质的书院，起始于五代或宋朝。

亳州柳湖书院当时位于亳州城内东南隅，"在城内东南隅。面城临壕，魁楼在左，文昌阁在后。"[④] 当时亳州城内东南之地，地势较低，为城中积潦之处，城内之水常常俱汇于斯，尤其是春夏之交，水面宽可百余弓，当地居民竟呼为湖矣，此为柳湖之名称来历。由于湖边种植柳树，周围建筑倒映湖中，实为当时一胜景，"水势潆洄，柳荫掩映长堤，略彴环跨中边。塔影奎光，分

---

① 李国钧：《中国书院史》，长沙：湖南教育出版社，1994年，第2页。
② 袁枚：《随园随笔》，广益书局，1936年，第200页。
③ 转引自李国钧：《中国书院史》，长沙：湖南教育出版社，1994年，第10页。
④ （光绪）《亳州志》卷七《学校志·书院》。

峙左右。每当雨霁，月明澄潭，远映参差，楼阁倒醮波间，断续钟鱼，飘来烟外。倚槛临风，诚一胜地也。"① 在如此景色优美之地建立书院，是较为理想的选择。此地原为州人刘恩沛旧业，因其看中此地僻静景幽，于雍正六年（1728），捐助资金建立学舍，大致规制为："前为院门，后为讲堂三楹。面北房七间，南向。东西廊各三间，堂东小舍三间，后为庖湢。"② 建有院门、讲堂、房廊，以及小舍和庖湢，结构布局较为合理，且功能也较为完善。雍正十二年（1734），卢见曾任职亳州时，为亳州所建书院题名为"柳湖书院"。时至乾隆初年，知州华度"延师主讲，亲加训课，一时从游者甚众。"③ 在当时地方州牧的重视下，柳湖书院得以快速发展。

当时知州卢见曾不仅为柳湖书院题写院名，而且亲自撰写《示书院士子文》，以鼓励在书院求取知识的莘莘学子。卢见曾在《示书院士子文》开篇就指出了古代帝王通过兴办讲学，笼络和培养人才，为己所用，故言皇上"临雍讲学，开馆兴贤，罗骐骥于厩中，牧之金栈；立凤凰于池上，栖以碧梧。诏诸臣举博学之儒，旷典千秋仅见。命学正拨茂才之俊，殊恩六载。一行虽远处于象辂，共兴怀夫鸰荐鸰。"④ 而亳州自古又是文人贤士辈出之地，故言："兹亳郡统辖太、蒙，柱下史之仙乡，漆园吏之故里。曹子建六朝弁冕，鹄立于徐、陈七子之间；薛考功一代宗师，雁行于王、唐八家之列。信风流之未歇，知人地之犹灵。涡水西迥，不少图南健翮；谯阳东旭，岂无冀北雄才？"⑤ 由于亳州曾经下辖太和、蒙城等地，其境内诞生过老子、庄子、曹植、薛蕙等闻名古今的历史文化名家，此地人杰地灵，对后世学子当存厚望。

卢见曾在《示书院士子文》又云："本州襄令山桑，代庖亳篆，适逢科试，奉檄监场。因寓目于幕中，得纵观夫壁上。今膺特调，复莅名邦。案牍纠纷，薄书旁午。理乱丝而觅绪，愧乏穆之之五官；弹别鹤以无声，顿改安仁之两鬓。兹值中秋初过，庶政微间。香彻琼楼，砍桂磨广寒之斧；清坠玉露，食苹忆嘉宴之笙。洵美具而难并，定得心而应手。尔诸生息当六月，鸣

---

① （光绪）《亳州志》卷七《学校志·书院》。
② （光绪）《亳州志》卷七《学校志·书院》。
③ （光绪）《亳州志》卷七《学校志·书院》。
④ （光绪）《亳州志》卷七《学校志·书院》。
⑤ （光绪）《亳州志》卷七《学校志·书院》。

以三年。务尽研都练赋之长，一守按部就班之法。思同泉涌，《逍遥》《秋水》之篇；笔似露坠，错落明珠之句。作者快三冬足用，阅者惊五色纷迷。"① 卢见曾以优美的笔调、极富文采的语句，叙述了自己对于柳湖书院建设的个中情怀。故在该文最后又言："本州小试操刀，敢诩全牛在目；偶然捷足，庶几老马识途。如其技果超群，定赏鉴于牝牡骊黄之外；即或多才泛骛，当范围于准绳规矩之中。太清楼下，广植梗楠；观稼台前，遍载桃李。从吾游者，将兴白鹿之规；企予望之，共奋青云之路。"② 由此可见，作为知州的卢见曾对于柳湖书院的兴办，寄予厚望，期望通过书院教育，改变当时亳州的科举现状。

《柳湖书院记》碑文落款为"乾隆四年，知亳州事华度撰"。据（光绪）《亳州志·职官志》卷十"名宦"记载，华度，字可含，号研斋，浙江余姚人，以荐授金坛知县，后移任亳州知州。"为政以教养为先。初下车，肇兴柳湖书院，捐俸延师徒肄业其中，月课不倦。乾隆四年，大水，秋禾尽没，大桥及两岸民房并遂涡流。度悉心救护，履亩亲勘，力请赈济，民赖以生。"③ 并且华度还主持撰修（乾隆五年）《亳州志》十六卷。

华度在《柳湖书院记》开篇所言："国家造士之法备矣。辟雍钟鼓，隆于国学。而一州一邑之中，人文辈出。又令建设义学，广为陶铸，以备他日舟楫盐梅之用，典甚盛也。"④ 在古代封建社会里，地方官吏出于社会治理的需要，大都重视教育的作用，如该碑文所言"广为陶铸，以备他日舟楫盐梅之用"。由《柳湖书院记》可知，知州华度从金坛知县调任亳州知州，到亳州任职始，便留意亳州书院情况，"知有柳湖书院者，为州绅行人刘君恩沛所建。屏除芜秽，结构精严。士子负笈而来者，寝食讲诵，各有其所。而且地处城隅，绝远尘境。柳岸清风，湖心活水，颇有鱼跃鸢飞之致。"⑤ 在华度之前，州绅刘恩沛就已建柳湖书院，且结构布局较为精严，功能较为完善，加之此书院所在之处，远离闹市，环境清静优美，是地方士子求取知识的理想之地。

---

① （光绪）《亳州志》卷七《学校志·书院》。
② （光绪）《亳州志》卷七《学校志·书院》。
③ （光绪）《亳州志》卷十《职官志·名宦》。
④ （光绪）《亳州志》卷七《学校志·书院》。
⑤ （光绪）《亳州志》卷七《学校志·书院》。

　　由于柳湖书院为州绅刘恩沛所建，故华度为刘恩沛的善举所感动，于是"乃捐资延傅，设帐传经。集城乡之秀者，肄业其中，朝夕咏诵，春冬不辍。越二年，于兹门墙日众，有志之士皆以读书明理为己任矣。"① 华度认为柳湖书院的修建，为城乡之优秀士子，提供一个求取知识的绝佳之地，故能在较短的时间内，便"门墙日众"。作为地方知州的华度，则对前来求取知识之士子，提出了更高的要求，即有志之士，皆以"读书明理为己任"，而非沾沾于文艺之末，博一时之声华名利已也。

　　光绪十九年（1893），知州宗能征于柳湖书院的东院，又新建房屋两楹，且题写名称曰"交勉斋"，同时他还厘定《课试新章》，以榜示的形式公布于讲堂之内，榜示曰："书院之设，原为培植寒士起见，惜乎经费不足，未能一展宏规。兹本州酌拟新章八条，榜示讲堂，愿与多士相交勉焉。"② 从此处榜示内容可知，柳湖书院建设的目的，是为"培植寒士"而建，可惜由于经费问题，限制了书院的进一步发展，故拟定"新章八条"，仅作"交勉"之用。按照宗能征的设想，在课期安排方面，规定每月初二这一天定为"官课"，每月的二十这一天定为"师课"，每年的二月初二为"开课"时间，十月二十为"课止"时间。对于选中的学生，在柳湖书院读书时，日常管理较为严格，如"肄业自住院之日起，饭食、灯油均由书院供给。每月朔望准其回家探视一次，平日非有要事不准出门，免致废时失业。有不应课者，当众申斥；三课不应，逐令出院。各生童努力前修，辛弗自弃。"③ 同时，对于学习刻苦，成绩优异者，还给予奖励。

二、观文教之成焉

　　华度在《柳湖书院记》中最后指出，前来书院求取知识的诸士子，如果能够珍惜学习机会，"果其好学深思，浸淫不倦，必有扬风挖雅，鼓吹休明。以上膺君相之旁求者，余将拭目而观文教之成焉。"④ 由于柳湖书院为"寒门"学子所建，故经费来源主要依靠社会捐赠。如乾隆十七年（1752），

---

①　（光绪）《亳州志》卷七《学校志·书院》。
②　（光绪）《亳州志》卷七《学校志·书院》。
③　（光绪）《亳州志》卷七《学校志·书院》。
④　（光绪）《亳州志》卷七《学校志·书院》。

廪生张善佐撰写的《捐地碑记》可知，由于到柳湖书院求取知识的士子日益增多，费用支出也随之增加，故出现入不敷出的窘境，"肆业者日益众，而岁时膏火之资，不足以供多士。"① 当时有庠生姜过森在城东丁固寺南马家桥有地一十八亩，"将输之书院，岁可取租三千二百，稍助薪炭之需。"② 由于担心数量不多，又恐怕被时人嘲笑，不知如何是好？张善佐作为姜过森好友，故劝其勉励而行之，"地无论多寡，期于有济。……其堂构丹漆与修脯之费，俱绅士所乐捐，原不拘乎数之多寡也。……今踵事济美，所指虽不及文正十之二。然雅意良厚，岂在多少乎？况继自今慕义者闻先生之风而起，其不以此举为之倡欤？"③ 出于呈备案牍，以存考稽之虑，作此文以记之。由于柳湖书院具有"义学"性质，故其经费多来自民间捐赠，现将历次捐赠情况，列表如下：

清代柳湖书院部分捐赠情况一览表

捐赠时间	捐赠者	捐赠数量	备 注
乾隆四年	州绅滨州知州王庆泽	捐地一千亩：义门集地五百亩，每亩原租二百三十文，加租五十文，共二百八十文，每年统计额租一百四十千文；麦秸沟地二百亩，每亩原租三百文，加租四百文，共七百文，每年统计额租□百四十千文；润清铺地二百零八亩，每亩原租二百三十文，加租七十文，共三百文。每年统计额租六十二千四百文；洛家湖地九十二亩，每亩原租二百文，加租一百文，共三百文。每年统计额租二十七千六百文；以上每年分麦秋二季，共收租钱三百七十千文，应完钱粮十六两六钱八分零，应征米一石三斗二升零	

---

① （光绪）《亳州志》卷七《学校志·书院》。
② （光绪）《亳州志》卷七《学校志·书院》。
③ （光绪）《亳州志》卷七《学校志·书院》。

（续表）

捐赠时间	捐赠者	捐赠数量	备　注
乾隆十五年	生员姜遇森兄弟	同捐公产十八亩：坐落丁固寺集，每年原租三千六百文，新折实地一十七亩五分，每年共加租八千七百五十文，为管书院张成一岁工食	
乾隆三十七年	州人李学书	捐地一百五十五亩九分六厘：柳林村地七十六亩一分三厘，实得种地七十一亩二分三厘。每亩原租六百文，加租八十文，共六百八十文，每年统计额租共四十八千四百三十六文；凤头村地三十二亩三分九厘，每亩原租六百文，加租五十文，共六百五十文，每年统计额租二十一千零五十三文；闫家窑北地十六亩，每亩原租三百四十文，加租一百文，共四百四十文。每年统计额租共七千零四十文；闫家窑南地三十一亩四分，每年原租三百三十文，加租一百十文，共四百四十文，每年统计额租共十三千八百十六文；以上每年分麦秋二季共收租钱九十千零三百四十五文，应完钱粮四两七分五厘，应征米四斗三升六合。此租四十千作士子乡试盘费，其余五十千三百四十文除完粮米外，其余作书院膏火	半充书院膏火，半充寒儒省试之费
不详	李尚锦	捐义门集地六亩，原租一千八百文，加租九百文	不详
不详	李怀珠	捐义门集地三亩，原租三千九百文，加租一千零四十文	不详
不详	程　铃	捐义门集地六亩四分，原租二千六百四十文，加租六百四十文	不详
不详	郭宗盛	捐十九里沟地十亩六分三厘，原租四千二百四十文，加租八百三十文	不详

（续表）

捐赠时间	捐赠者	捐赠数量	备 注
不详	何文乐	捐半个店地二十六亩，原租四千一百六十文，加租一千零四十文	不详
不详	李学文	捐涧清铺地五亩，原租一千五百文	不详
不详	佟合海	捐光武庙地七十亩，原租八千四百文，加租一千四百文	不详
不详	高其培	捐高公庙地一顷四十三亩四分九厘，原租二十二千九百六十文，加租五千三百二十文	不详
不详	冯从周	捐独孤村地八亩三分，原租三千二百六十文，加租八百三十文	不详
不详	王继述	捐小猪村地二十四亩一分，原租六千零二十文，加租二千四百文	不详
不详	张 荣	捐凤尾村地四亩，原租一千二百文，加租四百文	不详
不详	黄李氏	捐独孤村地三十四亩，原租十千零二百文，加租三千四百文	不详
光绪八年	信永福	捐车埠口地二亩二分，每年纳租钱一千零六十文	不详
光绪九年	支 导	捐凤头村地一亩七分，每年纳租钱一千三百六十文	不详
光绪十一年	监生张殿承	捐辛家集地六亩，每年纳租钱九百文	不详
光绪十三年	江宁人李立贞	慨捐钱二百五十千文，以助公费之不足	不详
光绪十六年	监生张振瀛	捐小黄村王新庄地一顷，每亩纳租钱九百文	不详
光绪十六年	萌生张朝贵	捐涧清铺地一顷零一亩半，每年纳租钱六十千零三百文	不详

（续表）

捐赠时间	捐赠者	捐赠数量	备 注
光绪十八年	三叉口民人费宪诗以当邓守贵	坡地六亩八分，计地价一百五十一千文	捐入书院作为经费
光绪十八年	阎家铺民人阎承孟	以当阎锡古坡地五亩，计地价八千四百文	捐入书院作为经费
光绪二十一年	知州宗能征	倡捐，购置孙广绍马家园地九段六十二亩五分九厘六毫四丝	增作书院月课经费
光绪二十一年	十字河民人袁晓亮	以当袁永富坡地十六亩，计地价钱三十四千文	捐入书院，作为经费
光绪二十一年	聂家桥民人贾学诗	以当修遵惠地七亩，计地价钱七十四千文	捐入书院，作为经费
光绪二十一年	北关扫把场金殿臣	愿每年以场费二十一千文捐	充书院经费

注：此表依据（光绪）《亳州志》卷七“学校志”记载内容，笔者整理制作而成。

由上表可知，自乾隆四年（1739）州绅滨州知州王庆泽捐地一千亩，以五百亩为书院膏火费始，至光绪二十一年（1895），北关扫把场金殿臣愿每年以场费二十一千文捐，充书院经费止，地方民众对于柳湖书院的捐赠，一直持续不断。据乾隆三十七年（1772），亳州知州郑交泰在《赞学碑记》中所言："自古有郡国之学，有乡党之学。郡国之学官师职之，乡党之学乡之士大夫成之。而要皆存于有司之风，厉而鼓舞，以培植其根本。"[①] 因此书院之设，历来为古代地方州牧所重视，常常延名师主持讲席，爰选生童肄业其中，有时书院费无所出时，地方州牧甚至捐俸以益之，目的是"培植其根本"，以观文教之成焉。

---

① （光绪）《亳州志》卷七《学校志·学制》。

第三章

亳州碑刻与古代建筑

第一节 古代城池：以《亳州兴造记》为中心

城市是人类文明发展到一定阶段的产物，历经从产生到发展的漫长过程，正如何一民先生在《中国城市史纲》中所言："城市是一种复杂的社会有机体，它的出现不是一朝一夕的事情，而是一个逐渐演进的过程，必然经历漫长的萌芽、发育和成长的历史时期。"[①] 作为传统古城的亳州同样也经历了一个漫长的历史发展过程。关于亳州城池的建设情况，在古代碑刻文献中有明代王鏊的《亳州兴造记》，本书将以此碑文为中心，结合正史、地方志书等文献记载，探讨亳州城池的建设情况。

一、谯县之有城也

明代王鏊在《亳州兴造记》文章开头写道："亳，故汤都。今城东北一里而近有汤陵，三十里而遥为桑林之野。桐宫、谷熟往往而在。春秋时为谯邑。秦汉而降，或为县，或为州，或为郡，为军，为国，纷更不一。明初复为县，

[①] 何一民：《中国城市史纲》，成都：四川大学出版社，1994年，第1页。

隶河南之归德。洪武六年，改隶凤阳之颍州，迄今百三十余年矣。"① 从该碑文可以看出，王鏊认为亳州城池，最早可以追溯到商汤所建的"汤都"。

后世学者对"汤都"的分析，往往与"亳"字结合起来，"商汤为何将其都城命名为'亳'呢？对于'亳'的解读有两种说法，一是认为'亳'字是一种象形字，其上为房舍，下为高台，台下生有草木。……二是认为'亳'乃是'京'或'高'与'乇'的结合，为都城的意思。甲骨文'亳'是一个会意字，习惯上认为，其上半部分乃是高台之意，下半部分类似树杈则有许多争议。"② 对于汤都亳之说，后世有多种观点，后期又衍生出了"三亳"之说，且争论不休。对于此问题，后世学者也给出了解释："'亳'乃是殷商第一代帝王成汤之京都，又是商社稷之所在，也是殷人祭祖和祭拜宗庙的地方。但是，据古籍记载，商汤时水患不断，为寻找易居之地，国都多次搬迁，凡是建都的地方，都称为'亳'。"③ 关于亳与汤都的问题，由于历史久远，地理变迁复杂，而又缺乏确切的史料记载，故难以断说，但是我们从《亳州兴造记》中，可以看出明朝一代名臣王鏊对亳州城池起源问题的认识。

至于王鏊所言的"今城东北一里而近有汤陵，三十里而遥为桑林之野。桐宫、谷熟往往而在"，此问题在《亳州汤陵碑记》中，已有所探讨，在此不再赘述。至于王鏊在该碑文中所言的"春秋时为谯邑"，在文献中可以见到，如（光绪）《亳州志》记载："亳州为禹贡豫州之域，在春秋时为陈国之焦、夷二邑。"④ 综合文献记载，亳州城池建设自古就已开始。可谓历史悠久，据以上史料记载，早期筑城可追溯到春秋战国时期，"昔楚平王筑谯城。"⑤ 据（嘉靖）《亳州志》考证，亳州城旧址，为楚平王所筑谯陵城，此观点为后代旧志纂修者所认同，"谯县之有城也，始于楚平王筑谯城。"⑥

亳州城池自楚平王修筑以来，历代文献偶见零星记载，"魏黄初中，文帝自谯循涡入淮。有古焦城。"⑦ 据亳州旧志记载，州城近而可考者，宋大中祥

---

① （光绪）《亳州志》卷十七《艺文志·文》。
② 魏宏灿：《亳文化概要》，合肥：黄山书社，2020年，第30页。
③ 魏宏灿：《亳文化概要》，合肥：黄山书社，2020年，第31页。
④ （光绪）《亳州志》卷一《舆地志一·沿革》。
⑤ ［宋］乐史，王文楚等点校：《太平寰宇记》，北京：中华书局，2007年：231-232。
⑥ （道光）《亳州志》卷八《城池》。
⑦ ［唐］杜佑：《通典》，北京：中华书局，1982年，第4665页。

符四年（1011），宋真宗临幸谒太清宫时，途经亳州城，并为亳州城楼赐名，"州城近而可考者：宋真宗祥符四年临幸谒太清宫时，特赐州城西门曰朝真，门楼曰奉元；北曰均禧，门楼曰均庆。玉辇经过，璇题炳焕，亳城称为极盛。"① 元朝时期，元朝汝南忠武王张柔镇守杞地，由于连年用兵需要，上奏请移据亳州，后被允筑城守之，"张柔移镇亳州。……张柔以连岁勤兵，两淮艰于粮运，奏据亳之利。诏柔率山前八军，城而戍之。"② 元代张柔所筑亳州城池，则被后世认为是亳州城池的始基所在，"元蒙哥八年，镇将张柔自杞徙亳，以连岁勤兵，两淮艰于粮运，奏请据亳之利。元主乃命柔以山前八军城而戍之，是为今城址之始基焉。"③ 张柔在亳州所筑之城，应是为明清时期修建亳州城池，奠定了较好的基础。

张柔在建筑亳州城池结束之后，并为之树立一碑，碑文为旧志所录，为阅其全文，兹录如下："甲寅诸侯之师毕集城北，柞谷械朴，翳不可入，刊而后可。次穴城，鹿豕获以千计，三日而后已。诸将私相谓曰：此役徒劳，此城难守。意欲弛役，柔介然不为动。三月稍完迄，丁巳岁克成。观柔之碑略如此，其云'柞谷械朴，翳不可入'。"

由此碑文可知，元朝时期亳州城池以北虎头岗一带，林木之茂，鹿豕成群，地气之盛，可以想见。由于建城自然需要大量的林木资源，故城北之林木自会在刊除之列，用以建城。又加之明清以后，国家长期处于太平时期，休息涵煦，人口日益增加，由于当时亳州城池以北，地势平坦，是民众理想的聚居之地，故随着生齿日繁，地土开旷的亳城之北，后来尽为民众居住，故到清朝时期，在元朝时期可见的"林木之茂，鹿豕成群"之景象，逐渐消退。

虽然亳州历代名称迭更，州境隶属多变，如王鳌在《亳州兴造记》中所感叹："秦汉而降，或为县，或为州，或为郡，为军，为国，纷更不一。"④ 但是，较为确信的是，城池旧址无改变，"旧谓筑自楚平王，其间废兴多矣，县

---

① （光绪）《亳州志》卷三《营建志一·城郭》。
② ［明］宋濂等：《元史》，北京：中华书局，1976年，第48页。
③ （光绪）《亳州志》卷三《营建志一·城郭》。
④ （光绪）《亳州志》卷十七《艺文志·文》。

于秦汉，郡国于晋魏，虽名目不同，而金汤不改。"① 可见，亳州城池在明代以前，历经多次修建，其社会地位，也是沉浮多变，但城池位置始终无变。

明朝建立之后，新的王朝出于维护自身统治的需要，对原有的行政区划格局又作了调整，而亳州自然也在行政区划格局的调整之列，而此次的行政区划调整，势必影响到当时亳州城池的建设，同时也意味着亳州城池的修建进入了一个新的时期。王鏊在《亳州兴造记》中所言："（亳州）明初复为县，隶河南之归德。洪武六年（1373），改隶凤阳之颍州，迄今百三十余年矣。"② 关于亳州在明代的行政区划归属问题，在《明史·地理志》中也有记载，洪武初年，谯县并于亳州，随后城父县被废，隶属凤阳府……弘治九年（1496），亳县升为亳州，改隶凤阳府③。两者相较，《亳州兴造记》所记载的内容相对于《明史·地理志》，则较为简略。

王鏊在《亳州兴造记》中认为，亳州"其境大货穰，将强卒武，不为尊官，无以镇之。"④ 明代时期，亳州经济逐渐兴起，尤其是当时亳州依托涡河航运之利，商业较为繁盛，"江淮之舟，始由涡达汴，商贾辐辏鳞集，积岁成业。自城西北关及义门沿河一带，楼舍攒拱联络，动计百家，入境望之，弘敞巨丽殊绝。"⑤ 明代时期，亳州地处淮豫交壤，南北通衢，交通便利，当时社会经济繁荣，尤其是商业较为发达。在"境大货穰"之地，"不为尊官无以镇之"。

于是，如王鏊在《亳州兴造记》中所述："在宏治丁巳，巡抚南直隶左副都御史当涂李公以闻诏升亳为州，体视大邦。时东鲁王侯沂以选来知州事，喟然叹曰：'兹惟殷之故都，今诏所升进。而卑陋弗饰，予何以视事于此！'"⑥ 明朝弘治年间，亳州由县升为州，作为城池由县城变成州城，城池地位得以提升。弘治十年（1497），王沂任亳州知州，为明朝时期亳州第一位知州，由一个县城如何建设成州城，需要做大量的建设工作，故不由得发出"而卑陋弗饰，予何以视事于此"的感叹。

---

① （乾隆三十九年）《亳州志》卷一《城池》。

② （光绪）《亳州志》卷十七《艺文志·文》。

③ 张廷玉等：《明史》，北京：中华书局，1974：第915页。

④ （光绪）《亳州志》卷十七《艺文志·文》。

⑤ ［明］李先芳：（嘉靖）《亳州志》，卷一，明嘉靖四十三年（1564）刻本。

⑥ （光绪）《亳州志》卷十七《艺文志·文》。

据（光绪）《亳州志·职官志》卷十"名宦"记载："王沂，山东滋阳举人。弘治十年莅任。通敏敢为，善决疑狱。亳初改州，修举多端，重建大成殿，建明伦堂，筑坛壝，治公廨，作预备军储等。储粟五万石，岁饥，躬亲赈给。有王文恪鳌《亳州兴造记》。"① 由此可知，王沂在亳州任职期间，进行了大量的城市工程建设，正如该传记所言，"亳初改州，修举多端"，而王沂是否按照大成殿、明伦堂、坛壝、公廨和预备军储这个顺序依此而建？还是同时兴建的？

二、修举多端

王鳌在《亳州兴造记》中言王沂任亳州知州期间，乃鸠材庀工，以兴坏起废为任，"谓教化莫先学宫，乃重新大成殿，饰孔子诸贤貌像，建明伦堂，辟射圃，缮黉舍。又筑郡厉坛于城之北，社稷坛于城之西，风云雷雨坛于城之南。又作城隍庙寝东西二十四司。又以分司不足以贮使节，乃建总司于分司之东，府馆于州治之左。又作预备仓若干，连军储仓若干，连官厅、公廨各一。然后曰：'吾亦有所休乎！'乃改作州治前堂、后寝、左库、右厅，东西列吏舍；后又作库楼二重门，固用戒不虞。经始丁巳之冬，迄辛酉而落成焉。"② 该段碑文，把王沂在亳州期间所建造的工程，进行了较为全面的总结。

王鳌认为教化莫先学宫，作为儒家出身的知州王沂自然对此了然于胸，于是把大成殿重新修建，并且重新饰孔子诸贤貌像，同时建明伦堂，辟射圃，缮黉舍，与地方教育密切相关的各附属设施，均加以修葺。而此处的"大成殿"，是亳州地方学宫的正殿，也是学宫中的最核心的建筑之一，其取名源自《孟子》一书，"孔子之谓大成。集大成也者，金声而玉振之也。金声也者，始条理也；玉振之也者，终条理也。始条理者，智之事也；终条理者，圣之事也。"③ 而州县大成殿一般以山东曲阜孔庙建筑为模式，有较为严格的规制要求，"曲阜孔庙作为孔子家庙享有孔庙礼制的最高规格，其大成殿面阔九间，而府州文庙一般按照七间的规格，县文庙一般按照五间的规格。府文庙其盖瓦为琉璃瓦，县文庙为琉璃瓦或者青筒瓦。其建筑式样为重檐歇山式、

---

① （光绪）《亳州志》卷十《职官志·名宦》。

② （光绪）《亳州志》卷十七《艺文志·文》。

③ 郑训佐，靳永：《孟子译注》，济南：齐鲁书社，2009年，第166-167页。

单檐歇山式，也有为数不多的硬山式，一般没有非常严格的限制。"① 而当时王沂所修的亳州大成殿，并没有明确记载其规制，就传统州县孔庙的规制而言，亳州大成殿也应该属于州一级的。

而碑文中所言的"明伦堂"，为古代学宫内所设的讲堂，也是古代州县等教育建筑中的重要组成部分，《孟子·滕文公上》："夏曰校，殷曰序，周曰庠，学则三代共之，皆所以明人伦也。"可谓是彰显古代封建伦理纲常的物质文化载体。而亳州明伦堂于明代成化九年（1473），知县王瓘建明伦堂五间，后来知县谢宥进行重修；到弘治十四年（1501），"知州王沂因县改州，恢拓其制，增设二斋仓库。"② 当时王沂对于明伦堂的修建，是在县原有的基础上，加以扩建，并非重新建设。

当时王沂在任亳州知州期间，对于亳州的坛庙建筑，也是做了大量的建设工作，如当时位于城西北城壕外的州厉坛，弘治十四年（1501），为知州王沂所建。又如亳州社稷坛，位于亳州城池西门外，弘治十四年（1501），为知州王沂所建，其坛制记载在亳州旧志中，"北向，砖甃，四周纵横各二丈五尺，高三尺，纳陛四出，各三级。周垣设四门，木主二座。"③ 又如风云雷雨坛，弘治十四年（1501），为知州王沂所建，位于当时亳州城的西门外，"坛南向，木主三座。……祭以春秋仲月上戊日，陈登二、铏二、簠二、簋二、笾四、豆四、羊一、豕一、帛七、尊一、爵二十有一，余仪者皆与社稷同。孟春诹日行常雩礼，并水潦祈晴，冬旱祈雪，仪亦如之。"④ 而碑文中所言的"风云雷雨坛于城之南"，与（光绪）《亳州志》所记载的地理位置，存在明显的差异。据文献记载，早在汉唐时期，风、雷、雨皆各为一坛，未尝涉及云，明朝洪武二年（1369），朝廷下令有司立风云雷雨坛于城西南，以春惊蛰日祭；山川坛于西北，以秋雷始收声日报祀；洪武六年（1373），开始合风云雷雨并山川共为一坛，后以城隍附焉。

此外，当时王沂在亳州还建有"先农坛"，位于当时亳州城的东门外，弘治十四年（1501），为知州王沂所建，修正庙三间，前东西配房各一间，

---

① 贺华：《西安碑林故事》，西安：陕西人民出版社，2017年，第21页。
② （光绪）《亳州志》卷七《学校志·学制》。
③ （光绪）《亳州志》卷四《营建志二·坛庙》。
④ （光绪）《亳州志》卷四《营建志二·坛庙》。

角门东西各一，中坛一座。台高五尺，纵横各二丈五尺。砖甓四周，纳陛四出，各三级。正门有坊，周垣缭之。由于古代为农耕社会，对于先农较为尊崇，礼仪也显得十分隆重，"陈铏一、簠二、簋二、笾四、豆四、羊一、豕一、帛一、尊一、爵三，余仪与社稷同。礼成，更彩服，率所属耆老农夫行耕藉礼。籍田四亩九分，农具赤色，牛黑色，箱青色，籽种从土宜。守坛农夫灌溉，每岁收获以供祭祀之粢盛，造册报布政司。督抚以奉行耕藉日期具疏以闻。"① 并且规定，承办此次活动的所有官员，均需穿正式的朝服，可见其尊崇。

还有位于城内东北隅的亳州城隍庙，明代洪武五年（1372），知州张文弼在其故址上加以改建；景泰三年（1452），知县徐贵加以修建；成化二十二年（1486），知县谢宥重新修建，而当时的武平卫舍余王汉、王淳二人参与协修；而到弘治十六年（1503），当时的知州王沂又添建寝殿二十四司，如碑文中所言，"又以分司不足以贮使节，乃建总司于分司之东，府馆于州治之左。"此外，还有位于城外新马场内的"马神庙"，弘治年间为知州王沂所建。

王鏊在《亳州兴造记》中言知州王沂"又作预备仓若干"，其中的预备仓为明代的备荒粮仓，"明太祖洪武初，拨款二百万贯交由绅耆买办粮食，于各州、县设预备仓存储，备赈济之用。岁歉散发，秋收归还。当时不少州县预备仓，存粮甚多。"② 明成祖永乐年间，又下发诏书，令各州、县应多加存储。但是后期，预备仓由于仓政废弛，导致弊病丛生，虽然朝廷曾不断下令进行整顿，但是效果均不明显。据（光绪）《亳州志》记载，亳州预备仓位于卫治内，王沂在任亳州知州期间，曾储粟五万石，每到荒年岁饥之时，他会躬亲赈给。此外，王沂在亳州还建有"军储仓"，该仓在明代主要设立在南京、凤阳等一些重镇或边疆军事要地，主要是用来为军队提供需要。而当时亳州的军储仓，位于亳州城州治之东，该处曾经为以前的儒学所在地，原设有仓大使署。

从王鏊《亳州兴造记》可知，知州王沂在亳州任职期间，还修建了官厅、公廨，以及州治前堂、后寝、左库、右厅，东西列吏舍，又建库楼二重门等

① （光绪）《亳州志》卷四《营建志二·坛庙》。
② 郭今吾：《经济大辞典（商业经济卷）》，上海：上海辞书出版社，1986年，第561页。

一系列的亳州地方官府建筑。此外，王沂在明弘治年间，在当时的亳州城东北隅，建立孤贫院；在当时的州治东面，建立行察院。正如王鏊在碑文中所言："教学有次，享祀有所，宾至有归，食有高廪，货有深藏，听断承委各有宁宇；其所建又皆高广宏敞，丹雘焕然，遂非昔日之亳矣！其用人之力，木石瓦甓之费至有千万，役亦大矣。而治之有法，故财虽费莫知所从出；行之有渐，故力虽勤莫知所劳也。侯于是可谓有功矣。"① 王沂对于明代亳州城的建设，可谓是功不可没，从大成殿、明伦堂等教育建筑，到先农坛、州厉坛等坛庙建筑，以及官厅、公廨等官府建筑，均进行修建，从而使亳州城池由一个县级城池，提升到州级城池的地位，在这一过程中，王沂无疑起到重要的作用。

《亳州兴造记》的作者王鏊（1450—1524），字济之，号守溪，晚号拙叟，学者称之为"震泽先生"，明朝直隶吴县人。王鏊早慧擅文，曾于成化十一年（1475）参加乡试，随后连连高中，进士及第之后，授编修，弘治中升为侍讲学士，正德初年，连升户部尚书、文渊阁大学士。后因刘瑾专权，致仕辞归，"王鏊为官清廉，居家不治产业，人称'天下穷阁老'，唯潜心学问。"② 著有《震泽集》《姑苏志》等书。

清朝时期，亳州城池的修建进入了新的王朝，据（光绪）《亳州志》记载，雍正十二年（1734），知州卢见曾复于城楼之上加以标题：东曰"起凤"，西曰"来紫"，南曰"太和"，北曰"望华"；乾隆二十六年（1761），知州王鸣又进行重修，复颜其门：东曰"长垣"，西曰"观稼"，南曰"资庆"，北曰"云津"。同时，该志还记载了当时亳州城的规模，"城东西广二里二百步有奇，南北袤二里一百步有奇，周九里有奇，高一丈五尺，马道五尺，基广九尺，长如其周之数。"③ 由此可知，当时的亳州城池的规模，属于州一级的城池，几乎与清代的颍州府规模等同，为便于比较，现将当时颍州府下辖州县城池规模进行比较，可以较为直观地看出亳州城池的规模大小情况。

---

① （光绪）《亳州志》卷十七《艺文志·文》。
② 李峰：《苏州通史·人物卷（中）》，苏州：苏州大学出版社，2019年，第42页。
③ （光绪）《亳州志》卷十七《艺文志·文》。

明清颍州府下辖州县城池规模情况统计表

城市名称	城周规模	类型	建置概况
颍州府城	九里四十四步	府城	唐为颍州,清升颍州府
亳州城	九里三十步	州城	魏为谯郡,唐为望州,明清为州
蒙城县城	六里许	县城	秦为三桑县,唐为蒙城县
霍邱县城	六里二百七十二步	县城	隋为霍邱县
太和县城	六里有奇	县城	宋为泰和县,元为太和县
涡阳县城	四里三十四步四尺	县城	清同治年间设涡阳县
颍上县城	三里二十七步	县城	隋为颍上县

按:本表是笔者依据阜阳、亳州、颍上、太和、涡阳等地方旧志记载,编制而成。

在城池之外,往往还要建筑护城设施,如城壕之类,当时居民又称"海壕",亳州日志还收录有《海濠禁碑》,其碑文兹录如下:"看得城外海濠保护金汤,系本城余址,本非卫地,亦且从无升科。昔经兵燹之后,民无居室者倚此浮居,日久相沿,继经回禄,迁徙靡当,旗丁妄指此为卫地。今奉漕宪,查明如详,存案复据。海濠居民王京等呈请勒石,事属善后,准予立碑,以垂永久。"① 由此可知,随后城壕日益废弃,为无居所民众所挤占,亳州城壕保护金汤的功能渐渐丧失。

除城壕之外,亳州城池之外,有时还建有城圩。

第二节　古代宫祠:以《天静宫兴造碑》为中心

现在的皖北地区,早在春秋战国时期,就诞生了许多著名的道家人物,如老子、庄子等,这些道家人物生活于斯,在长期的生活、讲学过程中,也为当地留下了众多历史文化遗迹。如涡阳的天静宫、蒙城的庄子祠,在我国道家文化中建筑中,享有较高的历史地位。这些道家文化历史建筑,部分相

---

① (光绪)《亳州志》卷三《营建志一·城郭》。

关碑刻文献，至今还有遗存，为后世研究提供了珍贵资料。

一、天静宫之兴造

天静宫，当地又俗称老子庙，位于涡阳县郑店村，是后人为纪念春秋时代伟大的思想家、道家创始人老子所建。"此宫三面环水，一面靠山，谓之枕山际水之地。原宫占地 3000 亩，居中有老君殿；东有东岳庙、问礼堂；南有流星园、圣母殿、九龙井；西有太霄宫、玉皇庙；北有三清殿、纯阳殿。此外，尚有灵官堂、诵经堂、钟楼、客房、庖库、马厩等建筑。宫内殿阁林立、松柏交翠，庄严肃穆，为一罕见的庞大纪念性古建筑群。"[①] 据文献记载，此创始于汉延熹八年（165），北宋天禧二年（1018）朝廷敕修，元代至顺三年（1334）再度敕修，并且为之树立碑记，以作纪念。本书将以地方旧志所录的《天静宫兴造碑》为中心，结合相关史料记载，对天静宫进行探讨。

据（民国）《涡阳县志》卷四"古迹"记载："天静宫，在县北十二里雉河之北，俗名中太清宫，汉延熹中建，宋天禧二年敕修，盛度撰记（今佚），元至顺三年，重修之，张起严记。"[②] 地方旧志对天静宫的地理位置和宋元时期的修建经过，进行了简单介绍，可见盛度所撰碑文，在民国时期已经散佚，目前能够看到的是张起严所撰碑文，并被当时志书的纂修者收录在"古迹"类目中，从而为后世保存这一珍贵资料。

张起严在《天静宫兴造碑》中记载："自汉氏尚黄老，而老氏之教盛。太史公叙九流，于道家极称，与加一时，君有好之者，其教日盛一日。唐推老君为祖，加号圣祖大道玄元皇帝。宋亦以其祖列于上真，又上册宝于太清宫，加太上老君混元上德皇帝之号。由是宫观偏于寓县，簪裳错乎民编，而其教益盛。"[③] 碑文中所言的"黄老"，是指形成于战国末期至秦汉之间的"黄老学派"，该学派为道家中的一个学派，"黄老学派是古代道家发展中的新阶段，它在理论上对早期道家学说有所继承，但更重要的是改造和发展。它作为一个独具风格的道家新流派，形成于战国末期而兴盛于西汉初期。"[④] 随着董仲

---

① 国家文物局：《中国名胜词典》，上海：上海辞书出版社，2001 年，第 525 页。

② 黄佩兰：（民国）《涡阳县志》卷四《古迹》。

③ 黄佩兰：《涡阳县志》卷四《古迹》。

④ 吴光：《黄老之学通论》，杭州：浙江人民出版社，1985 年，第 100 页。

舒等人所提出的"抑黜百家，独尊儒术"之后，"黄老之学"便逐渐衰落了。其中"太史公叙九流"，是指司马谈的《论六家要旨》，文中提出了"道家"名称及其主要思想，"道家使人精神专一，动合无形，赡足万物。其为术也，因阴阳之大顺，采儒墨之善，撮名法之要，与时迁移，应物变化，立俗施事，无所不宜，指约而易操，事少而功多。"① 司马谈对其给予了较高的评价，如碑文所言"于道家极称"。

唐宋时期，老子的地位得到极大的提升，这与当时唐朝的门阀思想有关，"唐代皇帝的祖上乃北周贵族，本来也是一个可以炫耀的家世，但是，与其他历史悠久的山东崔、卢、李、郑等老牌士族相比较，却又有点相形见绌。为了消解心中的自卑，唐代皇帝便拉大旗作虎皮，牵强附会，将自己说成是……老子李耳的后代。为此，老子和《老子》也得到了特别的青睐和张扬。"② 故如碑文中所言的，朝廷不断对"老子"给予封赐，甚至上升为"皇帝"的等级，可见尊崇程度之高。

宋朝历代皇帝对道家文化也给予极大关注，道家的创始人"老子"在宋代享有较高的尊崇地位。张起严在《天静宫兴造碑》中言："余自翰林丁内艰，家居济南，天静宫道士牛志春涉河而来，致提点刘道广之词曰：'天静宫老君所生之地也，我师徒经营三纪。视它所为雄丽，惟是文诸石以纪其成者尚阙，敢请志之。'志春，余华，不注里人，跋涉千里者，再嘉其勤不容辞。"③ 此段文字点出了当时张起严撰写此碑文的原因，是受天静宫道士牛志春所请而写。《天静宫兴造碑》作者张起严，在《元史》中有其传，张起严，字梦臣，其先章丘人，五季避地禹城。"中延祐乙卯进士……迁中书右司员外郎，进做司郎中，兼经筵官，拜太子右赞善。丁外艰，服除，改燕王府司马，拜礼部尚书。"④ 其著有《华峰漫稿》《华峰类稿》和《金陵集》若干卷。作为元代的朝中大臣张起严，能够为一道士所请，为天静宫撰写碑文，其实属不易。

元代天静宫的具体位置和存世现状，张起严在《天静宫兴造碑》中进行

---

① ［汉］司马迁：《史记》，北京：中华书局，1959年，第3289页。
② 熊铁基等：《中国老学史》，福州：福建人民出版社，1997年，第259页。
③ 黄佩兰：（民国）《涡阳县志》卷四《古迹》。
④ ［明］宋濂：《元史》，北京：中华书局，1976年，第4193－4194页。

了记述:"谨按:宫在城父之福宁镇东南,去亳郡四舍,南距涡水二里,下临
雉水。世传老子在妊,有星突流于园,既而降诞。则天静之基旧矣,然其经
始,他无所于考,独宋天禧二年盛度所撰碑文漫灭不可读,而铭半存。三班
借职王宗彦,同监修官亳之守臣监修者名衔在焉,盖奉敕为之也。荐爇于兵,
荡无遗者。"① 此段碑文提到几处地名,古今演变情况,作以简要考述,以便
了解元代天静宫的地理环境情况。

其一为"城父之福宁镇",其中城父周朝时期,为许国之都城,位于今安
徽省亳州市区东南,"周景王十二年(公元前533年),许悼公自叶(今河南
叶县南)迁此。至周景王十六年(公元前529年),复归于叶,汉代于此置城
父县,属沛郡。"② 可见,城父之名延续至今,而"福宁镇"原址则为今涡阳
县郑店村一带,"郑店,古名福宁镇"③。

其二为"去亳郡四舍",其中的"亳郡",应为当时的亳州,元朝时期亳
州属汴梁路,元宪宗四年(1254),张柔移镇亳州,以山前八军城而戍之,元
世宗至元八年(1271),"亳与宿、邳及徐割,隶归德府,所统县有六。以民
户稀少,并城父入谯,卫真入鹿邑,谷熟入睢阳,酂入永城。后又置城父,
亳领县仅三。惟谯与城父及鹿邑而已。"④ 元朝时期,亳州行政区划也处于变
动之中。

其三为"南距涡水二里",其中"涡水",据《汉书·地理志》卷二十八
下"淮阳国"条下记载:"扶沟,涡水首受狼汤渠,东至向入淮,过郡三,行
千里。"其中颜师古注曰:"狼音浪。汤音徒浪反。涡音戈,又音瓜。"⑤ 又如
(乾隆)《江南通志》卷十八记载:"涡水在亳州北,发源豫之葛河口。由鹿邑
西至州境,与马尚河合,东流经蒙城县入怀远界。"⑥ "涡水"从汉代以来,时
至清季,其名未改。

由以上三个地点"城父""亳郡"和"涡水",此三处地名从元代到民国

① 黄佩兰:(民国)《涡阳县志》卷四《古迹》。
② 陈桥驿:《中国都城辞典》,南昌:江西教育出版社,1999年,第97页。
③ 国家文物局:《中国名胜词典》,上海:上海辞书出版社,2001年,第525页。
④ (光绪)《亳州志》卷一《舆地志二·沿革》。
⑤ 班固:《汉书》,北京:中华书局,1862年,第1636页。
⑥ [清]黄之隽等:《江南通志》,台北:台湾商务印书馆,1986年,第507-577页。

时期，其名称一直沿用，由此而知作为区域地理坐标，大致可以逆推天静宫在元代的大致区位和地理环境。但是此碑文又言，"则天静之基旧矣，然其经始，他无所于考"。在张起严看来，天静宫的创始经过，因为缺乏翔实的文献记载，对于他而言，已经无法考证了。虽然当时宋天禧二年（1018）盛度所撰碑文，但文字已经损毁漫灭不清，无法清晰识读，故宋代时期天静宫的修建情况，难以理清原委，盛度所撰碑文中的"三班借职王宗彦，同监修官亳之守臣监修者名衔在焉"，当时还能够辨识，从而推测"盖奉敕为之也"。可惜的是宋朝时期所修的天静宫，由于军事战乱，元代时期已是"荡无遗者"。

从张起严在《天静宫兴造碑》中所记述内容来看，在宋朝时期，由于当时帝王对于道家学说较为重视，道家学说的创始人老子，自然为当时社会所推崇，那么地方建宫尊奉，并不难理解。当时亳州所在的涡淮流域，自古就是老子生活活动之区域，也是早期道家文化比较兴盛的地区。朝廷所重，地方会应，在此社会环境下，地方官员主持修建"天静宫"，也在情理之中，故碑文中所言"盖奉敕为之也"。时至元代，张起严所撰此篇碑文，是缘于天静宫道士牛志春所请，其请的原因是"我师徒经营三纪"，可知当时天静宫的修葺和管理，已经转移到道士手中，宋元时期的道家文化在涡淮流域的社会地位升降，或许从此变化之中，可以略知一二。

天静宫在元代的这次修建规模情况，在张起严的《天静宫兴造碑》中记载得相对清楚，"积以岁月，昔之摧毁者寝复其旧。故天静宫之兴造，日新月盛，是殆有数存乎其间也。殿即旧址，为二：一位三清，一位太上老君。前三其门，后丈其室，监坛二师，灵官有堂，斋诵有所，钟有楼，并有序，道士有区舍，至于庖库廪厩，靡不毕具。旅楹无虑百余。又若流星园之圣母殿、玉龟山、太宵宫之别馆，尚不记也。"[①] 可见当时天静宫，有大殿、监坛、灵官堂、钟楼、区舍、庖库等，设施较为齐全，此外还有流星园、圣母殿、太宵宫等建筑，可谓是当时道家文化一个规模庞大的建筑群。

此碑文记载与考古发掘结果，有诸多相合之处，安徽省文物考古研究所汪本初、贾庆元、刘峰等专家一行，早在 1991 年就到涡阳调查天静宫遗址，于 8 月 29 日形成了《天静宫考古调查小结》，考古专家认为："在天静宫 3000

---

① 黄佩兰：(民国)《涡阳县志》卷四《古迹》。

亩范围内，从南到北，其地表到处可见汉代绳纹、麻布纹等 30 余种不同花纹的汉砖、汉瓦、汉代盆、碗、罐等生活器皿。唐代以后，特别是宋、元遗物更多。有宋瓷枕、瓷器残片，庙宇屋顶的各种兽头、飞龙、筒瓦残片。证明天静宫确为汉代所建，此后经历代重修，与历史记载相符。"① 由此可见，当时天静宫的规模之宏大。

随后中国社会科学院考古研究所刘观民、邵望平两位专家，曾于 1992 年 6 月 18 日到考察天静宫遗址，并撰写《老子故里天静宫（中太清宫）考古小结》，文中指出："'天静宫'遗址在县城西北八华里处，其范围包括郑店村在内约二百万平方公尺，遗址地面散见自史前大汶口文化晚期、龙山文化及东周、汉至宋、元诸时期的遗物。"② 此次考古报告中元朝时期的遗物，与《天静宫兴造碑》中所记载的元代天静宫建筑群，在遗物时间上可以相互印证。

1992 年，安徽省文物考古研究所的杨立新、方笃生、汪本初等考古专家，从 10 月 25 日开始至 12 月 22 日结束，对天静宫遗址进行了历时 58 天的考古发掘，并形成《天静宫遗址考古发掘工作小结》，文中指出此次天静宫遗址考古发现表明："自汉晋以来这里就有古代建筑活动，与有关老子建祠的记载年代大体吻合，对验证老子建祠时代具有重要的价值。"③ 从这些考古小结中可以看出，天静宫遗址考古出土文物与《天静宫兴造碑》记载内容，可以相互参证。

张起严在《天静宫兴造碑》中，还记载了当时天静宫的繁盛情景，"规其近地，为旅邸果园蔬圃以给日用。履田三千亩为永业，而食其中者几千指。"④ 其中"履田三千亩"，可见其规模之宏大，而"食其中者几千指"，则表明当时在天静宫中求学闻道之人，及其众多。从而暗含了此宫在当时道家文化中的地位。

张起严作为元代的文化名者，对于道家学说并不陌生，从碑文所引的《道德经》内容："贵大患若身""道德无名""不敢为天下先""不矜不伐""不争""不自是""不自见之"等等名言可知。道家学说主张清静无为，退让

---

① 中国中医药学会等：《中国道家医学文化研究》，合肥：黄山书社，1997 年，第 484 页。
② 中国中医药学会等：《中国道家医学文化研究》，合肥：黄山书社，1997 年，第 483 页。
③ 中国中医药学会等：《中国道家医学文化研究》，合肥：黄山书社，1997 年，第 491 页。
④ 黄佩兰：(民国)《涡阳县志》卷四《古迹》。

无争，但后世为表达对老子的崇敬之情，往往通过修建宫室的方式，这势必又与老子思想相矛盾，作为此次碑文的撰写者，则给出了自己的解释："夫以'爱清爱静''退让无我'，而身与名宜若外物矣，尚为是争先矜衔也哉！然而为其徒者，必大修其宫室，尊其称谓，土木之工，金碧之饰，不少逊于浮屠氏。似与老庄立言之旨相左。而此以为不如是不足以尊其教也。今夫臣焉而怠其事？子焉而堕其职？视官守世业如传舍者多矣。况乎以诸方云水之偶合能一意乎？"① 由于张起严作为朝廷大臣，又是当时的文化名家，虽受人所请而撰写此碑文，但毕竟要公布于天下，接受世人的评阅，故碑文论述显得较为严谨。

二、始建祠于河北漆园城

庄子祠，位于蒙城县涡河北岸漆园镇，后世为纪念庄子而建。据（民国）《蒙城县志》记载，庄子祠创建于宋朝元丰元年（1078），为当时蒙城县令、秘书丞王兢主持修建，苏轼为之撰写《庄子祠堂记》，现仅存残碑。明万历九年（1581），知县吴一鸾捐俸买地于东关外三官庙左，建祠其中，汪镗为之撰写《新建庄子祠记》。崇祯五年（1632），当时知县李时芳对庄子祠又进行重修，并撰写《新修庄子祠记》。清嘉庆十四年（1809），知县张培重建逍遥堂于祠前，五笑亭、观鱼池于右，庄子台于左，前建大门并回廊。接下来笔者将以明代汪镗的《新建庄子祠记》为中心，并结合其他文献记载，粗略探讨庄子祠的建设情况。

明代汪镗在《新建庄子祠记》中言："庄子祠始宋秘书丞王兢为蒙令时，实元丰元年也。庄子为蒙人，距元丰且一千余年。自元丰之前无有祠者祀之，自兢始祀。后迄明天顺时而祀始废，至是且百余年。"② 庄子作为蒙人，在元丰年间之前，在当地没有为之建祠祀之，直到宋朝元丰元年（1078），蒙城县令、秘书丞王兢主持建祠祀之，并请苏轼为之撰写碑文。苏轼在《庄子祠堂记》中开篇则言："庄子，蒙人也。尝为蒙漆园吏。没千余岁，而蒙未有祀之者，县令秘书丞王兢始作祠堂，求文以为记。"③ 苏轼作为文学名家，其在文

---

① 黄佩兰：(民国)《涡阳县志》卷四《古迹》。
② 汪麓：《重修蒙城县志》卷十一《艺文志·记》。
③ ［宋］苏轼：《苏东坡全集》，北京：北京燕山出版社，2009年，第1517页。

坛影响很大，能够为王兢所见的庄子祠撰写碑文，说明他对庄周故里的态度，
"苏轼在这里虽然没有明确地说蒙城县就是庄周的故里，但他既然愿意为这里
的庄子祠撰写碑记，而对王兢于此建祠又无异议，则似可说明他对蒙城县为
庄周故里的说法是表示默许的。"① 苏轼此次所撰的碑文中，并没有记载建设
的具体内容。

明朝天顺年间，黄河水溢，入涡为灾，宋代王竞所建庄子祠毁于洪水。
万历年间，中都太守张登云路经蒙城，探访庄子祠旧址，此时已成废墟，于
是令知县吴一鸾重建庄子祠，这是碑文中所言的，"岁庚辰，东兖张公来守中
都，过蒙访旧祠所在，始命蒙尹括苍吴君重构祠而祀之，且为文记诸石。"②
庄子祠的此次重修，缘于张太守之命，故知县吴一鸾不惜自己捐俸买地，在
东关外三官庙左侧，重新建祠，其规制情况，在地方旧志中有所记载，"逍遥
堂三间，梦蝶楼三间，卷篷三间，大门二门各三间，道舍三间，鱼池桥一座，
观台一座。"③ 据该志记载，后来又因丈地，查出欺隐田地五顷三十五亩二分，
按照惯例应入官者，但遂给庄子祠，用来供春秋二祭之费用，以及修补墙垣
所需经费。

由于此次重建，是奉中都太守之令，故知县吴一鸾对此次重建极为重视，
从建筑规模以及后续的经费筹措方面，均有所反应。但是他也面临一个问题，
作为封建社会的地方官员，其仕途的获得源自于儒家文化，尊崇孔子而建文
庙学宫之类的建筑，无可厚非，也能够获得社会的广泛认可。对于道家文化
人物的尊崇，而为之建设祠堂，对当时靠精通儒家经典和参加科举考试而获
得仕途的知县，总是给世人一个较为合理的说法，同样对于碑文的撰写者，
也要面对这一问题。

故汪镗在《新建庄子祠记》中感叹："嗟夫！庄子之学其大与吾圣人异，
自汉、唐以来，诸儒且诋毁为异端而禁绝之。彼自元丰以前，世无有祀之者，
岂亦以此耶！夫古人其治方术者亦多矣，彼其以为不可加也，皆未有能外吾
圣人者也。而庄子之书为世大禁，则以世之君子不能深求其心，而徒据其影

---

① 方勇：《庄学史略》，成都：巴蜀书社，2008 年，第 214 页。
② 汪麃：《重修蒙城县志》卷十一《艺文志·记》。
③ 汪麃：《重修蒙城县志》卷二《建置志·坛庙》。

响以随人上下之，遂使古人立言之旨不尽白于后世也。"① 汪镗认为在宋元丰以前，世人没有崇祀庄子者，其原因是庄子学说与儒家孔子学说不同，且后世儒家学者多视庄子学说为异端。在他看来其实是"世之君子不能深求其心"，从而使得庄子"立言之旨不尽白于后世也"，汪镗之言用意明显，他在为庄子学说进行新的阐释。

由于庄子之学说源自老子，当时老子与庄子所生活的区域相近，而且时代相邻，故能够亲见其徒，而得以听闻其学说，"故其澹泊虚无之说，皆自老子得之，而间或有出于吾圣人六经之旨，不至于悖吾圣人而猖狂自恣，时其愤激太甚而任于一偏，世儒不深求之也。"② 汪镗进一步把庄子学说与儒家之学差异，归因于"世儒"不深求方面，接着汪镗在《新建庄子祠记》中，又给出证据："今其言曰：以仁为恩，以义为体，以礼为行，以乐为和，薰然慈仁，谓之君子……夫六经之道帝王致治之法，自圣人之没，世无有闻之者，而庄子谆谆然言之，且不徒窃其糠秕，而直深见其微。可措诸行事，则其为书，又安见其大戾于圣人而谓之异端也。"③ 可见汪镗认为庄子之学说，在仁、义、礼、乐等方面，所提出的一些主张，与儒家六经相合，所言为帝王致治之道，只有深入庄学之中，才能得其精微，并非"世儒"所言的"异端"。

随后汪镗在《新建庄子祠记》中又举《天道》篇内容："三军五兵之运，德之末也；赏罚利害五刑之辟，教之末也；礼法度数刑名之详，治之末也；钟鼓之音羽旄之容，乐之末也；哭泣衰绖隆杀之纪，哀之末也。……天地之行也，故圣人取象焉。宗庙尚亲、朝廷尚尊、乡党尚齿、行事尚贤，大道之序也。嘻！为此言也，其于吾圣人之道悖耶？"④ 显而易见，汪镗认为庄子在《天道》篇中所阐发的思想，与儒家思想并不相悖。随后他又列举尧舜相禅受而许由逃之不欲，闻汤放桀而务光自湛其身，武王伐纣而夷齐耻食其粟等历史事例，从而得出："彼庄子之非孔子也，亦巢由夷齐之意也，所谓忿世嫉俗而过焉者也。其《渔父》《胠箧》《盗跖》诸篇，犹'采薇'之歌乎？甚矣！

---

① 汪麓：《重修蒙城县志》卷十一《艺文志·记》。
② 汪麓：《重修蒙城县志》卷十一《艺文志·记》。
③ 汪麓：《重修蒙城县志》卷十一《艺文志·记》。
④ 汪麓：《重修蒙城县志》卷十一《艺文志·记》。

世儒之不察也。"① 汪镗又以"楚王得良工使造弓"和"庄子见鲁哀公事"之事,进一步阐释庄子学说不悖孔子之学,庄子不但不排斥孔子,而且还真尊孔子者,"庄子之书犹是也。然天下之诘盗者果皆不忠者耶?甚矣!世儒之不察也。……夫庄子与鲁哀公非同时,其谓丈夫而儒盖指孔子也。由此观之,庄子盖真尊孔子者。"② 至此汪镗在《新建庄子祠记》中,对于庄子尊孔之说,进行了较为详细的论述。

汪镗在《新建庄子祠记》中又言:"苏子所谓实与而文不与。阳挤而阴助者,诚然。与今天下皆尊孔子,所学一出于正。"③ 此处所云"阳挤而阴助者",源自苏轼的《庄子祠堂记》的观点,"作《渔父》《盗跖》《胠箧》,以诋訾孔子之徒,以明老子之术。此知庄子之粗者。余以为庄子盖助孔子者,要不可以为法耳。"④ 历史上司马迁在《史记》中认为,庄子的部分著作宗旨在于"诋訾孔子之徒",这一观点对后世影响深远。但苏轼则给出了相反的观点,"余以为庄子盖助孔子者"。后又以"楚公子微服出亡,而门者难之"作为类比,从而得出"故庄子之言,皆实予而文不予,阳挤而阴助之,其正言盖无几。至于诋訾孔子,未尝不微见其意"⑤。由此可知,苏轼在《庄子祠堂记》所论述庄子"诋訾孔子","似乎完全都是出于善意的"⑥。当然苏轼的观点,在后世有赞成,也有反对的。

汪镗引用苏轼的观点,赞成庄子对于孔子,是"阳挤而阴助者",以及他所论证庄子为"真尊孔子者",其目的不仅仅是学术讨论,更重要的是为知县吴一鸾重新建祠,寻求合理的历史证据,故在碑文最后言:"然如庄子者,犹之乌头、钟乳,药中自不可少耳。诗曰:虽有丝麻,无弃菅蒯;虽有姬姜,无弃蕉萃。此今日建祠之意也。"⑦ 此后,崇祯五年(1632),知县李时芳重修逍遥堂、五笑亭等建筑;清嘉庆十四年(1809),知县张培又重建逍遥堂、五笑亭、观鱼池、庄子台以及大门、回廊等建筑。

---

① 汪麓:《重修蒙城县志》卷十一《艺文志·记》。
② 汪麓:《重修蒙城县志》卷十一《艺文志·记》。
③ 汪麓:《重修蒙城县志》卷十一《艺文志·记》。
④ 汪麓:《重修蒙城县志》卷十一《艺文志·记》。
⑤ 汪麓:《重修蒙城县志》卷十一《艺文志·记》。
⑥ 方勇:《庄学史略》,成都:巴蜀书社,2008年,第214页。
⑦ 汪麓:《重修蒙城县志》卷十一《艺文志·记》。

第三节　古代寺庙：以《咸平寺碑记》为中心

在中华传统文化中，中国古代建筑，也占有较为重要的位置，"中国古典建筑是中华文化的精彩部分，是中华文明的象征，在中国传统艺术的营造和工艺中占有极其重要的位置。"① 作为古典建筑中的寺庙，在我国传统建筑中，具有较为鲜明的文化特色，由于受中国传统文化的影响，大多以中式建筑风格为主。历史上亳州境内，也建造了许多寺庙，而且有些寺庙的建造碑文，被收录在地方旧志中，如清朝孙维龙的《咸平寺碑记》、郑交泰的《咸平寺碑记》、李廷仪《咸平寺碑记》，以及方鸣的《崇兴寺碑记》等。笔者将以《咸平寺碑记》为中心，结合其他寺庙的碑刻文献，粗略探讨亳州地方的寺庙建筑的修建情况。

一、谯城第一精蓝

咸平寺，现在亳州城大寺巷口街路北。据亳州旧志记载，该寺最初建于唐代，原名为崇因寺，宋朝时期又改为咸平寺；明朝承宋之名，于洪武二十八年（1395）、嘉靖二十三年（1544），曾先后两次重修。清朝时期，于乾隆三十年（1765），知州陈廷柱修建，乾隆三十一年（1766），知州张肇扬又设广善局于该寺之西偏，并率领州人王士英、黄均、何承宗等人，扩充而新建之，可惜的是后大殿毁于火灾；嘉庆六年（1801），知州李廷仪又重新修建。"绀楼碧宇，广殿崇阶，巍焕庄严，具有兜率干霄气象，为谯城第一精蓝。"② 此为重修之后的咸平寺盛状。

彭卿云主编的《中国历史文化名城词典（续编）》曾言："据 1956 年寺内出土石碑记载。此寺创建于北魏，北齐称建崇寺，北宋改称咸平寺。……寺内藏有赵孟𫖯《北山耕耘·南溪钓月》石刻和梁巘《贝叶经题跋》《江公救灾

---

① 张维明：《塔·寺庙·王其钧序》，上海：上海人民美术出版社，2013 年。
② （光绪）《亳州志》卷二《营建志二·寺观》。

记》等石刻。"① 可见，咸平寺创建年代，比地方旧志记载的时间更为久远。

　　该碑文作者为亳州知州孙维龙所撰，据（光绪）《亳州志·职官志》卷十
"名宦"记载："孙维龙，字雨霦，宛平进士。乾隆三十四年（1769），以黟县
知县署亳州。清慎自矢，好读书，工诗。数接见儒生，黉缘之徒，不能干以
私。在亳年余，士民爱戴。……后改发四川，解饷入军营。木果木之役，文
职官僚死事者二十有六人。维龙奉旨优恤。蜀人筑祠于成都浣花草堂之右，
额曰'慰忠'。"② 作为亳州知州的孙维龙，也是因精通儒家学说和参加科举考
试，从而得以入仕为官，他兴建文庙学宫等儒家文化之类的建筑，容易得到
民众的理解和支持，但对于修建寺庙此类建筑，难免会引起民众的疑惑，他
在碑文中又是如何回应这种疑惑？

　　孙维龙在《咸平寺碑记》中开篇记载："亳州，江北一大都会也。入其
境，则成汤有陵，老子有祠，希夷有里，土人皆能一一指其处。至若崇闳修
拱，象教庄严，屹然矗立于城之北门内者，则曰咸平寺。"③ 孙维龙首先指出
亳州的区域地位，且境内存有汤王、老子、陈抟等历史名人之遗迹，以此引
出位于城中北门内的咸平寺，从而把咸平寺的地位，抬升到与地方历史名人
遗迹等量齐观的位置。

　　该寺始建年代问题，孙维龙在碑文中也进行了探讨："考寺之初，或云唐
时所造，而今志则云洪武二十八年建。"④ 在孙维龙看来，这两种观点各自都
有一定的道理。始建于唐代之说，他认为唐朝崇奉佛家文化，当时各地建寺
之风较浓，"唐自太宗崇奉释教，所在寺观林立。若汾州之有宏济寺，莒州之
有普济寺，晋州之有普云寺，印山之有昭觉寺，汜水之有等慈寺，洺州之有
昭福寺，幽州之有悯忠寺。"⑤ 唐朝时期，在全国多地均建有寺庙，并列举了
当时较为著名的寺庙之名称，其目的不仅仅是论证咸平寺创建于唐朝的问题，
也是在告诉当时的民众，寺庙建设自古各地均较为重视，亳州建庙也不难
理解。

---

　　① 彭卿云：《中国历史文化名城词典（续编）》，上海：上海辞书出版社，1997：第427页。

　　② （光绪）《亳州志》卷十《职官志·名宦》。

　　③ （光绪）《亳州志》卷二《营建志二·寺观》。

　　④ （光绪）《亳州志》卷四《营建志二·寺观》。

　　⑤ （光绪）《亳州志》卷四《营建志二·寺观》。

加之亳州在唐朝时期，为当时十大望郡之一，在此立寺为百姓荐福，也在情理之中，"盖因轸念国殇，为之荐福。说者谓不失发政施仁之一端。若亳，为开元时天下州郡十望之一，则寺之由来，谓建自唐时者，理或有之。"①孙维龙把地方兴建寺庙，与为百姓荐福结合起来，尤其是"不失发政施仁之一端"，这样就把地方寺庙建设与儒家的"仁政"思想，巧妙地对接起来。虽然谈论的是唐朝修建寺庙之事，其实真正的目的，是在为当时修建亳州咸平寺寻找较为合理的说辞。

始建于明代之说，孙维龙认为当时亳州直属于明代帝业发迹之所凤阳府，而凤阳府建有龙兴寺，且明太祖亲自撰写碑铭以示后世，距凤阳府不远的亳州，建设庄严壮丽的咸平寺，以资拱卫王业发迹象征的龙兴寺，也是较为适宜的，"至谓寺建于洪武间，考洪武初，亳州领县三：谯、鹿邑、城父是也。后降为亳县，寻复升为州，属南直隶凤阳府。凤阳为王业发迹之所，其有龙兴寺者，太祖亲自为志碑以传示后世。亳去凤才三百里之遥，则其规模壮丽，使有以资拱卫而重藩篱也宜哉。"②作为持儒家学说而为知州的孙维龙，认为明代洪武年间，凤阳就曾修建过"兴龙寺"，并且明太祖亲自撰写碑文，其实作者所要表达的意思，同对创始时间的考述无异，其真正目的是借明代皇帝为寺庙撰写碑文，支持寺庙建设，从而为当时修建咸平寺，并亲自撰写此碑文，找到一个较好的例证。

随后孙维龙在《咸平寺碑记》中，又叙述了咸平寺的修建原因及经过。就原因而言，由于该寺年岁久远，剥落较甚，加之当时僧人管理不善，甚至割寺旁之地售民以牟利，又恐怕事情败露，将寺中所有碑记砸碎投入水中，原本为人敬仰的名寺古刹，渐渐成为败址颓垣，"乃岁久剥蚀，藩削级夷，不能避燥湿。而僧人复不善经理，割寺旁之地以售民。恐有议其非者，将寺中所有碑记悉碎之而投之水。访其所存，惟败址颓垣，草深数尺。向所尊为古刹者，渐为狐狸、鼪鼬之窟宅，见者怒焉久之。"③故应急需修葺。

就修建经过而言，当时主政者陈廷柱，曾谋求重建，担心其费用无所出，于是采用乾隆二十六年（1761）捐建永清桥的办法，通过日积月累，遂得金

---

① （光绪）《亳州志》卷四《营建志二·寺观》。
② （光绪）《亳州志》卷四《营建志二·寺观》。
③ （光绪）《亳州志》卷四《营建志二·寺观》。

钱七万多，正在准备动工修建之时，适以忧去，继任者张肇扬继续推进此项任务，"会山阴陈公廷柱来牧是邦，亟谋重建。惧其费之无所出也，仿乾隆二十六年捐建永清桥例，日月既久，铢积寸累，遂得金钱七万有奇。谋始兴工，适以忧去，继之者则今郡伯海陵张公家炎及城阳张公肇扬，踵事而行，终始不懈。"① 可知亳州咸平寺的修建，并非孙维龙一时之想法，而是前两任知州已经谋划兴修，自己只是踵其后，而成其事而已。

乾隆三十四年（1769）秋，孙维龙为亳州知州，经过一年的施工，整个咸平寺修建工程告竣。从碑文记载来看，当时咸平寺的建筑规模较大，"寺前三门，门三涂，殿崇九楹，阶五级，于佛阁峙。其后高数仞，由廊而东为准提庵旧址，今改名资庆阁。由东而北有春秋阁、文昌阁，地藏王殿；其西则为四方之打包持盂而至者斋舍，凡宗庙粢柏，瓴瓺罘罳，罔不毕至。"② 可见其建设规格之高。故孙维龙在《咸平寺碑记》中感叹道："呜呼，制宏且备矣！而余得以一篑之劳观其成，宁非厚幸欤？夫释氏之说，儒者不言。愚夫愚妇入浮屠之宫，焚香顶礼，所谓求福田利益者，吾不知其究何如也。"③ 作为知州的孙维龙认为，咸平寺的此次修建，"制宏且备"，而释家之学说，对于儒家学者而言，并不经常宣扬，而普通民众焚香求福之事，也不是知州关心之事。

既然释家之学说，儒者不言，而民众祈福，不知其究何如，那么耗资不菲而修建此寺，又意义何在呢？孙维龙在碑文中给出的解释是："然斯寺也，山川、城郭、云树、舟车之胜，历历在目，可以登高明，可以远眺望。又其地踞州治之乾方，攒霄耸秀，保障一隅。所谓上观天象，俯协坤灵，胥于是乎？在而百年来，废坠之举一旦重新起之，此亦有志复古者所大快也。"④ 其中"可以登高明，可以远眺望"，欣赏城郭风光之胜景，并非其真实目的，而随后的"其地踞州治之乾方"，或许是知州们积极兴建此寺的真正动力，因为这可以"保障一隅"，故言兴废起坠，有志复古者所大快也。

孙维龙在《咸平寺碑记》中最后又言："寺之西偏开广善局，施药舍棺，

① （光绪）《亳州志》卷四《营建志二·寺观》。
② （光绪）《亳州志》卷四《营建志二·寺观》。
③ （光绪）《亳州志》卷四《营建志二·寺观》。
④ （光绪）《亳州志》卷四《营建志二·寺观》。

尤合于古人任恤乡党之义，故牵连而乐书之如此。维时共襄斯举，……夫事虽集于众擎之举，劳则成于董理之人，并书之以垂不朽云。"① 孙维龙在碑文最后，又"牵连"出在咸平寺西开广善局，进行施药舍棺兴办慈善，此举符合"古人任恤乡党之义"，并言这也是自己乐书此文的原因。作为知州的孙维龙，在咸平寺碑文中，"牵连"出广善局，笔者认为这不是无意之举，还是故意而为，释家学说中的"慈善"，与儒家学说中的"仁爱"，在咸平寺西偏的广善局中，得到了完美的结合，故有兴建此寺，与儒家学说不悖之意。

二、规模恢廊，迥非旧观

在孙维龙《咸平寺碑记》之后，于乾隆三十八年（1773），知亳州事香山郑交泰也撰写《咸平寺碑记》。据（光绪）《亳州志·职官志》卷九记载，郑交泰，广东香山人，贡生，乾隆三十五年（1770）知亳州。该志记载郑交泰在亳州任职期间，注重河道治理，于乾隆三十九年（1774），重新疏浚亳州的运粮河、赵王河、九里沟、乾溪沟、龙凤沟、梭沟等河道，同年还组织人员重修《亳州志》，此外还留下一些文学作品，如《重修汤陵碑记》《效死疆场李成邦》《冬夜过赵旗屯题壁》《挽张烈女诗》等。

此碑文以赋体文的样式撰写碑记，具有一定的新意，如此文的开头"自昔身瞻丈六，梦法象于深宫；光镜三千，现圆明于震旦。虽出尘离垢，色相皆空，而合土范金，庄严丕焕。欲登宝筏，先仰金容，善信输诚，由来旧矣。"② 咸平寺的创建年代问题，孙维龙在《咸平寺碑记》就曾进行过讨论，"考寺之初，或云唐时所造，而今志则云洪武二十八年建。"对于这两种观点，孙维龙认为各自都有一定的道理，并没有给出明确的结论。而郑交泰在《咸平寺碑记》中则认为该寺创于唐代，为当地释家活动的重要场所，"亳州咸平寺本唐宋之古刹，为祝圣之道场。既有历年，不无堕剥。长慨鬘华之黯黵，莫倾钵汁之淋漓。寺虽鼎新，像犹漫漶。"③ 郑交泰认为咸平寺本为唐宋之古刹，因年久失修，已是堕剥漫漶。

此外，从此碑文中可以看出，此次修建经费来源，主要为当时州人李义

① （光绪）《亳州志》卷四《营建志二·寺观》。
② （光绪）《亳州志》卷四《营建志二·寺观》。
③ （光绪）《亳州志》卷四《营建志二·寺观》。

在此次修建中给予了较大的资金资助，"爰有州人李君名义者，陇西右族，仙
濑传家。幼秉善根，长敦厚行，不阶寸箸，陶朱之手殖偏饶；橐散千金，卜
式之义声遐播。怡怡孝养，何须远服车牛？秩秩斯干，共羡基崇堂构。兼以
心存利济，谊切睦姻。助不时之需，族党资其困廩；捐有常之额，亚旅贷其
仓箱。甃石成虹，快飞梁之共举；立碑表隧，钦圣迹之重新。"① 对于捐资人
的叙述，郑交泰在碑文中给予了较多的笔墨，极尽溢美之词。

随后碑文又记述了当时该寺修建时间情况，"嗣君学书，谨奉遗言。力遵
治命，原田每每，泮宫既扩，其芹泥翡翠，霏霏梵宇，亦光于葱岭。经始于
乾隆三十五年三月初二日，落成于乾隆三十六年四月初六日。"② 修葺之后的
咸平寺，庄严华丽，靡不辉腾，彩炫天花，可谓是"成兹善果，不负前言"。

郑交泰在碑文最后指出此次咸平寺的修建目的，不仅可以记胜因，扬先
德，还可以移风易俗，利于州治。"顾惟恪守儒风者，自有圣贤之模范；旁参
竺氏者，乃崇妙相于瞿昙。教本殊途，道非同轨。……诚慈悲之能切，自忠
恕之不违。善念所推，世风日厚。"③ 可见，郑交泰认为虽然儒释学说之不同，
但其两者所积极提倡的"善"行，则对社会治理均具有一定的作用，加之州
人李义，捐资行善，理应爰书贞石，昭示来兹，这些或为郑交泰撰写这篇碑
文的重要原因。

由于乾隆年间修建的咸平寺，后因火灾而损毁，嘉庆六年（1801），知州
李廷仪又重新修建，并为之撰写碑文。据（光绪）《亳州志·职官志》卷九
"文职表"记载，李廷仪，顺天滦州举人，分别于乾隆五十八年（1793）、嘉
庆五年（1800）、嘉庆八年（1803）和嘉庆九年（1804）前后四次任职亳州。
（光绪）《亳州志·职官志》卷十"名宦"中有其传，"李廷仪，号石帆，直隶
滦州举人。乾隆五十七年（1792），以怀宁知县知亳州。性耽吟咏，有《杏琼
斋诗集》行世。滁州张葆光、怀宁潘瑛诸诗人皆从之游，并为之刻诗。州人
孙元煌、吴灏诗集，亦为之捐俸刊刻焉。政尚宽平，不事苛刻。凡事皆约己
裕民，即陪累巨万不恤也。在亳凡四任，二十年后，以疾卒于官。"由于缺乏
相关文献记载，"溧阳李廷仪"与"顺天滦州举人"之李廷仪是否同一人，目

① （光绪）《亳州志》卷四《营建志二·寺观》。
② （光绪）《亳州志》卷四《营建志二·寺观》。
③ （光绪）《亳州志》卷四《营建志二·寺观》。

前还无从考证。

该寺的创始时间问题，一说始建于唐，一说始建于明，而此碑文则认为亳州咸平寺应创建于唐代，明代为重建，"州志载咸平寺建于明洪武二十八年，盖据重建言之，非初建也。或谓初建于唐，为崇因寺，宋改为咸平，后因之。"① 自明嘉靖二十三年（1544）重修至清乾隆三十年（1765），可谓是历年已多，即使旧制宏整坚实，圮坏固所不免。

李廷仪在《咸平寺碑记》中言，前知州孙维龙在碑文中曾记载，由于该寺岁久剥蚀，藩削级彝，不能避燥湿，加之寺僧又不善经理，割寺旁之地以售民，恐众议其非，遂将所有碑碣悉碎而投之水，故李廷仪在碑文叹息曰："呜呼！梵宇琳宫，鞠为茂草。至问其创始之年，而茫无可据。则碑记所系，不綦重欤？"② 此处李廷仪叹息寺僧碎碑，致使创始时间，茫无可据，其实也是在告诉世人，他当时修建咸平寺并撰写碑文，也是为世人留有存据，以免后世茫无可据。

由于该寺自创始以来，历经多任主政者，相继兴修，因而该寺得以延续，对于其间修建情况，该碑文进行了简要介绍："乾隆三十年，山阴陈公廷柱来牧是邦，亟谋重建，仿乾隆二十六年捐永清桥例，商贾店铺各有斟酌布施，无不踊跃。日积月累，经费遂足，计获金钱七万有奇。方欲鸠工庀材，陈公适以忧去，张公家炎继之，张公肇扬、孙公维龙又继之。襄事者乃州同知程光弼诸公，董事则王、黄、何、李诸君，踵行不懈，寺僧灵熙复清慧解事，越数岁而落成。"③ 此处所载内容中，捐款者有"商贾、店铺"，无不踊跃，不仅说明了当时修建咸平寺的经费来源，也说明了当时的亳州，商业繁盛，如旧志所载："亳为中州门户，南北交途，东南控淮，西北接豫。涡河为域中之襟带，上承沙汴，下达山桑。百货辇来于雍梁，千樯转输于淮泗。其水陆之广袤，固淮西一都会也。"④ 清朝时期，亳州经济发达，商业兴盛，为区域商业重镇，正因为拥有雄厚的经济基础，才得以更好地支撑地方文化建设。

从该碑文记载可知，经过前期修建，亳州咸平寺可谓是规模恢廓，金碧

① （光绪）《亳州志》卷四《营建志二·寺观》。
② （光绪）《亳州志》卷四《营建志二·寺观》。
③ （光绪）《亳州志》卷四《营建志二·寺观》。
④ （光绪）《亳州志》卷一《舆地志一·形胜》。

辉煌，美轮美奂，可惜的是该寺主要建筑正殿，于乾隆五十七年（1792）毁于大火，至于起火原因，怀疑是龛灯之火所引起，"于五十七年十一月初六日夜，正殿自焚，瓴甋宗廇略无存者。或疑为龛灯之火，夫龛灯之所在多有焉，能火耶？"① 此初碑文可补志书之不足。

乾隆五十八年（1793）秋，李廷仪任职亳州，看到该寺前面三间建筑规制宏峻，列宇轩敞，但正殿九楹，已化为焦土，原本庄严之地，此为瓦砾之场，感觉极不协调，"拜牌读法诸大事，月常一至。观其前三间，规制宏峻，列宇轩敞，惟正殿九楹，但余焦土。以庄严之地，忽为瓦砾之场，过者能无蒿目焉？"② 幸运的是资庆阁、春秋阁、文昌阁以及僧斋舍、精舍等建筑，多为游人栖息之所，没有为大火损毁。

李廷仪在《咸平寺碑记》中，浓墨重彩地记述前任州牧接力修建该寺，踵行不废之举，正是出于对他们的法良意美，给予嘉言。随后他又设字纸，会众人于文昌阁，在会者朔望毕集，各有捐资，"则斯寺也，不但为谯中第一精蓝；深严壮丽，境清规肃，亦诸善之所萃也"③。作为知州的李廷仪认为，咸平寺不仅为当时亳州第一精蓝，而且为"诸善之所萃也"，他同样在努力把咸平寺的修建，与社会民众普遍接受的"慈善"，有机地结合在一起，以便争取获得当时更多民众的支持。当他提出重修正殿之意时，各界人士积极响应，大家纷纷捐资，以重现谯中第一精蓝的辉煌，"余时即有缮完之念，每于公事见州之绅士及董事诸君，必为言之。住持僧实际又以重修为请，时州人丁永辉及诸董事方议经始，余与谯城同宦诸公各捐俸以助其成。"④ 令人惋惜的是，此工程及半之时，李廷仪调离亳州，署凤阳府事。在众人襄助之下，工程得以完工，寺貌飞甍峻宇，攒霄耸秀，规模恢廓，迥非旧观。

古代亳州除建有咸平寺外，还有崇兴寺，清代康熙十六年（1677）方鸣撰有《崇兴寺碑记》。崇兴寺为明代所修，建于西观稼台之上，据汪东恒主编的《亳州四名》记载："西观稼台：位于亳州市仙源路。东汉时期修筑，曹操推行屯田时，用于督耕观种之用。明代在台上建有崇兴寺。现为谯城区重点

① （光绪）《亳州志》卷四《营建志二·寺观》。
② （光绪）《亳州志》卷一《舆地志一·形胜》。
③ （光绪）《亳州志》卷四《营建志二·寺观》。
④ （光绪）《亳州志》卷四《营建志二·寺观》。

文物保护单位。"①，另据（光绪）《亳州志·舆地志》卷二"古迹"记载："西观稼台，在城西北一里。亦魏武所筑，今建为崇兴寺。"同时该志卷四"营建志·寺观"中还记载了崇兴寺的历次修建情况，分别是：明成化七年（1471）建，本名普安寺；康熙十六年（1677），赵见垣、孙茂宗修；乾隆三十六年（1771），邑人王士英修大殿、千佛阁、关帝庙于后；光绪四年（1878），知州王懋勋重修，亳州旧志中收录有关该寺的碑记三块，本篇碑文就为其中一篇。至于作者方鸣，由于文献记载缺失，具体情况不得而知。

该篇碑文开篇点出亳州东西观稼台的修建时间及其相关情况，东台比之于西台虽较为繁华，但论之幽静之处，西台更胜一筹，"东台地辐辏，且属周道，四方宾至者或陞会其中，故多车马焉。而西台虽亦密迩郭城，其幽旷岑寂，殊非东台比。然而选清胜恣遐瞩者，则又多去彼而适此，盖喜其地之偏也。"② 由于战争等外在原因，崇兴寺毁渐渐破落，于是在康熙年间，便破败不堪，"余亦尝经过其地，则其概故存耳。而苍凉满目，向之所谓岿然而莪然者，亦既荡为寒云断草、荒烟杳霭矣。"③

其后，该碑文叙述了当时此寺的修建情况，尤其是郡人赵见垣、孙茂宗两人，在极其困难的情况下，亲自版筑、度量、种植等，为该寺的修建付出了巨大努力，"而赵君见垣忽造余，请记西台修葺事，且道其由来甚详，述其废兴状倍，悉曰：'垣庸几何，吾与茂宗所版筑也；梁栋几何，吾与茂宗所度量也；松筿几何，吾与茂宗所种植也。'俯仰前事，酸楚犹在十指间。"④ 在两人的共同努力下，崇兴寺得以延续昔日的盛貌。作者为二人的付出而感动不已，从而为之作记，以便传之久远，"盖有人焉，为之修举，则天下事自不至废也。如西台之兴起，其工浩繁。今二君攘臂一倡，而举国遂欣然从之，承已坏之基，而垂不朽之业，何者？诚见而乐为也。故凡襄事捐输者，悉刊于后，俾永著焉。"⑤ 此后郑交泰和王懋勋先后又为崇兴寺撰写碑文，这些碑文为地方文化研究保存了珍贵的文献资料。

---

① 汪东恒：《亳州四名》，合肥：安徽人民出版社，2005年，第210页。
② （光绪）《亳州志》卷四《营建志二·寺观》。
③ （光绪）《亳州志》卷四《营建志二·寺观》。
④ （光绪）《亳州志》卷四《营建志二·寺观》。
⑤ （光绪）《亳州志》卷四《营建志二·寺观》。

第四章

亳州碑刻与灾害荒政

第一节　自然灾害：以《永清桥碑记》为中心

自然灾害一直伴随着人类社会，"不幸的是一部二十四史，几无异一部灾荒史。水、旱、虫、蝗等自然灾害频频发生，历代史书中关于灾荒的记载自然就连篇累牍。"[①] 关于自然的概念，有学者认为："当地球上的自然变异（包括人类与生物活动的诱发作用引起的自然变异）强度给人类的生存和物质文明建设带来严重的危害时，这种变异就叫做自然灾害。"[②] 亳州所处的皖北地区，明清以来自然灾害频发，尤其是黄河夺淮，临涡而建的亳州则深受其害。关于清代亳州自然灾害情况，在当时的碑刻文献中也有所记载，笔者将以《永清桥碑记》为中心，结合其他文献史料，对此问题进行初步探讨。

一、潚荡震撼，木石尽倾

永清桥，在亳州城北门外，据《亳州四名》记载："古渡口。宋真宗来亳

---

① 傅筑夫等：《中国经济史资料·秦汉三国编》，北京：中国社会科学出版社，1982年：第96页。

② 萬全胜，彭桂堂：《自然灾害》，南宁：广西教育出版社，2005年，第1-2页。

朝拜老子庙路过此地时，赐名灵津渡。"① 可见该桥原名为灵津渡，为宋真宗所赐名。据（光绪）《亳州志》记载，明代嘉靖年间，刺史范旸又进行了改建，故后人又称之为"范公桥"。康熙五十九年（1720），由于年久失修，该桥破烂不堪其用，在当时大孝子李长桂的倡议下，对该桥进行了重修，令人惋惜的是，雍正三年（1725），大桥毁于火灾，李长桂又进行了重修。乾隆九年（1744）知州朱宸并州人王兰生、翁垣如等人，又进行了重修，并取名"永清桥"，这是亳州"永清桥"名称的缘起。乾隆三十年（1765），"永清桥"改建为石桥，"栏楯皆石为之，下通淮泗，上接雍梁，平广袤延，俨如阛阓，轮蹄来往，有已过而尚不知者。为南北第一大桥，故俗呼曰大桥。"② 永清桥改为石桥后，较之于以前，更为坚固，加之涡河上接雍梁，下通淮泗，经济得以繁荣，故轮蹄来往不断，交通地位极为显著，有南北第一大桥之誉，当时地方民众又称之为"大桥"。

清朝《永清桥碑记》的作者为严文照，据（光绪）《亳州志·职官志》记载："文职表"记载："严文照，顺天大兴人，议叙。"③ 他于乾隆十五年（1750）知亳州，该碑文落款为"乾隆十八年十二月朔奉直大夫知亳州事大兴严文照撰"。亳州自古为江淮名郡，地势显赫，加之当时交通便捷，尤其是涡河航运之便，郭北一带更是富商大贾咸聚之地，商品百货云集于此，正如该碑文开篇所云："亳固江淮间一都会，北达秦晋，南通吴越。其治之北郭，涡水环之，百货所集，富商大贾咸聚于此。"④ 作为知州的严文照认为，亳州临涡水而建，北郭一带，依托涡河航运之利，商业繁盛，故此桥关乎地方经济发展，其作用非一般桥梁所能比。

严文照在《永清桥碑记》中记载："宋时设灵津渡，明有范公桥，康熙丙子复建，名人和。后重建，易名普济。轮蹄络绎，踵接肩摩，利赖久矣。数百年来，屡坏屡修。其间营度捐输之士，俱已勒石，遗碑犹存。"⑤ 据此段碑文可知，永清桥名称的演变，在明代"范公桥"之后与清代"普济桥"之前，

① 汪东恒：《亳州四名》，合肥：安徽人民出版社，2005年，第209页。
② （光绪）《亳州志》卷三《营建志一·关津》。
③ （光绪）《亳州志》卷九《职官志·文职表》。
④ （光绪）《亳州志》卷三《营建志一·关津》。
⑤ （光绪）《亳州志》卷三《营建志一·关津》。

此桥曾又名"人和"，这是因为康熙丙子（1696）年间，重新修建之后的命名，此记载是地方文献中所没有的。据此碑文可知，历史上永清桥的名称不断更换，宋代称为"灵津渡"，明代称"范公桥"，清朝康熙年间，又改名为"人和桥"，后来又易名为"普济桥"，以及民间所称的"大桥"。就一桥多名而言，一方面说明该桥历经多次修建；另一方面也说明该桥交通地位显著，为历任主政者所重视。总之，由于该桥地处城北，关乎涡河两岸的民众往来交流，其地位不可小视，可谓是轮蹄络绎，踵接肩摩，利赖久矣。长期以来，对该桥的修建就没曾停止过，屡坏屡修。

乾隆四年（1739），由于黄河泛滥，从而导致涡水暴涨、桥毁民病的局面。如严文照在《永清桥碑记》中所载："乾隆四年，涡水暴涨，挟黄流而下，漰荡震撼，木石尽倾。民方舟以渡，杂遝挤排，间有颠溺者，苦为民病。"[①] 此处所言"涡水暴涨，挟黄流而下"，因涡河曾可通达黄河，故一旦黄河出现水患，顺涡河而下，而涡河又从亳州穿境而过，故每当黄河泛滥，而亳州深受其害，"涡水之源出于阴沟，阴沟源于出河之济，阴沟又首受大河，则涡水本与河通，又自鹿邑贾家滩至州两河口，亦系黄流故道，故前明时，每遇泛滥，亳地实处其冲。"[②] 每当黄河泛滥，为亳州百姓带来极大的伤害，"苦为民病"。

黄河作为中华民族的母亲河，孕育了中华文明，但历史上屡有泛滥，导致历代不断治理，如陈业新教授所言："明万历年间，曾一度出现了中国历史上黄高潮；其后的清朝，面对频繁决溢的黄河，也展开了相当规模的治理。然讫及晚清，黄河'愈治愈坏'，以至'河患至道光朝而愈亟'。"[③] 又如道光二十一年（1841），六月初，黄河伏汛异常泛涨，至八月十六日，据程楙采奏《查探黄水直注皖境汇入洪湖情形》一折云："祥符漫口掣动大溜，亳州系属顶冲。据称涡河先后长水七尺，尚未出槽。赵旺河黄水奔趋溢出堤岸二三尺不等。下游太和、怀远、灵璧等属洼地均被漫淹。"[④] 祥符黄河大水，亳州首

---

① （光绪）《亳州志》卷三《营建志一·关津》。

② （乾隆三十九年）《亳州志》卷二《河渠》。

③ 陈业新：《明至民国时期皖北地区灾害环境与社会应对研究》，上海：上海人民出版社，2008年，第54—55页。

④ 水利电力部水管司：《清代淮河流域洪涝档案史料》，北京：中华书局，1988年，第722页。

被其害，甚至下游一带，无能幸免。

由于亳州临涡而建，加之又处于淮河流域，水患灾害较为频繁，"水灾为亳州市最主要的自然灾害。1949 年前，由于历代统治阶级对水利工程建设不够重视，因而涝灾不断，有'十年九涝'的说法。加之黄河多次泛滥改道，更是水害频繁。"[①] 为更直观地了解亳州历史上的水灾情况，现列表如下：

建国以前亳州历次水灾情况统计表

序号	时　间	灾　情	备　注
1	三国魏景初元年（237）	大雨成灾	
2	晋咸宁三年（277）年九月	大水	
3	晋元康五年（295）	大水	
4	南朝宋元嘉十七年（440）	水灾	
5	隋开皇二年（582）前后	大水	
6	唐武德三年（620）	大水	
7	贞观三年（629）	大水	
8	贞观十八年（644）秋	大水	
9	永徽二年（651）秋	水灾	
10	永徽四年（653）秋	大水	
11	天宝四年（745）九月	大水	
12	大历十二年（777）秋	大雨成灾	平地水深五尺
13	太和三年（829）	大水	
14	后梁开平四年（910）十月	大水	
15	后唐长兴三年（932）七月	大水	
16	北宋开宝二年（969）七月	水灾	
17	开宝五年（972）七月	水灾	
18	开宝七年（974）四月	大水	
19	端拱二年（989）六月	黄河泛滥	民房农田被冲毁

---

① 亳州市地方志编纂委员会：《亳州市志》，合肥：黄山书社，1996 年，第 65－66 页。

（续表）

序号	时　间	灾　情	备　注
20	淳化四年（993）秋	连降阴雨	秋庄稼颗粒无收
21	淳化五年（994）	涝灾	
22	治平元年（1064）	水灾	
23	南宋嘉泰四年（1204）	大水	
24	嘉定五年（1212）	大水	
25	嘉定六年（1213）	大水	
26	嘉定十年（1217）	大水	
27	嘉熙四年（1240）	黄河决于汴	南流注亳，州城遂为泽国
28	咸淳二年（1266）夏	连降大雨成灾	庄稼无收
29	咸淳四年（1268）夏、秋	多雨，八月大水	
30	元大德元年（1297）三月	黄河泛滥	房屋农田被冲毁
31	皇庆二年（1313）六月	黄河决口	亳州水灾
32	泰定三年（1326）十二月	黄河泛滥	冲毁民舍 800 余间、农田 2300 多顷
33	明嘉靖十七年（1538）	黄河水泛滥进入涡河	使涡河泛滥，冲坏许多农田农舍
34	嘉靖十九年（1540）	黄河在野鸡冈决口	溢入涡河，引起水患
35	隆庆六年（1572）八月	大水	
36	万历五年（1577）正月初一	雷声大作，天降大雨	
37	万历十一年（1583）夏	连降大雨	低洼地带平地水深数尺
38	万历十五年（1587）正月初一	降大雷雨	
39	万历三十一年（1603）八月	大水	
40	崇祯五年（1632）春	大水	
41	崇祯十五年（1642）九月	黄河泛滥	州城被淹，除少数高地，其余的皆浸于水中

（续表）

序号	时　　间	灾　　情	备　　注
42	清顺治三年（1646）	大水	
43	顺治四年（1647）	大水	
44	顺治五年（1648）秋	大水	
45	顺治十一年（1654）六月	连续降雨	毁坏民舍，庄稼漂没
46	顺治十二年（1655）夏	大水	
47	康熙四十八年（1709）年秋	连降大雨	形成严重水灾
48	乾隆六年（1741）秋	水灾	
49	乾隆七年（1742）	水灾	
50	乾隆十年（1745）	水灾	
51	乾隆十一年（1746）秋	水灾	
52	乾隆十四年（1749）	大水	
53	乾隆十五年（1750）	大水	
54	乾隆二十二年（1757）秋	水灾	
55	乾隆二十六年（1761）	黄河决口，水溢入涡河	冲坏涡河永清大桥
56	乾隆四十三年（1778）	黄河从河南省仪封决口	流入涡河又冲坏永清大桥，城北关打铜巷一带尽成泽国
57	嘉庆元年（1796）	大水	
58	嘉庆十八年（1813）九月	黄河水冲坏城内仁和、顺河两条街	共冲坏涡河两岸和城内居民房数万间
59	道光十二年（1832）夏	阴雨连绵，庄稼受灾，黄河泛滥	冲坏无数民舍
60	道光二十三年（1843）	黄河决口	当地大水
61	道光二十四年（1844）	黄河从河南省开封决口	亳州大水
62	咸丰十年（1860）七月	大水	
63	同治十二年（1873）八月	降雨十日	成灾
64	光绪二十一年（1895）闰五月	连降大雨	城墙毁坏多处，民房多被毁

（续表）

序号	时　间	灾　情	备　注
65	光绪二十七年（1901）	水灾	
66	宣统二年（1910）九月	大雨成灾	禾苗有十分之三、四被毁
67	1921 年	阴雨数十日	河水猛涨，多数庄稼被淹，房屋倒塌无数
68	1931 年 7—9 月	连续降雨 700 毫米以上	客水特大，秋季无收
69	1933 年初夏	涝灾	
70	1934 年夏	严重涝灾	
71	1938 年	革命军在河南省郑州北花园口炸坏黄河大堤，黄水入境	亳县南 4 个区受灾严重，120 个村庄被洪水吞没，200 余人被淹死，3 万多人受灾，受灾农田 110 余万亩
72	1940 年	黄河水入境	亳县南部洛河以北、赵王河以南的广大地带，大汛时平地水深 60～20 厘米
73	1946 年 5—6 月	降雨 410 毫米以上	形成严重涝灾
74	1947 年	仅 6 月份就降雨 300 余毫米	境内 7 万多亩农田受灾，自立德集至宋营乡，10 个村农田被淹没

　　注：依据《亳州市志》（亳州市地方志编纂委员会编纂，黄山书社，1996 年）记载内容，笔者制作简表。

　　从上表可知，宋元以前，亳州虽有涝灾，但灾情相对较轻。明清以后，由于黄河水患南泛，尤其是顺涡河而下，亳州水灾频发，且灾情往往较为严重。如上表中乾隆二十六年（1761），"黄河决口，水溢入涡河，冲坏涡河永清大桥"。此次水灾情况，清朝王鸣的《重修永清桥碑记》有所记载："是年秋，豫之杨桥河决，一昼夜涡水迅长，不没高岸者仅三寸。涛声噌吰，喧呼遍野。余夜起，整衣冠默祷。漏方尽，步泥曳水，亲诣河干祭告。水忽从上游他注，以杀其势，两岸居民幸无恙。而桥已漂荡，但余乱桩残垒矣。"① 可见乾隆二十六年（1761）秋，亳州的此次水灾，因黄河决堤，水患泛滥，洪水涌入涡河，一夜之间涡水猛涨，此次水灾虽没有给两岸居民造成较大损失，但是该桥已被洪水冲毁。

清朝刘科在《重修永清桥碑记》中，也对乾隆二十六年（1761）秋亳州的此次水灾，进行了较为翔实的记载，"迨乾隆二十六年七月，豫之杨桥河大决，挟黄河之水并入涡河。一昼夜间水高数丈，两岸居民半成巨浸，桥随浪滚，彻底漂流，行旅回踪，洪波中断。"② 关于此次水灾，两处碑文均予以记载，可见此次水灾之严重。

历史上亳州自然灾害，除水灾之外，还有旱灾、虫灾、风灾、雹灾等等，其中"旱灾是亳州仅次于水灾的自然灾害，多数年份局部地区有不同程度的旱情发生"③。依据亳州地方文献记载，现将亳州历史上的旱灾情况，统计列表如下：

新中国成立以前亳州历次旱灾情况统计表

序号	时　间	灾　情	备　注
1	东汉建初元年（76）	大旱	
2	唐贞观十二年（638）秋	大旱	
3	开元六年（718）	旱	
4	开元八年（720）	旱	
5	开元十六年（728）	旱	
6	天宝八年（749）秋冬	旱	
7	至德二年（757）	旱	
8	北宋淳化元年（990）	旱	
9	明嘉靖四十一年（1562）	大旱	
10	万历五年（1577）秋	旱	

---

① （光绪）《亳州志》卷三《营建志·关津》。
② （光绪）《亳州志》卷三《营建志·关津》。
③ 亳州市地方志编纂委员会：《亳州市志》，合肥：黄山书社，1996年，第69页。

（续表）

序号	时 间	灾 情	备 注
11	万历十五年（1587）秋	旱	
12	清顺治十一年（1654）冬	旱	
13	乾隆五十七年（1792）	旱灾	
14	道光十九年（1839）夏	大旱	
15	光绪二年（1876）	旱	
16	光绪十九年（1893）冬	旱	
17	光绪二十年（1894）春	旱	
18	宣统二年（1910）	旱	
19	1913 年夏秋期间	旱灾	直至 12 月上旬始降小雨
20	1923 年 5—12 月	仅降雨 241 毫米	旱情严重
21	1932 年 2—11 月	仅降雨 200 毫米左右	麦禾皆枯死
22	1935 年夏	大旱	豆禾多半枯死
23	1942 年	入夏旱，仅降雨 200 毫米，麦枯	秋季不能下种，秋禾颗粒无收
24	1949 年夏	旱灾	全县受旱面积约 95 万亩，作物减产二到四成

注：依据《亳州市志》（亳州市地方志编纂委员会编纂，黄山书社，1996 年）记载内容，笔者制作简表。

由上表可知，历史上亳州旱灾虽没有水灾频繁，但旱灾发生次数也不少，且灾情也较为严重，当地的农业生产造成了较大的损害。至于历史上发生在亳州地区的虫灾、风灾、雹灾等，与水旱之灾相比程度较轻，故不再一一列表赘述。

二、鸠工庀材，善建不拔

由于涡河几乎途经亳州全境，故明清时期，水灾为亳州最主要的自然灾害，重则淹没房舍、损毁农田，轻则冲垮桥梁、断绝交通，故当时州牧主持修建被洪水冲毁的桥梁，也为应对水灾的惯常策略。

清朝严文照《永清桥碑记》中所记载，乾隆四年（1739），黄河泛滥，涡水暴涨，永清桥木石尽倾，对涡河两岸人民往来造成了较大的困难。乾隆七年（1742），颍州知府李国相巡亳时，见民众划船渡河，倍生怜悯之情，于是计划请求资金修建浮桥，以解民困，后由于有人认为建浮桥非长久之计，故建议应该建石桥，"郡伯京兆李公按部，见而悯之，将请帑为浮桥。已估计若干，而前明府金陵朱公以为计非经久，宜仍建石桥。"① 经过认真谋划，并选取经验丰富、勤敏干练之人负责工程筹划，分工办理，可谓是精诚所至，从而获得世人的积极响应，"于是与诸父老谋，区画经理，度材几何，工几何……讫有成算，询谋金同，乃特举里中老成练习、勤敏有干局者王兰生、翁坦如等四十有三人，仔肩其任。设法募助，储蓄金钱，以待兴筑。斯时也，精诚所至，远近响应，翕然慕义者莫不乐输恐后。"② 由此可知，当时修桥经费主要是靠劝募而来，说明修建此桥获得民众的大力支持。

经过近两年的资金筹集，于乾隆九年（1744）八月初一，动工兴建，"不二年，财赋所积，约可集事，遂择于九年八月初一日开工。四十三人者分工办理：某也总摄其事，某也鸠工庀材，某也司会计经出入，某也仍任劝施以足用。悉自携斧资，栉风沐雨，朝夕寒暑，无懈无怠。"③ 当时此桥修建，得到地方民众的支持，参与此工程的人员多达四十余人，且采取较为合理的分工负责制，如总摄其事、鸠工庀材、计经出入以及劝施足用等任务，各负其责，分工合作。更难能可贵的是参与者"自携斧资"，即使栉风沐雨，朝夕寒暑，也毫无懈怠。

严文照在《永清桥碑记》中还记载，"维时朱公亦日历工所，勤勤恳恳，鼓舞作兴之，由是人益奋，思必效其力也。未几，以忧去。海宁陈公、三原杨公相继莅兹土。恐艰巨之功或致中隳，悉心殚力亦如朱公，且捐俸为助。盖先是规模已就十之七，至十一年冬，桥遂落成，比前加高广固铁。陈公名之曰'永清'，志庆也。"④ 此处碑文提到的"朱公"，应为知州朱之琏，康熙三十年（1691），曾命僧人募化修桥资金，且常去工程现场，鼓舞作兴，从而

---

① （光绪）《亳州志》卷三《营建志一·关津》。
② （光绪）《亳州志》卷三《营建志一·关津》。
③ （光绪）《亳州志》卷三《营建志一·关津》。
④ （光绪）《亳州志》卷三《营建志一·关津》。

使修建者益奋效力，可见朱之琏为民之勤政，工程未竟而离任，继任者也踵其志、殚其心，甚至捐俸以助，致使工程不坠，工期不辍，终于乾隆十一年（1746）十一月冬，大桥建成，比之前更加高大坚固，新任知州陈公韶为大桥取名为"永清桥"。

　　乾隆十五年（1750），严文照知亳州时，当见到刚新建成德永清桥时，询之司事者，得详其桥之所以始，与桥之所以成，随后曰："如有未了之事，余一一为成全之。非敢希美前贤，盖除道成梁，凡为政者与有责焉耳！"① 严文照认为修桥之事，为地方当政者所应当承担的责任，并在碑文最后感叹曰："使守土者而尽如数公，则何利不兴？趋事者而尽如王兰生、翁垣如等，则何政不举？余虽未与斯役，乐观厥成。"② 故并欣然接受董事人为此桥勒石之纪的请求。

　　乾隆三十年（1765），知州王鸣又把"永清桥"改建为石桥，并为之撰写碑文。据（光绪）《亳州志·职官志》卷九"文职表"记载，乾隆二十六年（1761）王鸣知亳州，江苏溧阳进士。王鸣在碑文开始便简单介绍了乾隆二十六年（1761）以前永清桥的历次修建情况，"明嘉靖刺史范旸建桥于州之北关，所以捍水，即以利行人，志称范公桥是也。然迅流捣啮，废兴不一。始名范公桥，继名普济，后曰永清。考国朝百余年来，一筑于康熙三十年，田维贤捐三千金为之倡；一修于康熙五十九年，李孝子长桂主其事；又重建于乾隆九年，前州牧朱公宸倡率绅士王兰生等劝募以成。"③ 据此可知，永清桥的修建经费数额较大，其所需费用来源主要为地方州绅的捐款。

　　王鸣在《重修永清桥碑记》记载："窃以为历年不久，屡劳兴造，此固由水之横决，其来不可测；抑以亳无山石，艰于购运。类藉筑垛架木，以便往来。故究同略彴之支，不可经久也。余于辛巳夏初莅亳，相度水道，思有营建。"④ 可知王鸣之前，永清桥主要为木质结构，或者为砖木结构，故难以抵御洪水的冲刷。或是由于亳州地处平原地带，无山石可采，即使购买山石，也难以长途运送，对于知州王鸣而言，一时难以决断。乾隆二十六年（1761）

---

　　① （光绪）《亳州志》卷三《营建志一·关津》。
　　② （光绪）《亳州志》卷三《营建志一·关津》。
　　③ （光绪）《亳州志》卷三《营建志一·关津》。
　　④ （光绪）《亳州志》卷三《营建志一·关津》。

秋，黄河于豫之杨桥决口，昼夜之间涡水迅长，虽两岸居民幸无恙。而桥已漂荡，但余乱桩残垒矣。或许正是此次水起桥毁的原因，从而使王鸣放弃筑垛架木的构想，而决定改建石桥。

加之亳州为山陕通衢，尤其是涡河近城北一带商业繁盛，桥毁不通实为民困，"夫亳为山陕通衢，轮蹄络绎，而涡河近城北一带有商贾、百货所聚集，断不可一日无桥。惟是镇水德之灵长，尽人功之坚确，事在能图久与不辞劳而已。"①故王鸣认为修建更为坚固的石桥，也为地方社会经济发展所必需，于是便集议讨论，选人任事，逐序实施，"集绅士议之，凡前所架木成之者，必皆易之以石。于是慎选老成，审定规模，计河宽三十二丈二尺七寸，分为九圈。下植巨桩，深三丈四尺，上垒密石，面封巨石。其为工也固矣，其为费也大矣。"②此处对于当时河的宽度，以及永清桥的修建程序记载得相对较详，这对考察当时桥梁修建技术，具有重要的史料价值。由于此次修建工程较大，所需费用较巨，故王鸣与同僚"捐俸以倡，绅士继之，设法醵金，无不踊跃"，尤其是王士英等具体负责之人，皆能尽心为之。"而董事各任所长，共二十有余人。太学生王士英尤以贤劳著。士英素乐善，廉介有操行，人共信之。其于斯役也，不但自捐，而四载之赔苦，难以尽述。总掌募项，亲督工，无间寒暑，凡四年而桥遂成矣。"③可知在地方官员和州绅的共同协作下，经过前后四年的努力，此桥终于落成。

王鸣任亳州知州以来，尤其较为重视地方建设，如他所言只要有关古迹、有关方便民生的建筑，均不敢任其废坠，如汤王墓、何忠壮祠，以及城工东南乡水利等，皆勉力进行修葺，次第告竣。况且永清桥为区域之要道，方便南北民众通往，其修建为地方百姓所关注，如王鸣在《重修永清桥碑记》中记载："而斯桥为川途要道，赖各董事实力赞襄，劝募至二万七千余金之多。鸠工庀材，善建不拔。较从前九年之兴造，今改发石圈，计增石瓴倍之。复能约己裕公。凡所一切茶汤饮膳，皆各解囊，无丝毫支及捐项，故用力专而工益加固。"④该桥建成之时，知州王鸣已离开亳州，转到六安任职。由于该

---

① （光绪）《亳州志》卷三《营建志一·关津》。
② （光绪）《亳州志》卷三《营建志一·关津》。
③ （光绪）《亳州志》卷三《营建志一·关津》。
④ （光绪）《亳州志》卷三《营建志一·关津》。

桥为砖石砌成，甚为坚固，勒石为记，并告诫后人切莫随意搭盖篷架，铺设货物，以免引起诸多事端，"抑更有与民约者，桥之成，非易易矣。其两旁勿令搭盖篷架，铺设货物。一恐有碍轮蹄，一恐日久争占。倘敢不遵，乡保指名，请究其毋忽。"① 王鸣认为此桥于商旅、居民皆有便利，对其修葺之事，如能任事得人，克期成功，也并非难事。

清代亳州学正刘科也曾撰写《重修永清桥碑记》，据（光绪）《亳州志·职官志》卷九"文职表"记载："乾隆二十五年，刘科，武进举人。潘城，盱眙岁贡。"同时该志卷十"名宦"也有对其人进行简单介绍：刘科，字孟川，武进人，以举人官亳州学正。此人秉性耿直，不畏权势。如乾隆年间，学使者来亳州检查，有两生员忤府通判，知府知道后大怒，认为该二生较为顽劣，授意学正举报，但刘科坚持认为不可，并且亲自为该二生向知府请求谅解。知府当面催促刘科之时，刘科对曰："二生实无劣迹，非敢袒护也。"且曰，"府尊以怒举劣，当自举耳。吾安能杀人媚人乎？"② 后来由于学使者宽以待士，又加以刘科学正坚持实事求是之力，从而使这件事平息下去，没有追究两生的过错。

该碑文重点记述了永清桥的修建历史情况。由于亳州地势显要，为当时的区域经济重镇，是往来商贾、四方宾客聚集之地，尤其是涡河航运之利，从而使亳州在当时较为繁盛，"涡河为域中之襟带，上承沙汴、下达山桑，百货辈来于雍梁；千樯转输于淮泗，其水陆之广袤，固淮西一都会也。"③ 故连接涡河两岸的永清桥显得尤为重要。由于涡河上接黄河，下通淮水，且亳州地势平坦，形势旷衍，故黄河一旦溃决，黄水入涡，临涡水而建的亳州城则往往先受其害，而建于涡水之上的永清桥更不必说，往往屡修屡坏。"康熙三十年，行僧如意承州牧朱之琏命，挟册走募，得善士田维贤捐银三千两，扬州兴化季大有捐修中节，余者州人助成。九年毕工，又更名普济。"④ 本地孝子李长桂倡修于康熙五十九年（1720），再修于雍正三年（1725）。后来知州朱宸进行重修。

---

① （光绪）《亳州志》卷三《营建志一·关津》。
② （光绪）《亳州志》卷十《职官志·名宦》。
③ （乾隆三十九年）《亳州志》卷一《疆域》。
④ （光绪）《亳州志》卷三《营建志一·关津》。

乾隆九年（1744）五月，知州选取四十余人，王兰生为总负责，设柜劝输，"一切行货客商数稽担石，拨取厘头，其他摇会彩资尽归捐项，铺户门面日派杂摊钱。"① 由此可知，如此浩大的工程，其费用所需必当巨大，仅靠捐助善款很难满足所用，故行货客商、铺户门面也纳入必输之列，此次该桥告竣后定名曰"永清桥"，有可保长久之意。

第二节　水利建设：以《修浚亳州河渠碑记》为中心

　　一般而言，各地主要河道，大都为流经区域提供了良好的发展条件，沿河流域的民众，既可以利用河道水源，提供充足的人畜饮用之水，也可以灌溉农田，有利于进行农作物的种植开发，人们可以利用其航运之利，发展商贸活动。但是河水泛滥，也会为当地民众造成极大的危害，因此说"长江大河造福人民，而洪水泛滥，泥沙淤积又形成灾害，如何避免灾害而兴其利，就是水利问题"②。明清时期，亳州境内河流较多，为兴利避害，当时州牧多留心河渠治理，笔者将以《修浚亳州河渠碑记》为中心，结合其他文献记载内容，对此问题进行粗略探讨。

一、岁久淤塞，其漫溢为患

　　亳州兴修水利，见于古籍者较少，目前所查阅的古代文献有《新唐书·杨凝传》卷一百六十记载，杨凝为宣武节度使，"宣武董晋表为判官，亳州刺史缺，晋以凝行州事。增垦田，决淤堰，筑堤防，水患讫息。"《宋史·叶康直》卷四二六记载：宋神宗时，叶康直知亳州，"通浚积潦，民获田数十万亩。"此后亳州兴修水利所见正史记载者较少。亳州为一隅之地，是地水利兴修不为正史所载，也在情理之中，但是作为地方珍贵文献的《亳州志》则关注较多。

———————————

① （光绪）《亳州志》卷三《营建志一·关津》。
② 姚汉源：《中国水利史纲要》，北京：水利电力出版社，1987年，第20页。

《修浚亳州河渠碑记》落款为"安徽巡抚高晋撰"。据文献记载，高晋（1707—1779），字昭德，满洲镶黄旗人，凉州总兵高述明之子，大学士高斌从子。雍正十年（1732）十一月，高晋授山东泗水县知县；十三年（1735）四月，调海阳县知县；乾隆三年（1738）六月，调知恩县；四年（1739）四月，命记名以直隶州知州用。据马子木在《清代大学士传（1636—1795）》中记载："十五年（1750）三月，迁安徽布政使，兼江宁织造。二十年（1755）十一月，迁安徽巡抚。二十二年（1757）春，高宗南巡视河，命偕张师载等办理徐州黄河堤工。"[1]

高晋在《修浚亳州河渠碑记》中讲到亳州河流的大致概况，其中以涡河为重点，同时点出亳州水患的主要原因是没有做到支流汇入干河，然后导干河入涡河，最后汇入淮河。"亳于江南为平壤，北连豫省，势处下游。水之所趋，并以涡河为总汇。"[2] 亳州地处下游，其中境内主要河流为涡河，而此河也是淮河的主要支流之一。据《汉书·地理志》卷二十八下"淮阳国"条下记载："扶沟，涡水首受狼汤渠，东至向入淮，过郡三，行千里。"颜师古在注释中曰："狼音浪。汤音徒浪反。涡音戈，又音瓜。"[3] 按照《汉书·地理志》记载，其中的"涡水"发源于"狼汤渠"，即后世所称的"浪汤渠"。另据周振鹤先生编著的《汉书地理志汇释》引王先谦《汉书补注》可知，"过郡三"指的是：过"河南、淮阳、沛。"三地[4]。《水经》卷二十三"阴沟水"中记载："阴沟水出河南阳武县蒗荡渠，东南至沛，为濄水，又东南至下邳淮陵县，入于淮。"[5] 王先谦补注可知，上述的"濄水"与"涡水"同，"涡，《说文》、《水经注》并作濄，字同。"[6] 郦道元在《水经注》中对"濄水"注云："阴沟始乱蒗荡，终别于沙，而濄水出焉。"[7] 随后又记载了涡水的流经情况，兹录如下："濄水受沙水于扶沟县……濄水又东迳鹿邑城北；濄水又东迳武平县故城北……谷水注之；濄水又北迳老子庙

---

① 马子木：《清代大学士传稿（1636—1795）》，济南：山东教育出版社，2013 年，第 348 页。

② （光绪）《亳州志》卷五《水利志·河工》。

③ 班固：《汉书》，北京：中华书局，1862 年，第 1636 页。

④ 周振鹤：《汉书地理志汇释》，合肥：安徽教育出版社，2006 年，第 466 页。

⑤ ［北魏］郦道元：《水经注校证》，北京：中华书局，2007 年，第 550－554 页。

⑥ 周振鹤：《汉书地理志汇释》，合肥：安徽教育出版社，2006 年，第 466 页。

⑦ ［北魏］郦道元：《水经注全译》，贵阳：贵州人民出版社，1996 年，第 808 页。

东；涡水又屈东，迳相县故城南，其城卑小实中；涡水又东，迳谯县故城北；涡水又东迳朱龟墓北，东南流；涡水东南迳层丘北，丘阜独秀，巍然介立，故壁垒所在也。涡水又东南，迳城父县故城北，沙水枝分注之；涡水又东迳下城父北；涡水又屈迳其聚东郎山西，又东南屈，迳郎山南；涡水又东南，迳涡阳城北；涡水又东南迳龙亢县故城南；涡水又屈而南流，出石梁，梁石崩褫，夹岸积石，高二丈，水历其间。又东南流，迳荆山北而东流注也。"① 由上可知，《水经》与《汉书·地理志》对于"涡水"的记载，两者存在差异，前者以阴沟水东南至沛郡者为涡水，而后者以扶沟受蒗荡渠者为涡水。由于当时扶沟、阳夏和柘县属于汉代的淮阳国，大棘在襄邑县，则属于陈留郡。只有经过苦县以东方为沛郡之地，才是开始得名为涡水。故扶沟以下，苦县以上，《水经》皆称之为阴沟水，阴沟水入亳州境才名为涡水。

关于"涡水"流经情况的记载，除《水经》《汉书·地理志》记载外，当时所修方志中也有所涉及。如（康熙）《江南通志》卷八"山川下"的"凤阳府"条下记载："涡水在怀远县城北一里，发源自葛河口，由鹿邑西来至界，黄河从西北来注之，至亳城北与马尚河合，经蒙城流至本县东入淮，谓之涡口。"清乾隆时期，涡水的流经情况，与康熙时相当，基本没有变化，如（乾隆）《江南通志》卷十八记载：涡水在亳州北，发源豫之葛河口。由鹿邑西至州境，与马尚河合，东流经蒙城县入怀远界。"除通志外，当时的《颖州府志》《亳州志》也有记载，且内容与通志相较，又更加详细。如（乾隆）《颖州府志》卷一"舆地志"中"山水"条下记载："涡水，上源自河南通许县，经柘城、鹿邑入亳州境，至北门外会马尚河，东流出蒙城县境。"② 该志与《江南通志》相较，则增加了涡水流经河南故城情况的介绍。又如（乾隆三十九年）《亳州志》卷二"河渠"记载："涡河上自河南省鹿邑县，入州境怀家溜，东流迳城北北门，又东迳钓鱼台，又东南迳白龙王庙，至雉河集草桥出州境，入蒙城县界，在境内一百四十五里。"③ 而（光绪）《亳州志》记载："今涡河上自河南省鹿邑县入州境怀家溜，东

---

① ［北魏］郦道元：《水经注全译》，贵阳：贵州人民出版社，1996年，第808—812页。
② （乾隆）《颖州府志》卷一《舆地志·水》。
③ （乾隆三十九）《亳州志》卷二《河渠》。

流迳城北北关，又东迳钓鱼台，又东南迳白龙王庙，至雉河集草桥出州境，入蒙城县界，在境内一百四十五里。"① 由此可知，清光绪时期涡河流经情况与乾隆时期基本没有什么变化，且涡河流经亳州谯城、涡阳和蒙城，几乎纵贯亳州全境，为境内最大的干流。

高晋在《修浚亳州河渠碑记》中又言："此外有干河，有支河，不引支入干，注干入涡，以东达于淮，而水终不治。丙子以前，频罹水患，由宣导之不早也。"② 就当时的亳州河流整体状况而言，其中境内较大者主要是涡河、肥河，如武家河、惠济河、急三道河、宋塘河，皆上承商丘、鹿邑诸水，入亳境而注于涡河，由于涡河流经区域最广、流经距离最长，故当时被认为亳州境内最主要的干河。而亳州境内的赵王河、百尺沟，由于当时其流经区域较小、流经距离较短，故当时被归入亳州境内的支河范围。此外，又因为急三道河距离亳州城较近，自西而东入涡河；而宋塘河距离当时的亳州城池更近，自北而南入肥河。这两条河流可谓一纵一横，因此当时把这两条河也归入"干河"范围之列。可见当时对于亳州境内河流"干流、支流"的划分，不仅依据其流经范围距离的大小，还看其重要的区域地理位置情况。在高晋看来，亳州在此以前，之所以"频罹水患"，主要原因是没有引支流之水，进入干流，由干流注入涡河，最终由涡河流入淮河，从而导致水道不畅，"由宣导之不早也"。

清代亳州水系，以涡水为最大，肥水次之，茨河再其次，宋塘河等河流又再次之。自涡河以下，亳州境内有河流二十三道，其中独自流经入淮河者有三条，分别是涡河、肥河和茨河。其中流入涡河者有八条河流，分别为惠济河、赵王河、清河、马尚河、雉河、百尺河、漳河、三里河。其中流入肥河者有宋塘河。而流入宋塘河者，有急三道河，流入浍河者有包河，流入清水河者有洪河，流入雉河者有武家河，流入乾溪沟者，有牛毛河，流入清游湖者，有三丈河。其中流入三丈河者，有油河和明河。流入赵王河者，有泥河和小漳河，其过境而流入宿州者有浑河。至于这些河流的文献记载情况，现列表如下：

———————

① （光绪）《亳州志》卷二《舆地志二·水》。
② （光绪）《亳州志》卷五《水利志·河工》。

古代文献所载亳州河流情况一览表

序号	河流名称	流经情况	文献出处
1	涡河	淮阳国扶沟县下涡水，首受蒗荡渠，东至向入淮，过郡三，行千里	《汉书·地理志》
		濄水自下城父以后又云涡水，又东迳涡阳城北，又东南迳龙亢县故城南，又曲而南流，出石梁	《水经注》
		涡水在亳州北，发源豫之葛河口。由鹿邑西至州境，与马尚河合，东流经蒙城县入怀远界	《江南通志》
		涡水上源自河南通许县，经柘城、鹿邑入亳州境，至北门外会马尚河，东流出蒙城县境	《颍州府志》
		今涡河上自河南省鹿邑县入州境怀家溜，东流迳城北北关，又东迳钓鱼台，又东南迳白龙王庙，至雉河集草桥出州境，入蒙城县界，在境内一百四十五里	（光绪）《亳州志》
2	肥河	城父县夏肥水东南至下蔡入淮，过郡二，行六百里	《汉书·地理志》
		淮水在寿阳县西北，肥水从县东北流注之，谓之肥口。淮水又北，夏肥水注之。水上承沙水于城父县，右出东南流迳城父县故城南，王莽之思善也	《水经注》
		南有西肥水，此即夏肥水，今亳之肥河是也	《明史·地理志·亳州》
3	芡河	在城东南八十里。首受清游湖水，东南流迳花沟集、工记寺，至砖桥寺，入蒙城县界，东南流入淮	（光绪）《亳州志》
		芡河即《水经注》之欠水。源出亳州东南百余里之清游湖，东行百余里，经蒙城之枣木桥而入县境之万福集；折而东行一里，又折而东北行二里，右会鲫鱼沟；水又东行一里，过刘家桥，又东北 行二里，又折而南行二里，又会詹家沟；水又折而东北三里，过万福桥；又东北三里，至何家庵南而入怀远	《凤台志》

（续表）

序号	河流名称	流经情况	文献出处
4	宋塘河	自州南六里八蜡庙前起直南，迳十字河集、双沟集，至太和县肥河口入肥河	（光绪）《亳州志》
5	赵王河	在城南三十里，上受鹿邑三里河及练沟河之水，入境东流迳辛岗寺，至十字河集乱宋塘河；又东迳张信溜集至黄家桥汇百尺河，东流至涡河。计长七十里	（光绪）《亳州志》
6	惠济河	上承鹿邑贾家滩，自安家溜入境，东流三十里入涡，即今之两河口	（光绪）《亳州志》
7	清河	在城西北二里。上承河南省商丘县陈两沙河，东南流经鹿邑县枣子集南五里入州境，又东南迳李家大桥，又东南迳十二里铺，又东南至郑家店入涡河	（光绪）《亳州志》
8	马尚河	一名陈治沟，在城北一里。起自商丘县南，南入州境，迳半截塔、小奈集，至奶奶庙入涡河	（光绪）《亳州志》
9	雉河	俗名武家河，在城北四十里。上承商丘之沙河，东南流至田家桥，入州境。由薛家桥至小猪村分为二：东名雉河，西名坠河。至贾家桥又合而东南迳观音堂、太清宫，至雉河集入涡河	（光绪）《亳州志》
10	急三道河	在城西南三十里，自鹿邑斑竹帘寺入境，迳光武庙东入宋塘河	（光绪）《亳州志》
11	百尺河	亦称百尺沟，在城南四十里。上承鹿邑县之南百尺沟，东流至卞家铺，乱宋塘河。又东至黄家桥，汇赵王河。又东入涡河，长七十里	（光绪）《亳州志》
12	油河	在城南五十里。首受蔡河之水于豫省淮宁县，东迳鹿邑县东南，又东至双沟集北，乱宋塘河；又东迳贾家集、油河集东入三丈河口，长六十里	（光绪）《亳州志》
13	小漳河	在城南二十里。上承急三道河，东南二十里入赵王河	（光绪）《亳州志》

（续表）

序号	河流名称	流经情况	文献出处
14	泥河	在城东南五十里。渡口有燕家桥，有弘治、万历年碑，皆称于泥河桥。桥南五里有分水寺，寺南水南流迳聂家桥入三丈口；寺北水北流黄家桥西入赵王河	（光绪）《亳州志》
15	洪河	在城西北。由商丘县入州境，迳小黄村，南流入清水河	（光绪）《亳州志》
16	浑河	在城东北四十里。由永城县入州境，迳永清集，东南流入宿州境	（光绪）《亳州志》
17	漳河	由清游湖北流迳城父，又东北至白龙王庙入涡河	（光绪）《亳州志》
18	明河	今名东明沟，在城南七十里。上承鹿邑东明沟。乱肥河，东流入境，又东入三丈河口，长六十里	（光绪）《亳州志》
19	三里河	有二：一在城南三里，东流入涡，今淤。旧有石桥，今废。一在城东北三里，迳三里庙前东流入涡河	（光绪）《亳州志》
20	三丈河口	在城东南六十里，西接油河、明河、中心沟。东流十里入清游湖	（光绪）《亳州志》
21	苞河	在州城东北三十六里。自商丘县沙里集首受北沙河水，至界沟集入境，汇为花马潭；又东迳曹家桥下，至泥台店入河南永城县皮家桥，转抵江南宿州境入浍河达淮	（光绪）《亳州志》
22	武家河	发源于商丘县界沟集，西五里至武家桥，离州城三十五里。下至黄家营前黄家桥，下至吴家庙联珠桥，再下至王哑子桥、观音堂前三里许，入雉河达涡	（光绪）《亳州志》
23	牛毛河	在城东南一百里。西承芦草沟，东流四十里入乾溪沟	（光绪）《亳州志》
24	清水河	在城南十里。今淤	（光绪）《亳州志》
25	四河	在城东北十五里出马尚河东流，久淤	（光绪）《亳州志》

注：笔者依据亳州旧志和其他相关文献记载，简单整理而成。

从上表可知,光绪年间,亳州境内的河流中,干河由于河道较宽,没有淤塞状况,但是一些支流则出现淤塞现象,如位于城南三里的三里河,城南十里的清水河,以及在城东北十五里的四河等,则出现了淤塞情况。

高晋在《修浚亳州河渠碑记》中言,自己曾先后三次到过亳州,对于亳州地形状况及其利弊,均已知其梗概。由于当时濉河淤积较重,给地方民众生活、生产造成诸多不利,故朝廷下拨资金,治理濉河,"尤以宿境之濉河积年淤潦,民苦昏垫。特遣大臣会勘,不惜帑金数十万,普例兴挑,而濉河大治。"[1] 对于亳州河流的分布、通塞等情况,高晋经过询问、勘察,也有较为清晰的了解,"维时亳境亦经周阅水道,乃知西北之武家河、两河口、急三道河,西南之宋塘河,上承河南商邱、鹿邑诸水,而入于涡,盖皆州境之干河也。岁久淤塞,其漫溢为患,略与濉河等。"[2] 可知,在当时的武家河、两河口、急三道河以及宋塘河等河道,如高晋所言,当时与濉河大体相同,也是"岁久淤塞,其漫溢为患",不同的是濉河有官府下拨资金,进行疏浚,而亳州河道的淤塞,疏浚所需资金,只能由地方筹措。高晋本计划萃州人合谋疏浚,但是由于积欠民疲,力有不济,故一时难以进行。

二、以时疏浚,毋有怠惰

对河道治理这样的大工程,所需资金较大,依靠地方财力,难以进行,需要动用国家资金,才能得以推进。如高晋在《修浚亳州河渠碑记》中记载:"余会牍请于朝,并发帑金二万八千两有奇,将各道干河一律挑复如旧……实由曩年浚导川浍之明效也。"[3] 由此可知,当时高晋把疏浚亳州河道之事,上奏于朝廷,从而获得"帑金二万八千两有奇",才得以把亳州干河,"一律挑复如旧"。其治河效果也非常明显,自疏浚之后,十七年没有发生过水害,即使偶有雨水较大,也"宣泄得宜",可见当时"浚导川浍之明效也"。

高晋认为亳州水利,应时常修治,否则一旦壅塞,必将为地方民众造成诸多弊病,"余念郡属水利非岁加修治,势将日渐壅遏,为病于民。因令董率

---

① (光绪)《亳州志》卷五《水利志·河工》。
② (光绪)《亳州志》卷五《水利志·河工》。
③ (光绪)《亳州志》卷五《水利志·河工》。

各牧，令酌地势之高卑，就水道之曲直，以时疏浚，毋有怠惰。"① 故应以时修治，不能懈怠。

高晋在《修浚亳州河渠碑记》中记载，当时的亳州知州郑交泰提议，亳州干河固然重要，关乎民众利益，然而亳州支流的疏通对民众而言，利益会更大，故主张支流也应治理，"于是亳牧郑交泰议详略，言干河深通，民固大有利赖，然州境之支水如运粮河、赵王河、九里沟、乾溪沟、龙凤沟、梭沟，宜亦请放业食佣力之例，劝民以次开挑，似更有益。"② 高晋认为由于各沟河均关农田水利，于是便悉允所议，前后工期历经两个月，动用民工多达三十八万二千六百多人，可见此次亳州河道修治工程之浩大。

据亳州旧志记载可知，亳州水利兴修受到当时各级主政者的重视，且疏浚时间主要是在清乾隆年间，所需资金大多是官府下拨，地方主政者负责修治工程的实施。

高晋在《修浚亳州河渠碑记》中最后则言，自己经过周行勘验，"通干各支河皆已浚导深广"，故作者在碑文最后不无自豪地说："告是役也，不费帑金，不烦苛督，而各工毕举。去淤垫以作通渠，易沮洳以成沃壤。守土者因民兴利，不当如是耶?"③ 在作者看来，治水规程如果没有记载，则后来人就无所稽考，于是记之碑石，并将河道、沟渠、名目、丈尺等详细情况，一一登注，刻于碑阴，目的是"俾愈浚愈深，旱潦有备。而民受其利，且使亳水之源流瞭然如视诸掌，而后之牧斯土者亦得有所循仿而易于经理也。"④ 并且对亳州河道的疏浚，高晋给出了自己的建议，"更酌以岁修之期：干河一年一举，支河及沟渠三年一举。俾愈浚愈深，旱潦有备。"⑤ 如此一来，则民受其利，且使亳州河道之源流，瞭然如视诸掌，而后之州牧者，亦得有所循仿而易于经理也。

---

① （光绪）《亳州志》卷五《水利志·河工》。
② （光绪）《亳州志》卷五《水利志·河工》。
③ （光绪）《亳州志》卷五《水利志·河工》。
④ （光绪）《亳州志》卷五《水利志·河工》。
⑤ （光绪）《亳州志》卷五《水利志·河工》。

第三节　储粮备荒：以《建修义仓碑记》为中心

在中国古代社会，早在西周时期就开始建立储粮备荒的荒政制度，如《周礼·地官司徒·遗人》记载："遗人掌邦之委积，以待施惠；乡里之委积，以恤民之囏阨；……县都之委积，以待凶荒。"后期历代统治者为防止灾荒而导致的动乱，大都比较重视粮食储备工作，当自然灾害发生后，官府动用粮食储备，对灾民进行救济，这对于防止灾民流动，安定社会，具有重要的社会意义。明清时期，亳州地处灾害频发的皖北地区，储粮备荒显得尤为重要，笔者将以《建修义仓碑记》为中心，结合其他文献记载，粗略探讨历史时期亳州储粮备荒情况。

一、劝捐积谷，以备荒歉

我国自古就以农业立国，可谓是五千余年来，历代名君贤相，无不以富国裕民为施政要旨。历代大凡有雄才大略的统治者，大都注重贵民足食，注意农政，关心民瘼，因为他们知道粮仓充足，不仅关系到农民的生活，还关系到社会的稳定，尤其是在灾荒频发的年岁，粮食储存的多寡，直接影响到自身的统治，这也是历代统治者重视仓储制度建设的重要原因。例如："凡国用所资，私人所需，亦莫不仰给于农。盖农村社会之安定，系于农民经济之荣枯，农民经济之荣枯，又系于粮仓之盈虚，故欲免天灾人祸，旱潦凶荒，使民无离散之苦，沟壑之厄，则均输平准之利，常平仓储之制，应运兴矣。"[1]可知仓储制度兴起的缘由

亳州《建修义仓碑记》为光绪九年（1883）七月，试用训导亳州人邓如璧撰写，重点记述当时义仓的修建、管理等情况。邓如璧在《建修义仓碑记》中记载："考之州志，亳州义仓凡八处，皆散布于四乡……后之人即有志兴复，亦

---

[1] 于佑虞：《中国仓储制度考》，太原：山西人民出版社，2014年，第1页。

无旧章可循，诚憾事也。"① 其中所言的"义仓"，是古代地方汉族储粮备荒的一种社会习俗。始于隋代开皇年间，由国家组织、以赈灾自助为目的的民间储备，由于仓库多设在闾巷，社司负责管理，故又称"社仓"，为古代仓储中的一种形式。近代学者曾为"义仓"界定一个较为清晰的概念："义仓为民间自组之慈善机关，分富赈贫，共利合义，故曰义仓。其谷物依于富豪巨室之慨捐，或由民间自由之输纳，设遇水旱饥荒，即以此谷周济灾民。"② 据此概念可知，义仓为"慈善机关"，民间自发组织起来的，其目的是分富赈贫。至于义仓中谷物的来源，主要有两种途径：一种是当地的富豪巨室慷慨捐助，另一种是民间广大民众自愿缴纳，如遇到水旱饥荒之时，动用义仓之谷进行周济灾民。

关于义仓制度演进和名称的起源问题，据于佑虞考证，"义仓之建制稍逊于常平仓，历两汉，三国，晋，南北朝各代，虽代有水旱饥凶，开仓赈民之举，但义仓之名，实际于隋代。盖隋统一华夏后，至开皇三年，以京师仓廪犹虚，议为水旱之备……嗣于开皇五年五月工部尚书长孙平遂奏请设立义仓。"③ 义仓制度建设经历了一个较为漫长的演变过程，从两汉开始，至隋朝开皇年间，才得以确立。

隋朝开皇五年（585），长孙平在设立义仓奏请中，对于义仓制度的建立又是如何设想的？"但经国之理，须存定式，请令诸州百姓及军人劝课当社，共立义仓；收获之日，随其所得，劝课出粟及麦，于当社造仓窖储之，即委社司执账检校；每年收积，勿使损败，若时或不熟，当社有饥馑者，即以此谷赈给。"④ 长孙平认为古代粮食储备制度完善，即使遇到水旱灾年，而民众也无饥馑之忧，而这种粮食储备制度，对于国家治理而言，应存定式。从其奏议中可知，他所设想的义仓制度，由诸州百姓劝课共同设立，在收获季节，根据所收多寡，缴纳一定量的粮食，在当地造仓窖储，由地方长官进行执账管理，遇到饥馑之年，开义仓赈济饥民。

通过对古代义仓的缘起和制度的设立，进行历史性追溯，其目的是与清代亳

---

① （光绪）《亳州志》卷六《食货志·储积》。
② 于佑虞：《中国仓储制度考》，太原：山西人民出版社，2014 年，第 60 页。
③ 于佑虞：《中国仓储制度考》，太原：山西人民出版社，2014 年，第 60 页。
④ ［唐］魏征等：《隋书·食货志》，《历代食货志注释（第 1 册）》，北京：农业出版社，1984 年，第 220－221 页。

州义仓进行比较，从而探讨当时亳州义仓的历史演进情况。亳州义仓位于当时夏家巷，清光绪九年（1883），知州张树创建，设置仓房三十六间，能够储藏新谷五千石，节年可增至一万余石；光绪十七年（1891），又增添仓房五间，亳州义仓兴建时间较晚，在光绪九年（1883）之前的亳州义仓的兴建情况，由于史料记载阙如，具体情况难以稽考。根据邓如璧《建修义仓碑记》记载，仅能了解到在此之前，"亳州义仓凡八处，皆散布于四乡"，据此可知亳州义仓，早在光绪九年（1883）之前，就曾建有八处，皆分布于四方，这与（光绪）《亳州志》所载的亳州义仓建于"夏家巷"之不同，自半截楼街北由东而西横通神路巷者曰"夏家巷"，可见当时此义仓建在州城中东北隅，根据清代亳州州城的空间布局，城中东北隅为州治所在地，可谓是当时亳州政治中心。建"义仓"的本意是荒年赈济灾民，建于农村更便于积谷赈济，故"散布于四乡"或为符合设立义仓于"当社"的初衷，而建之于州治旁边，其建仓宗旨已发生较大的变化，这或许是当时时代之使然，抑或是当时社会环境所逼迫，从而导致亳州义仓建设位置的"百余年"来之变化。较为可惜的是，对于亳州义仓早期的建设情况，地方文献记载不详，以致湮没无考，即使仅百余年的建仓之事，询之当地父老，"竟无有知其地者"，以至于如斯善举，竟令废坠，又因文献不载，旧章难循。

　　光绪七年（1881），道台要求所属各州县设立义仓，劝捐积谷，以备荒年，并制定相应的规章，因此当时主政者，奉命行事，认真办理，"前知州沈公奉札办理，谕合四郊，选派公正、老练绅耆充当正副社长，以董其事。劝谕花户，按亩捐输。每地一亩，捐谷一升。准以亳州十筒三合市斗量收，各造具地亩花名清册，呈核存案。"[①] 据巡抚邓华熙《复奏皖省遵办积谷情形折》可知，清代皖北地区由于灾荒频发，仓中积谷赈济灾民，加之谷物涨价，未能及时购粮充实粮仓，故仓中粮食所剩不多，"近年凤、颍、泗等属连遇灾荒，所储稻谷、杂粮皆已于官赈外分别动放，平粜出借，余存甚属寥寥。正逢谷少价昂，未能即行筹补，其余亦或因粜因借，筹用未还，实存仓为数无几。"[②] 由于各地仓储积谷章程不同，参差不一，差异较大，为统一皖省各地积谷之法，故对旧有章程重加厘订，为探讨清代亳州义仓的建设情况，现结

---

　　① （光绪）《亳州志》卷六《食货志·储积》。
　　② ［清］冯煦：《皖政辑要》，合肥：黄山书社，2005年，第421页。

合奏折中的"积谷章程",进行对比分析。

据亳州《建修义仓碑记》中记载,"选派公正、老练绅耆充当正副社长,以董其事",可知亳州义仓的管理者为"老练绅耆"。据《复奏皖省遵办积谷情形折》中"选仓董"可知,捐谷皆由民力,管仓应协民心,"仓设何乡即由本乡绅耆就近公举殷实、公正之人报官,派充董事。由官酌定人数、年限,轮流接管。……凡遇限满交替,由接手董事核实验收,出具并无短少切结,由地方官加粘印结,详报查考。"① 并规定所选仓董,不准把持朋充,挪移弊混,对于捐户姓名、谷数,须登列官府下发的印册之中,每年限十月内捐集齐全,报送官府,等候委验,并由官方出榜告示,使地方民众周知。可见亳州义仓管理者的选择标准,是按照官府规定执行的,但与隋朝长孙平在奏议中所言不同,他主张"委社司执账检校",可见在义仓的管理方面,隋至清末发生了较大的变化。

该碑文中又记载了当时亳州义仓的捐谷标准"每地一亩,捐谷一升。准以亳州十筒三合市斗量收",而从《复奏皖省遵办积谷情形折》中"立捐法"可知,"俟届秋成,察看分等,大熟则每亩捐谷三升,中稔则每亩捐谷二升。由州县先期详定,出示通知,按数缴捐,不容短欠。倘有被水、受旱,保分田亩歉收,准于勘明后缓捐,以待来年照章捐纳。不论一二三年,总以定额满足而后停止。倘遇连年丰稔,愿再捐一二年者,亦听。"② 由此可知,两者在捐谷标准方面,略有差异,其中亳州义仓的捐谷标准为每亩地捐谷一升,无论年岁熟稔,均不改变;而后者则是按照庄稼的"熟稔"情况而定,在捐谷数量上面有所变化,所捐数额比亳州义仓规定的数额要多。此外,奏折中还对水旱灾害年份,田亩歉收情况下的捐谷,进行了相对灵活的制度安排,而亳州义仓捐谷则没有考虑田亩歉收情况。

据《复奏皖省遵办积谷情形折》记载可知,"诚以备荒善举与别项派捐不同:别项派捐大率输钱于官,为法令所宜禁止;备荒善举则仍藏谷于民,为舆情所共乐从。且田多者力皆有余,多捐而不为累;田少者力虽非裕,少捐而亦无难。"③ 捐谷备荒与其他派捐不同,前者"藏谷于民",民众乐于捐输;

---

① [清]冯煦:《皖政辑要》,合肥:黄山书社,2005年,第422页。

② [清]冯煦:《皖政辑要》,合肥:黄山书社,2005年,第421-422页。

③ [清]冯煦:《皖政辑要》,合肥:黄山书社,2005年,第421页。

而后者"输钱于官",民众多为所累,故为法令禁止。此外,以前设仓积谷,大多劝募富户捐纳,但往往遭到推诿迁延,在此情形下,改为按田均捐,认为如此则较为公平,富户土地较多,所捐数额也相应较多,而贫者土地少,所捐数额也少,因此无论贫富,按亩捐谷备荒,较合时宜。

二、有备无患,吾亳之民饥而不害

据邓如璧《建修义仓碑记》记载:"计地五千一百九十八顷七十亩,除褶席地晒晾折耗,净存谷四千八百三石二斗四升七合,分存各保。俟修仓后再行运送,归并存储。"[①] 当时亳州根据捐谷土地,按照"每地一亩,捐谷一升"的标准,除去晒晾折耗,最后净存谷四千八百余石,由于当时亳州义仓没有及时修建,只能暂时存于各保,待义仓修建完工后,再合并存储。

清末颍州府属州县积谷表

		谷 数	杂 粮	谷 价	仓 座
颍州府属	阜阳		15301 石 8 斗 9 升 1 合 4 勺	钱 17900 千文	义仓 社仓 积谷仓
	颍上	2366 石		银 55 两 9 钱 4 分 8 厘,钱 37 千 244 文	城仓
	霍邱	2477 石 4 斗 2 升 7 合			社仓
	亳州	9600 余石		钱 6300 余千文;市房价银 500 两,钱 1424 千文	义仓
	涡阳				
	太和		7323 石 2 斗 2 升 5 合 7 勺	银 180 两,钱 2240 千 978 文	社仓
	蒙城	248 石 7 斗 3 升 3 合 9 勺	3110 石 9 升 9 合 1 勺	钱 7591 千 935 文	永丰仓

注:资料源自《皖省州县积谷表》([清]冯煦主修;陈师礼总纂:《皖政辑要》)

---

① (光绪)《亳州志》卷六《食货志·储积》。

由上表可知，清朝末年，亳州义仓所积谷数为"9600 余石"，杂粮没有统计，仅就谷数而言，当时亳州义仓所积谷数，在颍州府属州县中，可谓是数量可观，说明当时亳州谷物产量，相对较为丰厚，由于当时阜阳谷数没有具体统计数字，难以与之比较；此外，与光绪年间，亳州义仓"净存谷四千八百三石二斗四升七合"相较，《皖政辑要》中所统计的数额，明显少得多，前者为当年存谷数额，而后者为多年存谷数额，两者之间的差异不难理解，从另一个方面说明，晚清时期亳州义仓中的谷数，相对稳定，没有入不敷出现象。其背后所折射出的问题，需要结合相关史料，才能进行进一步研究，比如晚清时期亳州义仓积谷数量结余，是由于谷物丰产，百姓捐谷踊跃所致，还是灾害减少，赈济数额减少所致，等等，这些问题值得深入分析。

据邓如璧《建修义仓碑记》记载可知，光绪九年（1883），当时亳州义仓建造事宜未竟，而知州历任，随后新知州张树到任，继续办理此事，"张公下车伊始，复奉道宪札饬续办，当即传谕城乡绅董随时酌办。适值麦秋大熟，是以改捐小麦，仍前每亩一升之数，四乡绅民踊跃乐输。"① 张树奉道宪之令，继续办理义仓事务，当时正是小麦大熟之际，故由捐谷改为捐麦，仍按"每亩一升"数额进行缴纳。该碑文对缴纳的数额也有所记载："所呈地亩清册，较前加多二千余顷，俱照市价从轻，每斗折钱一百十文，以示体恤。计地七千四百五十五顷二十一亩，该钱八千四百十一千一文。秋成后购买新谷五千石，共用钱四千一百四十千三百四文。"② 由此可知，知州张树在办理亳州义仓事务时，较前任增加地亩二千余顷，而且采取以麦折钱的做法，按亩收钱，共计"八千四百十一千一文"，秋收季节购买新谷五千石，而所用钱数仅"四千一百四十千三百四文"，这种以麦易谷的做法，使得亳州义仓"谷满钱足"。如按照《复奏皖省遵办积谷情形折》"悬禁令"中所规定："积谷专备救荒，捐办之时概不折收钱文，致失本意。实储在仓之谷，地方别项要需均不许擅自挪移，致有耗散。"③ 那么当时亳州义仓所采取的折收钱文的做法，显然与义仓所设的本意有所出入。

当时亳州义仓通过折收钱文，转购谷物，所剩资金较多，邓如璧在《建

---

① （光绪）《亳州志》卷六《食货志·储积》。

② （光绪）《亳州志》卷六《食货志·储积》。

③ ［清］冯煦：《皖政辑要》，合肥：黄山书社，2005 年，第 423 页。

修义仓碑记》中记载了，剩余资金的使用情况，除支付存储新谷费用外，还有在添置仓房、小谷物运送、修理工费等方面的支出，所费资金较大，并有余额可用生息，以作义仓日常开支，"又买东北角夏家巷翁姓住宅一所，前宽五丈九尺，后宽三丈，通长三十六丈五尺三寸，瓦草房三十六间，计价二千二百千文，修理工料、仓内板片、摺席运力、伙食花费，共用钱一千四百七十千六百九十七文，下余钱六百千，寄存大有布庄，一分生息，以作每年岁修，置买器具之费。"① 购买夏家巷居民住宅一处，作为义仓之用，如前文所述，当时夏家巷在亳州城中东北隅，临近州治，作为知州的张树，在为亳州义仓选址时，应该是作了较为充分的考量。

据邓华熙《复奏皖省遵办积谷情形折》"建仓座"可知，"各州县原设几处，先尽收储。如有不敷，量数增拓。其无仓之处，则宜各在四乡择形势高燥之区，酌远近适中之地，劝绅富、商贾有力之家从速捐集经费。官为之倡，务先建造告成。如届秋收仓未成就，则借民间公所或择宽大庙宇暂为收存。仍一面催办仓工，以资储积。"② 邓华熙认为各州县原有粮仓不够使用时，应增加仓库，如果没有建仓之地，宜在四乡选择"形势高燥之区"，同时应考虑远近适中之地，作为建仓之址。并且经官府倡导，劝募富商大贾捐资以作建仓经费，先行建造。如果秋收仓库未就，可借助民间公所、庙宇等建筑，作临时存粮之用。而亳州义仓则与邓华熙设想不同，张树则采取购买居民住宅，作为义仓之用，更为直接灵活。

此外，亳州《建修义仓碑记》中还记载："下余钱六百千，寄存大有布庄，一分生息，以作每年岁修，置买器具之费。"当时亳州义仓把所剩钱文，寄存布庄生息，以作岁修、置具之用。这在邓华熙《复奏皖省遵办积谷情形折》中是被禁止的，"或遇平粜变价，亦不得将钱存典生息，以致买补之际提用不能应时。并禁衙署吏役从中干预，以塞需索之门及地方劣董刁生夤缘管仓，以遏侵渔之弊。"③ 邓华熙要求不准将平粜变价之盈钱"存典生息"，但没有给出禁止的理由，笔者认为义仓之设，本为应对荒年赈济之策，实为慈善义举，如果通过平粜变价，而将盈钱存典生息，一方面背离义仓的慈善初衷；

---

① （光绪）《亳州志》卷六《食货志·储积》。
② ［清］冯煦：《皖政辑要》，合肥：黄山书社，2005 年，第 422 页。
③ ［清］冯煦：《皖政辑要》，合肥：黄山书社，2005 年，第 423 页。

另一方面也难免出现"私借挪移"之弊，恐出现仓吏腐败之事，反而影响义仓的推行。

该碑文还记载了当时的义仓管理情况："遂派吾辈十五人，分作四班，春夏秋冬四季轮流经管，并拨派户书一名，兼管出入账目及始末卷宗。另雇役夫一名，防守门户，查看仓廒，按月酌给工食。"① 关于亳州义仓的管理，可见春夏秋冬，一年四季，均有人员轮流负责，并且由专人负责"出入账目及始末卷宗"工作，因此项事务涉及义仓的亏短问题，地方官员十分重视。如《复奏皖省遵办积谷情形折》"勤稽察"一项云："各州县仓储、谷石分管之责在各董事，督察之责在地方官。每届年终由董分造管、收、除、在四柱清册送官汇造总册，出具并无亏短印结，分送督抚司道府州衙门以凭考核。各该州县每遇交接之时，由后任督董盘验一次，亦出具并无亏短印结，通禀备查。"② 当时地方官员虽然不直接负责义仓的日常经营管理，但是负有督察之责，应确保当地义仓的正常运行，以备灾荒赈济之用，如长期出现亏短问题，一旦遇到荒灾之岁，官府赈济无粮，百姓饿殍遍野，为地方社会安定造成极大的危害。故对地方官员的职责，往往也会作较为严格的规定："倘仓董不得其人，有挪亏侵蚀情弊，地方官或知情徇隐或漫无觉察并不报明查究，一经发觉，即行分别记过撤回。如地方官视为具文，办无成效，从严参处。"③

至于亳州义仓的赈济情况，碑文记载："事成详报，又提将前任所捐散处四乡之谷，谕令各保运送入城就仓。后余地絷造草屯，归并存储，以便稽查而免疏失，且凭道宪刊定条规，年岁非遇大歉，不许妄请赈济。"④ 当时亳州义仓建于城内，粮仓建成后，又把各地四乡所捐谷物，运于城内义仓，并明确规定非大歉之年，"不许妄请赈济"，那么什么情况下才能准许赈济？对于开仓赈济的标准，该碑文又言："倘数保、十数保，水旱偏灾，民情实形困苦，按从前各该保捐数，斟借十分之五。俟年岁转丰，仍即带收还仓，以符定额，地方官绅均不得以挪借为词，擅动升斗。"⑤ 由此可知，亳州义仓赈济

---

① （光绪）《亳州志》卷六《食货志·储积》。
② ［清］冯煦：《皖政辑要》，合肥：黄山书社，2005年，第422页。
③ ［清］冯煦：《皖政辑要》，合肥：黄山书社，2005年，第422页。
④ （光绪）《亳州志》卷六《食货志·储积》。
⑤ （光绪）《亳州志》卷六《食货志·储积》。

的标准是依据当时灾情的轻重、受灾的范围而定，如以"保"为单位，出现数至十"保"水旱灾害，且民众也出现生活困难情况，进行开仓赈济。至于赈济的数量多少，按从前各保捐谷数额的"十分之五"斟借，其这样做的目的或许是鼓励各地，如有多余谷物，理应加捐，一旦遇到灾荒年月，也能从义仓多借谷物，用于度过灾害。灾害过去后，丰收之年，应补充所借出谷物数额，并禁止地方官绅挪借为词，擅动升斗。据《复奏皖省遵办积谷情形折》中"慎出纳"所云："储谷在仓，原为便民起见，遇有歉收之岁及青黄不接之时，粮价高昂，穷民艰食，即行减价平粜，或存七粜三或粜四存六，均由该州县察酌情形，随时禀办，借以推陈易新，免致日久腐朽。所得粜价，一俟新谷登场，照数买补还仓，不得借词延缓。倘遇灾荒情重，则于平粜之外不妨悉数充账用救阻饥，俟年谷顺成再行捐积复额。"① 可见该奏折与亳州《建修义仓碑记》所载，在借出数额上存在差异，前者采取"存七粜三或粜四存六"，后者采取根据各保所捐谷数的"十分之五"进行斟借。

---

① ［清］冯煦：《皖政辑要》，合肥：黄山书社，2005年，第422页。

参考文献

[1] 李先芳：(嘉靖)《亳州志》，明嘉靖四十三年（1564）刻本。

[2] 刘泽溥，高搏九：(顺治)《亳州志》，清顺治十三年（1656）刻本。

[3] 华度，蔡必达：(乾隆五年)《亳州志》，清乾隆五年（1740）刻本。

[4] 郑交泰，王云万：(乾隆三十九)《亳州志》，清乾隆三十九年（1774）刻本。

[5] 任寿世：(道光)《亳州志》，清道光五年（1825）古谯官舍刻本。

[6] 钟泰，宗能徵：(光绪)《亳州志》，清光绪二十年（1894）活字本。

[7] 李贤等：《明一统志》，文渊阁《四库全书》本。

[8] 和珅等：(乾隆)《大清一统志》，文渊阁《四库全书》本。

[9] 陶澍等：《安徽通志》，清道光十年（1830）刻本。

[10] 沈葆桢等：(重修)《安徽通志》，清光绪四年（1878）刻本。

[11] 耿继志等：(康熙)《凤阳府志》，康熙二十三年（1684）刻本。

[12] 王敛福：(乾隆)《颍州府志》，乾隆十七年（1752）刻本。

[13] 李吉甫：《元和郡县图志》，北京：中华书局，1983 年。

[14] 王存：《元丰九域志》，北京：中华书局，1984 年。

[15] [北魏] 郦道元：《水经注疏》，南京：江苏古籍出版社，1989 年。

[16] 赵所生，薛正兴：《中国历代书院志》，南京：江苏教育出版社，1995 年。

[17] 乐史：《宋本太平寰宇记》，北京：中华书局，2000 年。

[18] 中国科学院北京天文台：《中国地方志联合目录》，北京：中华书局，1986 年。

[19] 陈光贻：《稀见地方志提要》，济南：齐鲁书社，1987 年。

[20]《中国地方志大辞典》编辑委员会：《中国地方志大辞典》，杭州：浙江人民出版社，1988 年。

[21] 朱士嘉：《美国国会图书馆藏中国方志目录》，北京：中华书局，1989 年。

[22] 金恩辉，胡述兆：《中国地方志总目提要》，台北：汉美图书有限公司，1996 年。

[23] 脱脱等：《宋史》，北京：中华书局，1977 年。

[24] 张廷玉等：《明史》，北京：中华书局，1974 年。

[25] 赵尔巽等：《清史稿》，北京：中华书局，1977 年。

[26] 李泰棻：《方志学》，上海：商务印书馆，1935 年。

[27] 傅振伦：《中国方志学通论》，北京：商务印书馆，1935 年。

[28] 黄苇等：《方志学》，上海：复旦大学出版社，1993 年。

[29] 仓修良：《方志学通论》，济南：齐鲁书社，1990 年。

[30] 安徽省地方志办公室、安徽省图书馆：《安徽方志综合目录》，合肥：安徽省地方志办公室，1983 年。

[31] 刘尚恒：《安徽方志考略》，长春：吉林省地方志编纂委员会、吉林省图书馆学会，1985 年。

[32] 戎毓明：《安徽人物大辞典》，北京：团结出版社，1992 年。

[33] 章家礼等：《安徽著名文物古迹》，合肥：黄山书社，1997 年。

[34] 蒋元卿：《皖人书录》，合肥：黄山书社，1989 年。

[35] 张超凡、徐发夫：《锦绣安徽·亳州卷·汤都风韵》，合肥：安徽教育出版社，1999 年。

[36] 汪东恒：《亳州四名》，合肥：安徽人民出版社，2005 年。

[37] 亳州地方志编纂委员会：《亳州市志》，合肥：黄山书社，1996 年。

[38] 任晓民：《亳州名城名胜》，香港：天马图书有限公司，2002 年。

[39] 邹逸麟：《中国历史地理概述》，上海：上海教育出版社，2007 年。

[40] 张步天：《历史地理学概论》，开封：河南大学出版社，1993 年。

[41] 邵骥顺：《中国旅游历史文化概论》，上海：上海三联书店，1998 年。

[42] 韩湘亭：《历代郡县地名考》，北京：北京图书馆出版社，2002 年。

[43] 陈代光：《中国历史地理》，广州：广东高等教育出版社，2004 年。

[44] 侯甬坚：《历史地理学探索》，北京：中国社会科学出版社，2004 年。

[45] 贾鸿雁：《中国历史文化名城通论》，南京：东南大学出版社，2007 年。

[46] 彭卿云：《中国历史文化名城词典（续编）》，上海：上海辞书出版社，1997 年。

[47] 江燕等：《新纂云南通志（八）》，昆明：云南人民出版社，2007 年。

[48] 孙冯翼：《皇览》，北京：中华书局，1985 年。

[49] 张舜徽：《中国文献学》，上海：上海古籍出版社，2005 年。

[50] 洪湛侯：《中国文献学要籍解题》，杭州：杭州大学出版社，1997 年。

[51] 福州市地方志编纂委员会：《福州人名志》，福州：海潮摄影艺术出版社，2007 年。

[52] 市政协文史资料研究委员会市文联乡贤研究会：《余姚文史资料（第3 辑）》，内部资料。

[53] 潘建荣：《商汤伊尹文化概览》，北京：中国文史出版社，2011 年。

[54] 郭预衡，郭英德：《唐宋八大家散文总集·卷3 欧阳修二》（新版校评、修订本），石家庄：河北人民出版社，2013 年。

[55] 蒋维乔：《中国佛教史》，武汉：武汉大学出版社，2012 年。

[56] 张齐政：《南岳寺庙建筑与寺庙文化》，广州：花城出版社，1999 年。

[57] 马子木：《清代大学士传稿（1636—1795）》，济南：山东教育出版社，2013 年。

[58] 《安徽文化史》编纂工作委员会：《安徽文化史》，南京：南京大学出版社，2000 年。

[59] 朱世英，高兴：《古人笔下的安徽胜迹》，合肥：安徽人民出版社，1982 年。

[60] 李鹏，张嘉：《安徽历代名人》，合肥：黄山书社，1986 年。

［61］张驭寰：《中国城池史》，天津：百花文艺出版社，2003年。

［62］胡兆量，阿尔斯郎，琼达等：《中国文化地理概述》，北京：北京大学出版社，2001年。

［63］冯天瑜等：《中国文化史》，上海：上海人民出版社，1990年。

［64］蒋宝德，李鑫生：《中国地域文化》，济南：山东美术出版社，1997年。

［65］谭其骧：《中国历史地图集》，北京：中国地图出版社，1982年。

［66］杜泽逊：《文献学概要》，北京：中华5局，2001年。

［67］毛远明：《碑刻文献学通论》，北京：中华书局，2009年。

［68］裘锡圭：《中国出土文献十讲》，上海：复旦大学出版社，2004年。

［69］施蛰存：《金石丛话》，北京：中华书局，1991年。

［70］金其祯：《中国碑文化》，重庆：重庆出版社，2002年。

［71］赵超：《中国古代石刻概论》，北京：文物出版社，1997年。

［72］徐自强：《古代石刻通论》，北京：紫禁城出版社，2003年。

［73］赵超：《古代墓志通论》，北京：紫禁城出版社，2003年。

附 录
相关亳州碑刻选辑

亳州汤陵碑记
（明 李丕显）

圣人之德，帝王之治，生而人歌诵之，没而人追祀之，以有道存焉。而历世既远，浸微浸灭，跲而复振者，吾圣道扶持之功用也。

亳自墉东迤，距不数里，厥地曰凤头村。内有丛冢盘积，旁附古刹，世传为汤陵遗址。顾其祀典，举废不一，莫之详焉。凡观人风者至是亦漫无所考焉。

嘉靖甲辰，余承乏奉命来莅兹土。既至，则欲按彼古汤正域旧区，虽世代凋谢，幅员无稽，但抚若川原盘郁，察尔人心土俗，不大异古。虽犷狧之民，或弊吾良，于是为之喟然兴嗟。又想见当时誓诰，所纪肇修，建中之政，制心制事之训，真足以垂法后人。直欲吊彼古汤君臣于千百世之上，如将陶陶然入于其地也。于是访之而得所谓汤陵焉。

夫距古既邈，遗感犹存。顾斯陵之修举，关政理之得失。是庸可以弗葺乎哉？惟时州守臣王子家相、副守傅子荣等，罔不乐事，协恭以赞，厥成矣。

祠完而堂房有翼，经纬有章。岁时嗣祀，笾豆既陈，黍稷惟馨，庸畀千祀。盖帝王之治，虽易代既远，而圣人之德，罔不焕然光也，是乌可以无传以垂永久哉？

余谨按之《商书》云：王归克夏，自亳。则克夏之年为汤之元年，汤即正命自亳也。及伊尹复政于太甲，则复归于亳。越数世，而祖乙都耿。至盘庚，复迁于殷。盖商室世圮于河水之患，屡徙不一，虽民之安土重迁者，亦不得不从之。故其陵寝布散蔓落，易世之后，不知所自云。

吁歔！天地之气数，日月有薄蚀，陵谷有湮沉，世道有升降，而斯陵无恙！君子曰：于是可以观人纪尔。

嘉靖二十三年岁次乙巳四月，赐进士第文林郎巡按直隶监察御史李丕显撰文，赐进士第凤阳府知府前户科给事中葛廷章书篆。

汤陵碑记

（明　孙　陞）

陵在城北二里河北凤头村，见《郡县表》。嘉靖二十三年，同知傅棨封建。三十七年，御史张九功命知州张骢立庙堂，门廊树之松柏。

按《史记》：成汤自契至汤八迁，始居亳。《书》有三亳：西亳在偃师，皇甫谧辨其非汤所都，明矣；南亳在谷熟，汤自商邱来始都之。《书序》曰所谓从先王居，作《帝诰》是也；北亳在蒙，一曰景亳，山名，汤所盟处，《春秋》"商汤有景亳之命"是也。考其地理，皆不出今州境百里之外。而《皇览》亦曰："亳城北三里有成汤冢。"云是亳者，成汤首政之地，斯民所当报祀于世世者也。乃前此未闻有祀汤者，何哉？嘉靖戊午秋，监察御史张君九功行部至亳，询其故，怃然以为缺典。乃命知州张骢、同知诸暐建庙于陵之阳，祀焉。庙成，走书抵余，以碑文请。

或曰：亳之祀汤，礼与钦？曰：《祭法》曰，先王之制祭祀也，法施于民则祀。又曰：汤以宽治民而除其虐，此实有功烈于民者也。汤而不祀，祀典废矣。矧亳为汤首政之地，而体魄之所藏乎？商俗最重祀，汤作《帝诰》，孔安国谓：作诰告先王，言已来居亳。而盘庚之迁西亳，亦曰：兹予大享于先王。则牺牲粢盛，非亳之所常有事乎？亳安得而不祀汤也？按《风俗通》：汤者，攘也，昌也。《春秋元命苞》汤乐曰：大濩濩者，救也。

夫汤之功烈赫赫，在天下非独亳人之所当祀，而亳人生于百世之后，乃能聿先奏假，为天下观德之倡，谓非礼之善物哉？肸蠁之余，昔所云作福作灾者，今始有所定。而亳之民降福穰穰矣。《诗》云：勿予祸适，稼穑匪懈。此之谓也。

若夫国之大祀，所以为万世帝王功德之报者，则自有太常之典章，在曷用及哉？是役也，崇德善俗，教民以礼。监察君可谓得观风之体要。而州牧奉扬善意，以存国故，使历世阙典轶然修举，其能亦足书也。作《成汤陵庙碑》，因以诗系之，曰：

有娀立子曰先王，居于祇台迁于商。

十有四世天生汤，道古圣贤基必张。

骊宫神告天降祥，金符帝箓殊辉煌。

百辟来享商是常，圣敬日跻官赏明。

一德咸有惟阿衡，道我嘉师四海清。

仲虺作诰宽仁行，桐宫桑林帝之乡。

景山九九松柏长，大河东去何汤汤。

猗那久废谁云将，国故常举委道旁。

遗塚七尺城北方，东都御史按水荒。

曾行拜墓亳之阳，持斧于今更有光。

新庙奕奕云天翔，卜日得吉展元堂。

金玉俎豆罗膻芗，管声瞎瞎钟鼓喤。

我民世世来盛筐，谧我皇运万亿昌。

明礼部尚书孙陞撰。

重修汤陵碑记

（清　唐翰弼）

　　稽禹穴在会稽，辨者援史迁"上会稽，探禹穴"，谓当是蜀而非越。嗟夫，后世去古既远，以为相传者不可更仆数矣。史载成汤年百岁葬济阴，今曹邑。《一统志》《皇舆考》诸书皆属曹。独《郡县表》《亳志》属亳，孙宗伯《记》中陵辨详甚。汉司农朱邑诫子曰：吾故桐乡吏，葬我桐乡，桐乡民且世世奉我。盖其功德及人，人思慕无已也。成汤曰：契至汤八迁，始居亳，从先王居。既克夏，迁亳，亳又为畿甸，先王顾谛明命，抚绥万邦，民服厥命，罔有不悦。功德及天下，后世无已；天下后世，思慕亦无已。乌在其曹与亳也？而亳为畿甸，首政顾不桐乡若乎？

　　陵距城二里，曰涡阳凤头村。前明嘉靖二十三年，州守王家相佐傅棨封建之，《记》属直指李公丕显。越嘉靖三十七年，直指张公九功复命州守张獬立堂庙，树松柏，俨然神栖焉。记属孙公陞，即辨曹亳详甚者。

　　迨兹百三十余祀，即禋祀毋阙略，然历经兵燹，风雨剥蚀，垣堮颓圮，守者因旁阁奉西方圣，即以僧主之力，勿能经营。翰弼守亳二年，所数谒跼蹐若有失者。值岁不稔，公帑匮不可。上请良有司，俸既捐矣。庚申秋，民衣食稍稍给。乃晋诸缙绅曰：犹是子姓之遗风也，而令陵寝若是，谓亳何？不佞纵不能道民出之仁义，上法先王其不肃观瞻，听废隳，谓守何守？敬布告群襄厥事，不则墟旦夕矣。诸荐绅曰：善。又召博士、弟子、三老而告之，博士、弟子、三老亦无不曰善，爰是鸠工庀材。庚申七月二十又五日始，卒事于明年四月二十又五日。旧唯餙殿，兹则创三楹为门，门距数十武。又创三列，及殿，及陵，所以崇观也。旧垣庳且薄，土恶善溃。兹则高寻有一尺，厚半之。周遭堵一百九十三焉。若木若竹若礜若甊，而砌而鉥而丹垩。以及匠作之费，统计白镪五百又五两。陵地故饶，历年久，强者侵削，偍十之七，今度其广袤，垣内地二十五亩有奇。神道通北，广十一武。南减其一，河上

125

成梁，通往来。垣外地五亩有奇，给僧守者葬。是役也，董事劬而最多者为荐绅李君天秩，例得书，书余资于碑阴，示劝也。

康熙二十年岁在辛酉十月，奉直大夫知亳州事关内唐翰弼撰，山阴周云魁篆额，上虞尹鋘书丹。

重修汤陵碑记

（清　郑交泰）

　　余治亳之三年，民事稍暇，则访境内古迹、坛庙，以次修葺。城东北旧有成汤之陵，循例展谒。埏道松门，不无芜废。载瞻祠宇，谋及更新。州人李君学书慨然出任其役，曰："学书父义曾于前牧王公鸣缮修时，独任经理。届今十年，再葺之费，学书何敢辞？"余嘉其笃敬前王而克承先志也，于其成而谨记之。

　　考亳有汤陵，载于《皇览》，因三亳异地，今太常祀典定于西亳。然后儒之考据者亦仅于古简中按地名而已，名有定而地无定，陵谷迁移，城郭变易，水火兵戎之后，荡析离居，有迥非其故址者。墨守之家，执故名以按今地；纵极精核，未见其百无一失也。况三亳总在一隅，其境平旷，无崇山峻岭可为表识。此陵独巍然于首政之地，亳之人以为古我前王即真古，何地不致其爱护哉？

　　今时俗好胜，借重古人，故老哄传，徒经聚讼，虽儒臣艺士之遗蜕，往往争其坏土，重若天球。况上绍心传，下垂治统如成汤，敢不崇祀弗替乎？所望者：亳之人知以汤陵重，应知善体汤之训，《书》曰：以义制事，以礼制心。又曰：无从匪彝，无即慆淫。苟能奉懋昭之遗，以承天子建中之化，风俗淳美，即从此为敬前王之心。始子舆子有言：其故家遗俗，流风善政，犹有存者。余愧未能上循宽仁之治，犹愿与善承家如李君者，修葺芜废，风示将来，以翼留流俗遗风于万一耳。

　　乾隆三十六年岁次辛卯八月，奉直大夫亳州知州香山郑交泰恭纪，训导宝山施灏篆额，知巴东县事郡人梁蠵书丹。

薛考功墓铭

（明　唐顺之）

西原先生悯学者，漓于多岐，作《约言》。学者执言诠，以求见圣人之心，而不能自见其心也，作《五经杂说》。方士穿凿乎性命之外，而不知养性之为养生也。世儒泥于有无之内，而不知无为之为有为也，作《老子解》。

先生之学，无所不窥，不名一家。中岁始好养生家言，自是绝去文字，收敛耳目，澄虑默照，如是者若干年，而卒未之有得也。久之，乃悟曰：此生死障耳，不足以学。然因是读老子及瞿昙氏书，得其虚静清元之说，不逆于心。已而证之六经及濂洛诸书，至于《中庸》"喜怒哀乐未发之谓中"，曰：是矣，故其学一以复性为鹄，以慎独为括，以喜怒哀乐未发为奥，以能知未发而至之为窍。自是收敛耳目，澄虑默照，如是者又若干年。而后信乎其心，其自信之确也，而后著之于书。

呜呼，心学之亡久矣！有一人焉，倡为本心之说，众且哗然，而佛老诋之矣。学者避佛老之形而畏其景，虽精微之论出于古圣贤者，且惑而不敢信矣。先生直援世儒之所最诋者，以自信而不惑，其特立者欤？

先生少尝刻镂于诗，世绝喜其工。今所传《西原集》者，其少作也。既有志于道，则弃不复为。虽为之，亦绝不复较工与否。然而《西原集》世争效慕之，而《约言》《老子解》，好者鲜矣。

先生以正德甲戌举进士，授刑部贵州司主事。病免，起为福建司主事。以才调吏部验封主事。嘉靖初，先生在吏部历考功郎中，而罢后，十八年辛丑正月九日，以病卒于家，年五十有三。其罢也，坐论大礼。先生自为刑部，时值武庙南巡，抗疏谏，祸叵测，先生晏然。后大礼之议起，乃撰《为人后解》《为人后辩》，奏入，下狱。已而复其官，然已为权贵人所不释矣。已而有给事中陈洸构先生罪，先生上书讼，坐是罢。后所构事解，吏部数移文促先生赴官。时权贵人且张甚，曰："是可褰裳而蹈渊也哉？"竟屡荐不复起。

先生貌癯气清，与之接，不待叩其学而知其埃阓墙之外。其行己素洁峻，表里皦然，一无所缁，好恶无所假借。其才虽高，然坦易洞朗，破去崖岸。豪杰皆慕与之交，其庸众亦无所嫉者。独以一二权贵人故，至一斥遂不用。先生方且艺圃灌花，澹如也，而当世咸共惜之。先生居乡，绝不肯为人干请。至戚里有病，亲为之检方制药。尝脱绵袄施冻者，或曰："焉得人人而济之？"先生曰："吾不愧此心耳！"先生始号西原居士，后扁其斋曰："大宁斋"，更号"大宁斋居士"，而世犹称西原先生云。

薛氏故隶偃师，国初以戍武平，遂为亳人。祖琇，父镒封吏部主事，自封主事君。而上皆不显，然世推长者。妣杨安人，生三子，先生其仲，与其季萱皆无子，而伯兄兰有一子曰存。先生与兄兰友爱甚笃。其没也，兰为之主其丧，将葬于亳城南先茔之次。请铭于余，乃窃取先生致虚极，守静笃，未发之中，而为之。铭曰：

在昔老聃，握元化。枢人皆竞巧，已多若愚。吾师叹焉，其犹龙乎！梦于未学，枝叶日繁，岂不菀然？而拨其根，维聃之生。实自谯亳，寂寥至今。西原有作，闭户独窥。微言五千，参诸孔庭，获我同然。孔曰未发，聃曰静虚。立教有主，其究岂殊？自是返躬，精思力践。默然一悟，随天游衍。亳之南墟，有郁其坟。呜呼西原，其尚有存！

明唐顺之撰文。

薛考功墓碑

（明　文徵明）

嘉靖二十年辛丑正月丙申，吏部考功郎中西原先生薛君以疾卒于亳之里第。是岁十月庚午，葬城南一里祖茔之次。其友苏州知府王廷伐石表其墓，长洲文徵明书其石，曰：

呜呼，先生天下士也！今而已矣。有如斯人，可复得耶？始宏治、正德间，何大复、李空同文章望天下，摘词发藻，駮輠汉晋，一时朝野之士翕然尚之。先生虽稍后出，而声华望实，略相曹耦。又皆感慨激昂，有志事功天下之士所为，望之非直文词而已。其后二公以提学副使，先后死。

先生仕嘉靖初，为吏部属，浸显矣。而刚肠嫉恶，与时抵捂，竟为小人所乘，迄今废死。是其经世之学，卓越之才，与凡有为之志，皆不得少见于世，而今已矣。呜呼！予所为致慨于此，岂独为一时一郡惜之？固为天下惜之也！

先生讳蕙，字君采，号西原，晚称大宁居士。其先河南偃师，祖国初以赤籍历武平卫，遂为亳人。高祖彬，曾祖森，祖琇。世有隐德，父锱封吏部主事，母杨氏封安人。

先生举正德甲戌进士，初授刑部贵州司主事，病免。起，告改福建司，寻改吏部验封司，进员外郎，再进考功司郎中。卒年五十有三。

先生生而灵异，七岁能属文。稍长，出语已惊其里中长老。十五补郡学生，试应天不利，归。益肆力于学，质义扬搉，隽味道腴。经义之外，尤攻古文词。亳故偏鄙，学者无所承籍。先生崛起齐民，能自得师，不阶梯级，径造作者之域。

今大中丞仪封王公判亳，得其文，奇之，曰："是固何、李之流也！"丞延誉之，提衡引重，俾益有闻。故先生未仕而其名已隐然动京师。

及举进士，雅游诸公间，益精进不懈。初官法比，文法章程，披抉丛脞，而先生不忘问学。群经史籍，读之几遍，被服枕藉。后遂以浃洽见诸论撰，精深典则，不为长语。为诗温雅丽密，有王孟之风。乐府歌词追躅汉魏。然先生不以为能，直欲见之行事。其治狱精审，不为觥觫，而析律详明，所当必允。尝莅本科，凡诸司奏谳，悉从详定，传爱论报，既靡罅漏，而又缘饰以文，条列灿然，一时法家咸推之以为能。在吏部尤事甄别，公清介洁，铨叙为审故事，曹务惟长官关决，贰佐漫不得省。属时曹长皆先生相知，事必集议。先生审书绪正，每公言之，在考功未久，而展采措事，已卓有端绪。

性疆执，遇事直前，无所观望。武宗南狩，先生抗疏谏止，同时谏者或标表示直，或解嫚恐诛。而先生不讦不随，直伸其志。虽圣怒叵测，而履坦俟命，不为回折。

今上议追王之礼，廷臣论奏纷然。上意初无固必，而主议之臣执之甚坚，故诸臣往往得罪去。先生曰：是不可空言夺也。乃著《为人后解》，大要谓大宗不可继绝，而义变则适子可以为后。又著《为人后辩》，谓继统故继嗣，而继嗣所以继统。且礼无生而贵者，虽天子诸侯之子，苟不受于君父，亦不敢自成尊也。其言出入经传，援据精核，而词旨颇激，人为之惧，而上不为甚忤。

甫下狱，寻即贳赦，而主议者衔之。会陈洸者以给事中补外中道，上书议礼，得复召见言事。因附当路，尽击异议者，去之。先生时已被原，无可刺者，遂起颜木之狱，而先生去国矣。先是颜守亳，有武臣悖谩阴贼，为暴于境内。纵横圉夺，渐不可制。颜尽发其奸私，深探其狱而置之法，至是称冤。下有司推劾，洸以先生亳人，颜其同年进士，于中疑有奸利，有诏勒停听理，已而事白，而先生乃无所坐，例得牵复。然先生荐罹跋疐，视畏途如棘，缩敛自爱，不复有当世之志。台臣论荐，岁无虚剡。四方之士俟其用，而先生不可起矣。

先生恬静寡欲，举天下之物，莫有动其中者。所与游，非道义不亲；纷华声利之言，一不出口。平生未尝以私干人，人亦无敢干以私者。晚岁自谓有得于老聃元默之旨，因注《老子》以自见。词约理明，多前人所未发。又喜观释氏诸书，谓能一死生，外形骸，将掇其腴，以求会于吾儒性命之理。盖亦闲居无事，用寄其渊微深寂之趣耳。或以为有所没溺而实非也。

所居之西隙地数弓，即所谓西原者，故有水竹之胜，至是益加树艺，室庐靓深，松竹秀列，陂鱼养花，曰"游衍其中"。著书乐道，悠然自适，遂以是终其身。所著有《约言》《老子集解》《五经杂录》《大宁斋日录》《西原集》，总若干卷。

先生事亲孝，居丧易而能戚。与兄兰虽异出，而事之极恭，家事巨细悉主于兰。同居五十年，友爱无间。先生娶赵氏，无子。兰实主其丧云。铭曰：

> 维薛之先，偃师其奕。
>
> 别籍于谯，世载厥德。
>
> 显允考功，展世斯宏。
>
> 裁言翼之，华其英英。
>
> 孰不有言，我掇其隽。
>
> 内藻玉融，亦贞其践。
>
> 践德以升，列于周行。
>
> 爰饬厥躬，弗衍用臧。
>
> 司刑则明，官人维叙。
>
> 以比以備，以莫不举。
>
> 显允考功，直躬弗折。
>
> 亶摅厥诚，罔私以讦。
>
> 天崇地卑，礼攸有定。
>
> 匪无经权，我惟其正。
>
> 謇謇揭揭，孰谀以阿。
>
> 岂天则高，壬人孔多。
>
> 彼壬则多，我攸有适。
>
> 向晦而明，乃晏以息。
>
> 言考于槃，履贞用恒。
>
> 著书满家，身否道亨。
>
> 系亳之南，有原惟垲。
>
> 我铭君藏，以俟千载。

前翰林院待诏将仕佐郎兼修国史长洲文徵明著并书。

明处士明洞配节妇芮孺人合葬墓志铭

（明　王寰洽）

嗟夫，此明节妇芮孺人合葬明处士墓也。

按：状公讳洞，字哲夫。始祖讳远者，胜国时由苑马判改文阶，得百户予世。国初徙镇亳。远生达，达子三：绥、纪、缓。缓生昆及父昶，娶于甘，生公。公少秀颖，书能备诸体。二十年而节妇归焉。天性故勤惠，闺以内蒸蒸闛闛。亡何，而公告变。二女离襁，子才两月娠，孺人拊膺与公诀曰："若生男，吾不令若斩然抱恨。生女，且从汝地下，汝须我。"因抱首痛哭。是夕公没，实戊午三月也。孺人几绝者屡，强为公貌曰："异日腹中藐孤得一当生面。"九月，果举子。

孺人大痛曰："天乎！乃不令吾夫一提携死也。"日夜抱孤朝遗像。稍长，亲为授书。芮故世伐，母少慧，识字，知大义云。家析产，以其孤也而渔之。已又姑嬉殁，业益落，益贫。孺人躬绩纺，轧轧至丙夜。手为龟，荧荧灯火，一未亡人与藐孤影相吊也。饮泣茹茶，不窜自口。得一甘必献公，而后分诸孤。盖五十年如一日焉。

抚弱孤绝，怜若长安君。有不惠，即谯让，不少贷，辄流涕曰："若不树而老，寡母何以见而父？"以故，孤能自刻励，补郡诸生。孺人为洒泣公遗像前，曰："若亦知两月腹中者备青衿，称人子乎？"已复敛泪曰："吾有以藉手地下矣。"郡长史上其事，当道为置楔旌焉。

孺人素健，无恙。偶患反胃，诸生吁天求代，竟不起。当属纩时，诸生泣呼曰："孤在，母将无惧乎？"孺人张目曰："吾以死许而父，称未亡人四十六年，乃复惧耶？儿误矣！"

嗟乎，此岂妇女所能道哉！程婴死于十五年之后，于今为烈。彼固国士，孺人粉笋之秀，永诀片语，五十年如合券。乍萌之芽，郁为葱菁。九京握手，两无所恨。金石可销，此志不渝矣。即属纩数语定先慧者也。嗟乎，烈哉！可以风矣！

公生于嘉靖八年正月初五日，卒于嘉靖三十七年三月十一日，得年二十九岁。孺人生于嘉靖七年五月十六日，卒于万历三十一年五月十二日，年七十五岁。女二：一适芮国，一适芮阶，皆先孺人卒。诸生名朝望，娶于芮，孙男三：德明、德盛、德新。将以三十一年十一月初八日合葬于亳之西，祖茔之次。而诸生来请铭，铭曰：

> 未亡者亡，常存者存。
> 翠柏犹凋，白日不昏。
> 万年斯安，绳绳子孙。

祭义烈于氏节妇文

（明　王寰洽）

　　噫嗟伤哉，天乎！古今载籍之林，谭节义事，大都有两，含毒、裹刃。捐眶绝号，大棺同穴，唯恐后之。一何慷慨！赋诗坠崖，还尸字成青陵；自投车轮，速尽一何从容。未有一夕中以从容为慷慨，成千古之义，如烈妇者也。

　　方宜之君以书生谬为守藏吏，奸胥大猾，利其屑，吓以干没，贷金钱无算。一旦刺史按籍，亡数百金，被重法。入而环顾，立壁洗橐，出一语，向索诤诟立至，急之则死豪，缓之则死法，徘徊转侧，计画无复。而烈妇楚楚儒家子，虑不能一鸣肺石，又不能共豪猾戴天，亦计画无复，决计投缳同归自矢。此际即吴儿木肠，百端交集。乃宜之君方作书辞故人，而烈妇粉墨约素，供食对案，无异平昔。焚楮辞先灵神祇，然后引首就经，若旅人束装负担。且当此时，宜之引决，烈妇一刻后继。即此一刻后，遂成其夫九幽之感。而烈妇不先不后，使宜之目未暝而念死，形未冷而心灰，数刻之人即慷慨，即从容。倏然去来之际，超然爱欲之波，可以动天地，可以泣鬼神，可以烈壮士之肠，可以堕英雄之泪。故上虞死孝而烈妇死义；桂娘死忠而烈妇死义；韩市死侠而烈妇死义；楼中自经驿舍痛绝死情，而烈妇死义；歌儿断头、冯妻坠台死势，而烈妇死义；东海致旱张女雨雪死冤，而烈妇死夫之冤，以成其死义。

　　盖烈妇视其夫非有二竖之婴，金革之变；非有祝融、阳侯之祸，徒以负心逼迫，计惟一死，以谢里猾。此时旁观指发裂眦，而烈妇以三十年依倚之天，挽留无术。图回方寸，不可不死，不能不死，惟有一死谢君以全义。义在天地不朽，而烈妇声施亦不朽；义在人心不磨，而烈妇之精灵亦不磨。乃知此曹罗刹，凶狡不过，成烈妇义耳！烈妇与宜之当长笑九泉，俟神理一为洗雪。然后连枝比翼，了未尽之缘。而明使君方且式庐，方且明里义。夫韵士歌咏表章义烈之诵，万斯年与令女无疆。复何恨哉？复何恨哉！

　　某等生同里闬，非有骨肉之素，葭莩之谊，激于衷，涕不自已。相与采江芷与山薇而荐之，烈妇其连翩从云中来顾也。

苏灏墓铭

（清 陶 栻）

　　亳自定鼎以来，沐浴圣化，俗朴风醇。然而按壤豫省，五方杂居，良莠不齐，号称难治。莅斯土者，才能吏治固不乏人。而无忝厥职，保终善后，恩泽之流，久而弥渥，则必以我公为最。他人治之以严，公以宽济之。他人尚繁苛，公以简持之。若曹参用黄老而嗣，萧何、欧阳永叔以平易而继，包孝肃公、蜀蒋琬以宁谧宽大而绍。诸葛武侯虽各用其所长，而实本乎其时与地之不得不变者，故民皆便之。孔子曰：政宽则民慢，慢则纠之以猛；猛则民残，残则施之以宽。宽猛相济，政是以和。

　　然则公之治亳，其亦审乎时与地之不得不变，而务知其政者乎！夫民既知畏法，而犹用法不已，以绳之，则民不知所惩，而法亦必敝。私恩小惠，察察以为明。虽其动民甚速，而为效也浅。唯至仁大德，作民之福，而不急使之知。故公之为政也，仁厚居心，而清白之操始终如一。是以催科之中寓抚字，谳狱之内多平反，沴气不行，丰年屡兆。以与我亳人士共仰圣天子太平之休风而安于无事者，盖十八年于兹矣。夫人情相与之久，犹不忍以一日离，况公十八年之德教入民之深而中民之隐，亳人士之爱戴为何如者，而能一日离乎哉！

　　乙巳秋，公忽捐馆，亳人哭之如赤子之失其慈母。公子将引公柩归故里，而我亳人不能舍公于殁后，犹夫不能舍公于生前也。共卜地亳西两河口，留公柩葬焉。岁时莫献，事公如生。

　　昔汉司农有德于民，民留葬其地。古之人，生则治其民，没则享其祀。或图其遗像，或葬其衣冠。史册载之，传为美谈。而谓我亳人之于公，独能已于情乎哉！

　　公讳灏，字致远，北平顺天府宛平人。康熙四十六年八月履亳任，雍正三年八月卒于署，寿六十有三。其人操守固而不可贿以私，慈祥以施惠于亳民，众私谥曰"端惠"。为诗歌以祀公曰：

穆穆苏公，来抚是邦。

天灾流行，降此鞠凶。

兴废首政，赈我饥氓。

锡我寿考，肇兹岁丰。

穆穆苏公，虔其尔职。

直哉惟清，封靡是戬。

造舟成梁，遍为民德。

惠于汤都，无思不服。

肃肃辟雍，我公庋止。

轮焕聿新，祀事孔有。

济济多士，王国之桢。

矢其文德，我公作人。

驾言桑田，烝我农民。

率时南亩，东作如云。

击鼓吹豳，灵雨其零。

我公莅止，自古有年。

布政优优，柔嘉维则。

天子有命，表是一邑。

惠我无疆，举莫既之。

公宾于天，谁其嗣之？

彼墓之道，奄有茂草。

我怀苏公，恝焉如搞。

维稷维馨，牺牲是陈。

永言思之，公德在人。

康熙庚子科举人吴江县教谕州人陶栻撰。

王仁子墓表

（明 张 鼎）

淮以西，河以南，丽于龙兴之都而为州者曰亳，古汤王氏之所居也。其俗好风雅而多文人，其民淳庞而修君子长者之行，其杰然最著曰明经仁子王君，君十五而补诸生，以高才异等廪于庠，九试不第，而以恩选贡于廷。既选入，天官氏为之目曰：士也，儒且德，而娴于政，百里器也，格宜令属。需次补一邑，既归，而晚且倦于仕。遂咏歌读书，施行其德。以老故，亳人皆曰君文人，又曰君仁人。

君之文章不大显于时，而所著有《懒园集》上下卷。其志气偏傥，不获试于用。而感时类物，托事比兴，见于登览、吟咏诸篇。其德泽不究于人，仁心未溥于济，而能任侠好义，不私其财。急宗党邻里之困，而不求其报。其事亲孝，与人交信。醇心一意，皎如日月。屋漏不欺，盖真读书能见诸躬行者。令徽半通之轮，备剽劁割之列。如决河而润千里，纵大壑而凌风波。虽古循吏以文章饰吏治者，当不是过。而名不出于闾党，行不越于庭除。君子惜之。

按状：君节似鲁男子，温克镇默类万石君，趋难急病如原尝陈孟公，尝幕夜却主人妇之叩门，深秘不对詹学师之咨访。粥饥民，掩暴骸，广施药石，以起疫疬之瘵。其怀仁负义，纯白不滓，而不伸其用，可叹也。

士也，藻绘诗书，鼓吹文史，习一家言以自鸣，犹曰：如枯竹空言，无益利济。若乃敦崇行谊，使乡人慕义无穷。食德者歌天和，感恩者诵不朽。古人彪炳其文，金玉其德，即生前之口碑，岂不为千秋之永誉？昔人云：颜子不著一书，不病其缺于文章；不仕一官，不病其缺于事业。其修之者素而实大声鸿，有以也。君世系生葬年月具志状中，故不备载。以其文学德行不愧故圣贤之遗风，故采其大者表之隧道，使来者知所式焉。

明通议大夫太子宾客吏部右侍郎张鼎撰文。

沈抚军平寇安亳记

（清　李来泰）

　　顺治十年九月，山东总兵海时行以胶兵叛，啸聚数万，屠掠州郡，将南下寇亳。时沈公以抚节镇淮，闻警，知亳为西南要地，逆所必图，而附近不足以御贼，非躬行不可，乃即率士衔枚西向，日夜兼程以赴援。

　　当是时，亳遭流寇伤残，安辑未及十载。哀鸿甫集，胆怯伤弓。虽城中知有固守，而郊关复虞前辙。及逆兵方抵城东北三十里，而公赴援已至。于是乘逆犹未安营，四面疾攻。自午至酉，逆众且强，未得少挫。公乃亲执桴鼓督攻，逾时，逆势稍却。公大呼于阵前曰："贼靡矣！"众复奋力齐击，逆遂奔败，追杀数十里。自九月二十九日逆兵抵亳境，而公援适至，不越宿，而数万之强寇即剿平之。成功之速，而地方不遭其害。

　　亳当四冲之区，而城小兵微，每遇寇起，多不能支。明自崇正八年春，流贼焚杀北关，后复遭寇变。凡七年之中，计有六次。至十五年之变为更惨。此生民之不幸，虽气运使然，而实守御之无人也。夫上无明君，则下皆懦帅，民之所以遭残；上有圣主，则抚皆老成，邦之所以获宁也。兵革之事，何代无之？唯在督抚得其人耳。公以垂危之亳而使获复安堵，摧强寇于一旦，令民若不知有攻战者，故公策应之神速，亦朝廷任择之精，知人则哲也。

　　逆自破散后，尚有未尽受诛者。公思不灭之，无以安众。尽灭之，复伤天地之和。乃下诏抚之，令首事者即缚辕待罪，而余众亦一时投戈矣。于是安插降众，给宁系累，所获资物悉犒之将士。入亳城之日，老幼欢迎于路，接踵三十里。公慰之曰："仗天子威灵，不致逆蹂躏兹土，是尔民之福，而有司之恪守也，余何力之有焉？"是役也，凡军需，不扰民一物。虽壶浆之献，亦固却焉。垂橐而入，竟宿还军淮上。

　　公讳文奎，奉天籍浙江会稽人。

封行人司行人刘绍宇墓志铭

（清　姜宸英）

公讳承明，字绍宇，本性窦氏，原籍山西沁水县。祖玉禹公由举人历任河南怀庆府太守，父文学琏溪公太守，为吏廉，卒于官。文学贫，不能归葬。有女弟刘媪居，同侨寓鹿邑。未几，文学夫妇相继逝鹿邑。时公甫三岁，刘遂挈为己子，因姓刘氏。公亦事姑妹如母，更十年，姑妹终。哭踊之节，衰苴之数，不异于所生。而其于本宗念之尤甚，抚一弟，教之读书，至成立。弟没，抚其孤亦如之。虽迁家于亳，还至沁水扫除邱垅。立祭田，合族以食。访诸亲族之贫者，赠恤之尤厚。其所至，视乡里之疾痛饥寒，凡力之所得为者，不以靳其力于人；凡财之所可赒给者，不以私其财于己。故设施所及，人鲜不获其济。当时之称善人，未有先公者。世途缺陷，人生少得自遂。

公少遭离乱，中年肥遁，优游泉石，训课子弟。晚更身膺封秩，绵寿九十，极享太平之盛。何其幸也？其卒以康熙三十七年六月甲子，覃恩勅封征仕郎、行人司行人。男世沛候选教谕，次恩沛行人司行人。女三，张瑞、张斐、郭天培其婿。孙三，曾孙一。盖先王因生以赐姓胙之土而命之氏。姓氏之由来尚矣，自汉初有改姓，滥觞于射阳、奉春，混淆极于唐末、五代之际甚矣。其因事避难，依亲串冒他姓者，比比也。至若幼稚失怙，受人之恩勤鞠养。彼既无子，不忍自还其宗，不失为仁厚之意。然谱牒不明，或至散佚，则木本水源之思，为人后者能无痛乎？

故大行君从余乞铭，欲使子孙百世知所从来，尤仁厚之至也。而余不可以无词，铭曰："后缗自出，是为姓迁。于卯金枝，蘖盛秉义。蹈仁履险，正既安而。穰考终命，于亳之野。穿厥藏魂兮，逍遥归故乡。绵绵世祀漳流长。"

封修职郎乡贡进士张讷庵先生墓表

（清 沈德潜）

吴江学博张君海涛向于长安相识，谕吴之明年，手其考讷庵先生《行实》，请曰："吾父读书敦行，为德乡邦。抱材未遇，士林惜之。鲲无似，不克显扬吾父。所藉以不朽者，惟在先生之言。"余悲其志，弗忍辞。君讳养圣，字纯夫，号讷庵。其先自洪洞县迁亳州，祖应麟早卒。父亮工甫三岁，母章孺人抚以长，入郡庠，复中道亡。君念祖母半世辛勤，父未能终养，事祖母极孝。家贫，藉脯修以市甘旨。祖母年九十乃殁。君以苦节泣陈当事，建祠立坊。慷慨好义，乡闾患难，如在其身。

亳有私铺，地方诸无赖与悍役私通，设店数处。入其中者，锁系榜笞，饱橐乃已，病死倾家者无算。君倡同志数人，请于州牧，革除其店。旋夤缘复兴，同志者咸畏避，不敢前。君独具呈监司鲍公，情词恳切。鲍公提诸店重惩，勒碑永革，其害遂息。事在康熙五十三年。

君天性颖发，博闻强记，落笔数千言。厌世儒置经史不讲，因取九经十三史，研穷探索。凡圣贤之意蕴，论说之异同，与夫历代政治之盛衰兴废，无弗贯串于胸。为诸生试，辄第一，年七十犹首列。数奇不遇，竟以乡贡进士终。

呜呼！今之为士者，较其身之利害，如毫毛然。而乡闾患难，漠不相关。遇小祸害，则战掉失次，敛手缩足以退，盖比比也。君急乡闾患难，奋然不顾其身，使付君民社之责，必能兴利除弊，为德一方。惜乎治章句、守兔园册者竟取青紫，享高位，而君之淹通经史，反不得一第也，可不表之以风末俗哉？余重学博旧知，故于其请也，为叙君大端，书于隧道。

贞烈张偶姐墓碑

（清 朱 筠）

贞烈张偶姐，亳州岁贡生张庆之次女也。十岁母死，偕姊侍父。女红暇，则读书，读刘向《列女传》，慨然慕之。庆贫，不谐于流俗而教于家有礼。以无子，娶妾生子念慈。念慈少长，知读书，偶姐则佐父课之。读间与父相劳苦，曰："弟小读书敏，长必成立，父勿忧老且贫矣。"父为之喜，亦喜。而退族党，交称其孝。

初，庆以偶姐许字州同吴维禧，婚有期矣。而维禧病，作手足挛。治之，久不瘳。延改卜期者数，而偶姐年已二十有六。乾隆三十七年五月十四日，吴氏以维禧讣至。庆固知偶姐之志，固忧之，见于色。顾察偶姐，若无事者，傍徨无可奈何。

比夕，偶姐侍父罢，则闭户就息。越明，而庆之弟妇早起，骇呼曰："我窥楥上，见侄日所制新履，又有纸书置其旁曰：'以此与我作遗施'。侄其死耶？"庆闻，举家骇起，排偶姐户。偶姐正服自经死矣。又得书于几上曰："彼不幸死矣，儿义不得不死。夫贫且死，儿当从之。二夫，儿不为，不如死之愈也。儿虽短命，获好名，父老矣，勿以儿为念。若父哭儿伤，是使儿死且不孝也。母生姊及儿两人，父善视姊，与儿生同。母死，止留此一条根矣，父思之。天下无百年不死之人，儿去矣，何不豫耶？何不豫耶？"

庆读之而哭，哭而止，走告于州学，学正宣城王万年乞记之。其年十月，余试士于颍，万年当率亳之士来就试，爰手所记来谒余。余读之，将列偶姐贞烈始末，为请旌于朝，而先为之哀辞曰：

> 亳之土兮，颍之水。
>
> 水清土厚兮，女生而死。
>
> 一与之齐兮，礼不改。
>
> 女不与齐兮，不死。
>
> 女耻父怗而老兮，母不恃。

母死姊之存兮，儿命短。

如此命则短兮，名则美。

父勿儿思兮，惟姊视。

儿义不得生兮，死不得止。

从死者乐兮，母所生者咎。

心之安一兮，二不如。

己履綦素兮，儿之似。

以遗我叔母兮，志儿之死。

喜梁楅端正兮，悦累累。

女死而归兮，室无鬼。

魂魄安且吉兮，旌有俟。

吴张徽兮，载彤史。

孝子梁永修庐墓记

（清　刘立诚）

　　癸酉春，余自柘之淮上，道经谯陵西北鄙。见夫荒郊野蔓，蓦有松柏，葱葱新翠可掬。中央岿然高而大者，一塚特出，不知其为谁氏，盖徘徊嗟异者久之。

　　未几，孙君旌来、逯君泰和、谢君怀西、姬君文木诸君子感营此塚者之志坚功苦，有近于仁人孝子之为，丐余一言勒石以表章之。始知曩之徘徊嗟异者，乃梁氏上发公偕梁母温孺人之墓，而其子名守约字永修者之所筑也。

　　梁本亳城著姓，上发公凡三子：长守荣、次守约、季守科，皆厚重长者，而守约尤孝谨。上发公殁，孺人故无恙，守约独供衣服甘脆，不以累昆弟。他若茸道涂嫳，穷困潜德，幽行不胜偻指。此已属人情所难者。况庐墓一端，更非晚今之所能及。想其时，风雨不离，影与形俱。即黄水滔天，犹惓惓依依不忍去。虽未来驯鹤、绕慈乌、涌鲤泉，而负畚不惮逾年，枕块几及三载，不可谓非叔世之矫矫者矣。

　　余尝有感，古今来特立畸行之士，往往有身之所为，不避艰险。宗族疑之，乡党议之，甚至远近亲友闻而窃非之。而其人一往不可遏抑之气，毅然跃然，尽心竭力，历寒暑不少衰。此其天性必有大过人者，而不得以寻常拘牵瞻徇之徒目之也。

　　梁君得毋类是。方今圣天子以孝治天下，安知异日者不闻而褒之！俾之光宗祊志史册，以耀后世而垂无穷也。余悯其志之坚，功之苦，感诸君子之诚，且挚与平日乐道人善之意，隐有触也。遂不自揆而为之记。

董孝子庐墓记

（清　张步衢）

盖有匹夫而敦庸行者矣。吾闻其语，未见其人也。自吾少时，周旋朋侪多矣，求所谓慎终追远，无忝所生者，虽上大夫之族，往往难之，况闾巷穷陋之人乎？盖久不睹仁人孝子之风矣。

吾邻邑有董君名孝者，亳之细民也。其人少孤贫，年十二，即以佣工为养母之资。虽风雨晦明，省问必周。孺慕乾乾，迄三十年。迨其母死，东问丧礼于环彪郭公，并告欲所以葬其母者。先生曰："此纯孝也！"遂厚赠之，且遗之诗文以奖之。

归，苦无葬地。及终制后数年，始得以佣工余积买村北地三亩，遂营葬焉。庐于墓侧，仅蔽风雨。肩土培坟，不避暑寒。粥于斯，饔餐必先荐之。非所谓"事死如生，事亡如存"欤？迄今六年，墓筑始成。高二丈许，周围三十余步。坟势巍峨，松柏苍蔚。而所谓董孝子者，依然歌于斯、哭于斯焉。过其侧者，其谁不感慨泣下也？

噫！情非感发于《诗》《书》，岂待诵《蓼莪》而陨涕？意惟专慕乎父母，行将对白云而伤心。古所称孝子仁人者，其在斯乎！其在斯乎？使有司上其事而表章之，岂仅闾里之荣？实邦家之光也。乃秘不以闻，而乡党乐善之士，恐其久而遂湮也。因相与刻石以记之，请序于予。余欣然为之，次其颠末云。

朱公书院记

（清 吴楚奇）

公讳之琏，字商玉，号苍严，为三韩世胄。尊大人石公先生仕汶阳，惠政种种，祀名宦。历桂林、泾源诸郡，亦俎豆不祧。公赋性醇孝，恪遵先型。嘉禾、临江之间，廉明叠著。袁邵武沧浪之诗，吴广州贪泉之咏，未足为公颂也。

壬申秋，莅我亳郡，下车数月，颂声遍阛阓。盖涸瘵以极，一朝解悬，譬之千竭就腊，壹受阳和，倏尔蠕动，所谓泠然之风逗体苏回，不觉神魂之浃以洽矣。及周岁，事治民安，绝请托，寡宴会，光霁中，铁面霜寒，四方哦者多为愧励。亳斗狠相高，智欺愚，强凌弱，公择其甚者，治以法，奸逆顿尔屏息。若夫狱决之际，秦鉴高悬，不事烦言，而民情允服，且远方免株连羁旅之苦。曩时，守土者日用多取给市肆，公茹雪饮冰，糁粒织缕，不累民间。是以吏除需索，人戒染指，舞文受贿者日以远。

学宫久荒，殿庑颓敝，公大蠲俸橐，率先修治。旬月间，蜿蜒腾骧，阳马飞越，芹官莅止，无异思乐色笑也。遇骨肉争讼，多方劝谕，至于涕零。因之父慈子孝，兄友弟恭。即梗顽难化，应加重典，又虑彻始，终恐以愤激生他变，委屈驯服，务俾心安。至于勤劳案牍，盛暑祁寒，黎明视事，日昃不遑。暇则浏览典籍及习射习书，汲汲无须臾之暇。

《易》曰："终日乾乾，夕惕若"，维公有焉。他如严博奕、儆游民、申保甲、防寇盗、文武协和，兵民各得，嘉绩尤难更仆数。先是因公里误，士民数万吁请督抚两宪，乞特疏题留。天子可其奏，得复任，欢声震天地。阅数年，廉惠精勤，较前益厉。于是远近人民相聚而谋曰："公旦晚且超擢矣！常人一分之德，犹且不忘。况生我民者亿万族，可无一祠一宇记明德于勿替乎？"

落成又数年，大驾南巡。公三随御辇，深蒙宠眷，擢皖江司马。民情仓皇，为罢市累日。又聚数千人请于宪府，宪府以"恩擢出，上意莫敢违，且无政成不调之理”，曲为安慰，士民知不可以复留。

见公负帑项七千余两，争为输纳。富者什佰，贫者锱铢，不旬月而事竣。村童、田妇持筐负担，壶浆鸡豚，匍匐上献。缰属不绝，至于泣下。濒行，郡老幼焚香祝送，涡水两岸无隙地。诸绅耆复谓予曰："公之美政，非子莫记。乞述之，以勒贞珉。"

予思振古及今，循良甚夥，然未有人心爱戴至于如此者。即有之，亦安能作述继美，先后如出一辙？公绍闻衣德，继承光大，岂但江左东山名香两地，行且盐梅霖雨，颂衮衣者，遍寰区也。人以公为名臣，吾独以公为孝子。岂谀词哉？

昔韩陵宰下邳，邳人立庙以祀。及征拜司空，诞晨侍上，忽醉。访之，乃邳人献酹。始知民与贤侯精神相接，无间遐迩。他日我公立廊庙，偶尔颜酡，其即亳民椒浆之祝也。夫颂曰：

> 帝简循良，莅兹亳土。
> 水湛衡平，召父杜母。
> 明威赫濯，听断多方。
> 发奸擿伏，除暴安良。
> 建学礼贤，谆笃恳至，
> 陈守传经，文翁造士。
> 公心白璧，公面清霜。
> 勩劜无遗，仁炉义缰。
> 以猛以宽，精勤廉惠。
> 日暖莺啼，花明犬吠。
> 皇恩特擢，负帑莫偿。
> 万姓乐输，更献壶浆。
> 世德渊源，汶阳谯上。
> 父开子承，南北相望。
> 贞珉鼎建，敬载芳名。
> 愿公遐福百代，簪缨江南。

壬午科解元吴楚奇撰并书，康熙四十六年岁次丁亥八月立。

祭贞孝何母杨太安人文

（清　倪文蔚）

维光绪十五年春月吉日，谨具清醴嘉馐，致祭于皇清赐封安人旌表贞孝何母杨太安人之灵而记之曰：

呜呼，何母巾帼之杰，有补人纲，无惭坤极。守贞矢志，五十累霜皎然之操，日月同光。惟母冲龄习礼明诗，笑言不苟，淑资令仪。夫子英年，吾乡之俊。慕母之贤，介媒致聘。天胡不吊，夭此佳士。未婚而殇，于宗不祀。

噩耗惊传，母曰："吾命一诺，终身妇道斯顺。"款款陈辞，请于高堂。身已许人，不亡其亡。逆以素车，礼成衰经。贺者吊者，盈门掩泣。孝事舅姑，先意承欢。雍穆处家，门无间言。楼下积薪，寇绕其外。红光烛天，巨贼返旆。遭家多难，丧厥□□。贫无以存，母乃怡然。犹子者才，母教以义，犹子生子，为亡者嗣。亡者有嗣，母志无亏。茹蘗饮冰，甘之如饴。母年七十，撒手蓬山。芳刑懿训，彪炳人寰。惟母之操，贞筠古松。不荣于春，不瘁于冬。惟母之德，浑金璞玉。蕴采匿光，有目共瞩。惟母之志，素缣白璧。譬彼娥皇，补天以石。惟母之行，勤朴自好。垂老光阴，犹秉姆教。惟母之心，古井之泉。虽生之日，犹死之年。惟母之节，千秋称述。虽死之年，犹生之日。文孙髫年，奉安窀穸。谷则异室，死则同穴。方今圣世，褒扬贞孝。纶音赐旌，彤管有耀。传母平生，桑梓之光。撷拾芜言，聊贡馨香。惟母高风，载于志乘。后人读之，世风以振。惟母英灵，不泯于天。降为伟男，为圣为贤。呜呼，尚飨！

白衣庵得玉律师塔铭并序

（清 刘 科）

白衣庵得玉律师，讳教琬，族姓赵氏，大名府清丰县人也。龆年祝发普照寺容六禅师座下，习瑜伽荐亡之教。私念此不足了生死大事，遂决然舍去，参学诸方。

至康熙三十五年，受具白云佛定和尚。定谓师曰："若受大戒，宜先听律。律是慧基，匪智不奉。"继闻亳州妙湛律师大宏三学，即飞笠南下，日侍左右，亲受华严圆教。

不二年，妙公辞世，离尘老人主席，擢师补监院，旋又迁揭摩职。康熙乙未七月，离尘老人圆寂，属师嗣位。方丈凡传戒三十余期，弟子常数千，指其补监院也。

值岁祲，离老人谓曰："法轮未转，食轮先行。僧堂乏供，奈何？"师默祷韦天，杜口三日，勺水不入。感布政马公，送米数十石。师以公德罔酬，乃立愿扃关，胁不至席。礼颂《华严》，三越寒暑，并感诸檀施，续置田亩，结构僧寮。其嗣方丈也，当雍正壬子，衍旸不雨，率众虔礼千佛，名经三日，澍雨如注。州主尤公器之，倡首蠲俸，建千佛阁，李孝廉汉宫实董其事。盖师戒德充溢，感应天人，历历不爽，有如是者。

师貌古清癯，纯一无伪。谈笑罕形，不记人过。持躬严肃，食不过午，冬必露顶，与众同甘苦、均劳役。生于康熙乙卯四月二十四日，春秋八十正。岁腊五十八，于乾隆甲戌四月一日庄诵弥陀，敛目端坐而逝。三日茶毗，焰成五色，白光上腾，门人顺和公等收遗骨，齿牙数珠不坏，葬东城落伽宫之西南隅。

其示寂之夕，法侄兴宗至，自河南昏黄失道，倚树而坐，忽师率二三弟子，威仪东来，亟起前迎，倏然不见。盖师法身显化，遍满十方，接引入天，又有如是者。示寂后，嫡孙灵熙上人、主席白衣上人道念清醇，后先辉映。

予适秉铎谯陵，上人奉状请铭，铭曰："师本无来，亦本无去。示现律身，如所教住。法施寓内，波离三昧。双履西归，得大自在。奕奕城东，有塔斯崇。慧灯炯炯，永振宗风。"

乾隆三十二年岁次丁亥闰七月，毗陵孟川刘科撰，稽山居士苏廷煜书。

来鹤亭记

（清 张廷玉）

予尝为李生作《瑞谷亭记》，偶示亳之士大夫，咸曰："此吾乡李孝廉事也。"又有来鹤一事，尤足异者。因叩之，而所闻益详。

孝廉自父殁庐墓后，于雍正元年七月遭继母魏太孺人丧。年已七十矣，犹作孺子泣。因又庐墓三年，练衣桐杖，朝夕攀树号泣，哀动行路。是年十月，有群鹤绕墓飞鸣翔舞。明年七月，群鹤复来，栖止墓侧，竟日不去。远近传为奇事，因建亭于其间。

予于是益叹孝子之所感无微不格也。史称陶侃丧母，有鹤化二客来吊，不哭而退，仪服鲜洁。吴叔和母没，负土成坟，有赤乌巢门之异。由今观之，信而非诬乎！

余又闻孝廉居乡，抑然谦退。其以身教家务为孝友姻睦，至今子孙禀其教，一门之中，长令幼从，内外无间。有董召南、江浦郑氏之风。

夫家庭和气之感，乌不争巢而栖，昔欧公为海陵郑氏卜者。今观李氏子孙振振，知孝廉之流泽长矣。

至元三年修文庙记

（元　□□谦）

　　孔子之道与乾坤准，乾像以形覆而天道成，坤像以形载而地道宁。孔子以教传而人道立，故通四海，历万世，咸庙祀以致崇极，不敢有丝毫遗坠。主民社者，将植化以示之人，务莫急于此矣。

　　亳有孔子庙，昉自丁巳岁，创建于汝南王张柔。今且八十年，郡官更居无虑百数，踵事增修仅十举。至元重纪之，三年丁丑冬十二月，清泉盖公来知亳州事。甫视事，伏谒庙下。相其门庑楼亭，岁久不葺，日久剥落，慼额叹曰："是责也，我任之"。问学廪俱以匮告，问学田之岁入，则有隐租可资。明年春二月，公合议于厅，监郡阿里海牙公欢契之，二倅僚属而降交赞之。遂括其隐，倍蓰于旧。

　　会其赢，当其租之五千缗，乃治朴斫、甄埏埴、调垩化、涂练日、元功价、出物入、佣分工、合匠趋、献能吏、慎董役、属邑无所扰，主民无所哀，无浮费，无旷时。浃五旬而就绪，其先西庑绘七十子之像，列从祀也。

　　中墀近右，有亭树，大德加号，碑扬德音也。东碑在亳，西碑在建，庙各庇以重屋，昭成绩也。庙之南峙神门，又南建棂星门，壁背傅朱，妥圣灵也。咸仍旧规，凡盖瓦级砖，凡曲桶枋栱瓮石之朽缺者，举撤而新之，且多饰于其先焉。仪与观兼隆，华与质适称。望者竦惊，入者增敬，过者啧啧，屡颔厥首。又以宫墙四环，卑不逾肩，无以肃内外，改筑而高之，加覆以厦。

　　自讲堂西北有余地，筑室三间，以居文学官，郡人士乐其完，愿勒石以纪。摄学正曹时晦谓谦实州佐，而身历其详，宜为之文，继正李渥踵来修之。嘻，有牧者知治民不知化民久矣！苛禁暴令以市声，敲扑桎梏以鼓势，曰"治道固在"，是此无异父之教子，不能预导以义方，俟其恶行狼疾，而始呵之杖之，真寡恩也哉！今公布政，可谓知本者。夫使里巷小民观夫子圣道若是，其可遵，则老必谕其少，长必约其幼，自相率而驯于教，非感化之妙机欤？

　　□□谦撰。

重修亳州儒学记

（明 □□撰）

亳故学在州治东，今上改元，知州颜木徙建于此，实恢旧制。乃岁久浸散，而地瘠役繁，有司者力不暇及，用是迄于大坏，庙庑、学官名存实亡。莫□无□，弦诵不兴，人才由此落落。

岁乙卯，西蜀张侯适守兹土。大以兴废政、振士习为首务，爰睹其弊，深为恻然。乃与二守王君洲、学正钱君岑议曰："资政在教学也者，教之地也。教弗立，其何以振俗兴理？"为□遂□告士庶，稽藏市材，傮工备物。诸所经画，一不烦民。即□称稍宽贷法以助之费，而命二守君董其役。是举也，殿庑堂斋，下及门寝，罔不重葺。复于□□□□南拓地若干，以开云路，气宇宏丽，增光于前。

工始于丙辰之春，凡三阅月而告成事，由是亳之士乐兹伟观。乃因学君钱君走书丐予言，以示久远。□□□□载史职也。予无能辞，敢撮数语以励学于斯者。

夫学校之设，其来尚矣。虞夏商周之教，将以修身而用之家国。天下古今，盖不殊辙。三代而下，则□□矣。风俗治化，恒必因之。学之所系，不亦重哉？夫学者，礼义相先之地，文章道德之薮，贤圣君子之所自以出者也。彝伦之道，具于六经而习于学校。士不徒用以私淑其身，即上而伊傅周召，下而孔孟程朱，厥所树立垂训，皆吾儒事业。其所以留声百代，久而弥光者，何如哉？

亳故为汤都，后更谯郡，中间豪杰自老子、三曹氏以来，挺挺辈出，载史册者何限！其知学者不少也。术之不明，而道学日弛。姑置最卑者，勿论其言。学者乃或鼓异说以眩天下之趋，而于正学益叛，复自榜曰："吾徒有裨于治也。"嗟夫，由今之道，无变今之俗，其亦厚自诬矣。我圣朝所以设学之义，与圣贤之遗教，师友之讲习，其若是乎？否耶？

矧今亳属中都，实我太祖龙兴首善之地。士生其间，宜必世沐其泽而兴起焉者。其将何教学，以期无忝于名都、先哲也？孔子盖曰："古之学者为己，今之学者为人。"夫人己之间，成造之所，由以判也。贤有司所以振学兴理，悉取诸此。夫学校弗修，教法弗立，鼓舞作兴者弗至。上之责也，兹三折备且饬矣。乃用心不□，自沦□庸众之归，伊谁咎哉。

虽然谯郡钟秀毓灵，英豪所产，矧今觏兹嘉会，人文聿新，当必有致力于文章道德以上，跂于贤圣之域者。然必曰：自今日始，不□遗□哉！

张侯名鞖，涪州人，贤而有守，善政多可书。此特其一端云尔。

赐进士第奉训大夫□□翰林院侍读学士掌院事前国史会典纂修官四明□□□撰并书。

重修亳州儒学记

（明　沈　鲤）

亳学旧在州之东，与预备仓错趾，殊湫隘，不足观听已。乃改为隅首之南。隅首高出城堞，学官处其前。殿庑堂序，创大而固。大者可因，固者可久也。独是科第不数数举，甲午、戊戌而后，益复寥落。嗟嗟！犹是亳诸先达接踵相映，何讵后来无人？十步丰草，十室忠信，在所培之耳。

郢中马使君奉命守亳，讲经课艺之余，视其学，内廊而外逼彻，进棂星门，去旧址可廿武而遥处泮水；其外圆桥可容万人，爽然明朗。文昌阁本处殿后，移置东南隅，宣朗入望。是岁壬子，役俱竣，果举两生于乡。父老咸谓验于修学校矣。事闻中州，余为之辗然，曰："学官修而士举，修之不可以已也。"抑有进于此者，使君修其政教，愿终惠亳；诸广文修其师表，愿为诸生帅；诸生又相与修其德业，弦诵日新，风俗日美，愿无负父兄，师长之训。果能此道矣，先贤之德不孤，运隆隆起也！然后地效其灵，然后可以终修之事。遂为记，以告来者。

东阁大学士柱国少傅兼太子太傅礼部尚书前纂修玉牒国史副总裁归德沈鲤撰并书，举人于鸿渐、雅元声，乡官张烓、许佐、李联芳，贡士杨光国、岳维藩，监生贾应坤、高建中、夏之俊，生员王应运、彭绍先、赵守愚，万历壬子十一月谷旦立石。

重修文庙碑记

（清　马逸姿）

学校者，教育人才之地，而士子登进之阶也。亳学始建于唐，历代以来，多所修治。自明万历中知州事马君呈鼎继修后，未闻有念及此者。岂前之人传舍其官，而亦等学官于传舍；抑亦曾修，而未有文以志之耶！

燕中苏侯来莅是邦，宽平理赋，明允治狱，尤以振兴学校为惓惓。奠谒之余，周隅环视，见其风雨渗漏，土木倾欹，怃然兴怀者久之。岁己亥，时置丰稔，乃集其僚属、司训及州之绅士，而告之曰：方今圣天子昌明正学，作养人材，迈于往古。为臣子者，仰体宸衷，兴行教化，端自学宫始。今堂殿、宫墙，阽阽欲危，及兹不治，一就崩颓，其费靡已……笾豆乏藏，斋宿无也矣，失一郡之观瞻。此固有司之责，亦绅士之所当谨念也。今将安计？维时，举人李子长桂请于侯曰："学官之宜修也，亟矣。公诚乐割俸以倡于前，桂尚能弃产捐资，以襄不逮。矧在州人士好义者众，有不欢欣踊跃、共赞其戒者乎？"侯喜曰："善。子实行，成予之志。虽然，相助为理，诸君何共图之？"众曰："唯。"爰诹七月之吉，鸠工庀材，李子董理其需，诸生各赡其事。凡诸在位，与有力焉。

阅一载，而厥功告成。昔之败栋颓垣，今则丹碧辉煌矣。向者泮池无勺水之储，今则引流水盈且洁矣。庙之东，另辟新衢，俾步趋进退者咸循矩度而不失其仪。复增构数楹，令食饩有所，礼器有储，斋宿有地，比旧制更为改观。盖名虽曰修，而功实与创始等。州之人士咸鼓舞振兴，以此学历祀未修，一旦遇苏侯而鼎新焉。是岁，厥功方竣，旋有邓子栻、李子文炽领荐，捷若桴鼓。而文炽即长桂子也。

学校修而文风振，顾不信哉？予昔承乏旬宣，曾与苏侯共事。今侨寓于亳，目睹其成厥功，而获效有如此。因慨夫世人一行作吏，自簿书会计而外不遑他。及今苏侯独能加意于黉宫，振兴文教。不以传舍视其官，而李子倡义有为，共襄盛举。俱有足多者，将见人材蔚起，云路高骞。不特克副圣天子右文崇儒之德意，而亦足以光今日之勇于好意者，于是乎记。

  康熙六十年，岁次辛丑八月，诰授资政大夫前江南安徽宁池太庐凤滁和广等处承宣布政司布政使今奉钦命督理直隶河务关中马逸姿撰，邑人岁贡生李文煌拜书。

重修亳州学记

（清　李天玺）

　　亳自立学以来，历年既久，日月销蚀，风雨剥落，几经倾圮。前牧析津严公将重修之，爰进署学正路君及亳绅士告以从事，皆跃然起，议与见合，相为劝助，捐俸以倡。其遍历诸乡，委曲导谕，四境响应，出入无侵，忒，则学正王君、训导汪君之力为多。又得士商捐助，度可日取以供匠氏饩廪。遂于乾隆十九年闰四月朔日，以时兴作，饬绅士十余人为监。厥工资得以瞻，事得以集。适严公以吏议赴部，续篆者沙麓高公，又旋檄调回。

　　余来是邦，始下车，庙谒，多士环集，以工未竣为忧，且以匮乏告。余思功败于垂成，揆之始事者之勤劳大有负，且无以慰亳好义趋事者之心，敢不仔肩，以勉卒乃业？由是复为经理，更举诸生十余人，共襄厥力。三月之间，宫殿、门庑向所缮完而未藻饰者，则黝垩丹漆之，其墙垣、甬道则涂。暨平治之主，自至圣以下，从诸贤及御赐额，则敬聿新之。乡贤、名宦、忠义等祠，则整翼而表章之。卜于岁之十一月十二日，释奠以落焉。盖严公谋其始，而余则幸观其成云尔。爰记其实如此。

　　乾隆二十年岁次乙亥仲冬月间阳李天玺敬撰并书。

重修学宫记

（清　张肇扬）

其略曰：我皇上崇文重道，尊奉至圣先师，典礼之隆，亘古未有。去年重修太学，今春告成。行释奠礼，衣冠、文物、俎豆、钟镛，堂哉，皇哉，蔑以加矣！盖心契真传，故典昭明，备有如是也。士生其间，观感于文德之敷，无论海内外，固莫不服教畏神，思应休明于勿替。亳为古谯地，文庙之建，创自元时张万户柔。明正德间，汉东颜公木卜迁于州之西南隅，即今地也。

余来莅兹土，适诸绅士奉前任陈公命，议加修葺，并改旧制，移明伦堂于大成殿北。署篆今升本府张公继之，议如初。然莅任未久，草创而不及观成也。幸踵其后，敢弗皇皇然图所以藏事哉？爰谋之同寅程君光弼、掾曹李君绎及王君万年、施君灏两广文，共倡捐以终其事。诸绅士金踊跃乐从，鸠工庀材，制如宏敞。越一岁，工告竣。而亳之学校自殿庑、堂阶以及斋舍，遂焕然一新矣。

余因念学校为教化所由隆，人才所自出。士列名黉宫，皆当由圣贤之言，体圣贤之心，以求为圣贤之徒，而非沾沾于文艺之末，博一时之声华名利已也。

今亳之人士多以科第寥寥为憾，伏读御制太学碑文，引朱子同安县谕学者语甚详。大要以学先为己，无役志于粉华。知为己，则四书五经皆圣贤精蕴，体而行之，靳至于圣贤而有余；不能为己，徒猎取词华，以为苟可以应有司之求足矣。是无实之学，亦安望其有裨实用？

圣谕煌煌，教者与受教者固宜早知所致力矣。况亳本名区，论道德则言传五千，论文词则才推七步。嗣是历唐宋以来，代有文人高士。即前明如薛考功、李方伯诸先哲，气节事功，彪炳志乘，足为士林楷式。近世科名虽不及古，然在凤、颍间，犹为翘楚。

余莅亳，两阅春秋，见其士习醇雅，后起者彬彬，多文学之选，皆沐浴于国家教泽之深。有以培其根而沃其膏，蒸蒸然将进而日上也。然则继自今贤才迭起，蔚为国华，其即于学校之新卜之乎？爰勒石，以纪其事，董事者九人：吴文龙、董朴、李尔庚、夏国柱、程圣时、怀士伟、李如城。而孙国安、王杰尤始终克襄，厥成，例并书于碑云。

　　特简清军分府兼摄亳州事东鲁张肇扬撰，廪生孙之城书丹，乙酉科拔贡孙元炘篆额，乾隆三十四年五月。

重修亳州学宫碑记

（清　董　诰）

学校之设遍天下，校官有课士之责。恭逢圣代右文，命督抚严加考察，非勤职者弗克久于其任。亳州学正李名晋埘，余甲午典试江南所得佳士，其为人敦重诚朴，司铎小黄者阅二十年。余侍直枢廷，李生不遗在远，以尺书订证者无间。故于其在亳兴学勖德之事知之甚详。

亳之士习朴而淳，廿年来未有绿事襭衿者，是亦训迪有方之验矣。至黉宫失修已久，李生甫莅任，见败壁颓垣，几鞠为茂草，亟请于州牧裴名振，延诸生为董事，倡义劝捐。先修两庑，未竣工而裴被吏议，其事遂寝。嗣是摄州篆者，俱未之暇。乃阅数年，李牧名廷仪复欲重修，以年岁不登而止。都人士无有过而问者。因与诸董事议，大工虽兴始，陆续捐输，以次修葺。历数载而后，规模略就整理。惟圣殿工费浩繁，乃谋诸绅士，有刑部员外何名天衢，慨然独任其事，出白镪数千金，鸠工庀材，不逾年告藏。金碧辉煌，焕然一新。其余文昌、魁楼、名宦、乡贤各祠宇，俱亲为督理，次第捐修，至今可称完备。夫广文，散职也。膺是职者，非缘琴瑶席，才名自高，即枯寂不任事。如李生之勤恳弗懈，二十年如一日，诚可为有位者风矣。而刑曹何君不惜重资，襄兹盛举，良足多焉。因略序数语，邮寄勒石，以为后之勤职与好施者劝。

并附董事诸生之名于末，亦不没其功云。抑余闻亳为剧郡，唐宋以来，如姚文献、富文忠、欧阳文忠诸公俱官其地，崇祀名宦。余虽足迹未至，然景仰前徽，今得厕名碑末，亦窃有厚幸焉。是为记。

经筵讲官太子太傅文华殿大学士世袭骑都尉董诰撰文，试用训导孙之城书丹，候选县丞李佳言篆额，候补直隶州借署亳州知州李尧文，学正候选知县李晋埘，训导冯大奎，嘉庆十四年岁次己巳秋八月。

重修学宫碑记

（清　钱禄会）

　　国家奠定东南，名都大邑修举废坠，首崇学校。所以革风俗，正人心，用佐朝廷之治，诚当务之急也。

　　亳州居皖豫之间，襟带涡、淝，原野平旷，舟车四达。都人士尚崇文教，自发匪捻乱，江淮以北，兵革相寻十余载，学校几于废弛。庙谟及将帅用命，跳梁小丑，以次削平。封疆大吏与牧民之官，讲求吏治，兴建百为，而于风俗人心尤亟思革而正之。此钟君泰、王君懋勋先后知亳州，所以有重修文庙之举也。

　　钟君于同治八年摄州篆，目睹庙学摧残，慨然思兴复之，捐廉为倡。学正杨君士衡、训导张君士恺，及文武绅士集资助成，鸠工庀材，不数月，而殿宇、戟门、棂星门，宫墙规制渐备。未几，钟君奉调去，且费绌，未蒇事。越二年，王君莅任，谒庙毕，与众议曰：为山九仞，功亏一篑，既谋始矣，愿与图终。

　　邑人闻风，踊跃从事，输将恐后。遂集州绅士，复董其役，凡两庑、泮池、明伦堂、崇圣祠、名宦、乡贤、忠义诸祠，以及文昌宫、奎星楼，靡不修整。又于名宦祠东偏创建官厅三楹，工既竣，属会识其始末。夫莫为之后，虽盛弗传。今两君相继治亳，能令一邑之人乐事劝功，急所当急，以成美盛之举。文教昌明，实肇于此。然则风俗人心，转移至捷。而两君政绩之可祀者，盖无穷矣，是为记。

　　三品衔候补道颍州府同知常熟钱禄会撰，知府衔即补直隶州知州署亳州知州王懋勋督修，提举衔亳州学正杨士衡，训导张士恺监修，候选训导州人邓如璧书丹。

重修明伦堂碑记

（清 支魁璧）

郡侯苏公莅亳十有八载，修废举坠，而尤加意于学官。自戟门而外，故焕然丕新矣。独明伦堂自康熙癸卯岁修葺以来，六十年榱折栋挠，至不足以蔽风雨。有事登堂，辄皇遽而去。我公深以为忧，慨然捐俸修之，助资监修者绅士六人。自雍正元年孟冬月始，伸冬月告成。严翼壮伟，一如其旧。我公周览而悦之，命为之记。璧虽无文，不敢固辞。

夫明伦堂何为而建也哉？国家致治，首重人才。而人才之盛衰，视乎学校之兴废。昔先王设党庠术序，以教士也，春秋以《礼》《乐》，冬夏以《诗》《书》。既井然其有条，而宋胡安定公又多经义、治事二斋，使诸弟子事业各有所就。今日者造士之法，虽不逮于古，而有明伦堂。大之可以讲道论德，勉为端人正士之行；次亦可以考其文艺之工拙，奖劝而愧励之，以待宾兴之选。

斯堂也，朝廷之所以储才而成德者。固如是，其重矣。周人养国老于东胶，养庶老于虞庠，而《仪礼》所载乡饮酒礼之制，至今犹循行不废。举斯典也，必集于明伦堂。三揖百拜，主献宾酬，雍雍乎引年而尚齿。又斯堂之有关于礼教也，至一郡中水旱疠疫之无期，差徭赋役之宜行宜革，同议于一堂之上，徐布诸闾阎之间，上以之宣化，下以之承流。斯堂之有益于民生也，修之岂容一日缓乎哉？

嗟乎！古来名公巨卿，留心风雅。于前代名胜遗迹，犹不忍任其颓败，落成之后，先笔之于文，以志不朽，而况于明伦堂欤？或谓此非簿书期会之所急者，循是说也，则堂直可废；堂废而事之可行者，将因之俱废。下无以治民，上无以副圣天子作人之雅意，谁之咎欤？若我公者，可谓识治体矣。将见自今以往诸博士弟子，时时升堂讲业，砥砺躬修，莫不明秀而能文章，彬彬尔雅，蔚为国华。届朔望之期，我公俨然临于其上，布惠恺行，典礼事无不可为，为无不可成。风流令行，而民之观感而兴起者，其家之子弟，长先幼后，咸知尊奉其赢老。观于其里，强不敢凌弱，众不敢暴寡，循循乎敦长厚而聪嚣凌，则我公之大有造于亳。为何如哉？然非此，诸人亦不能相与以有成也。是皆不可以不书。

雍正三年岁次乙巳二月，江南直隶亳州知州苏灏、同知王世德、学正吴晋趾、训导王遵祖立；郡贡生支魁璧撰，郡廪生高得仁书。

柳湖书院记

（清　华　度）

国家造士之法备矣。辟雍钟鼓，隆于国学。而一州一邑之中，人文辈出。又令建设义学，广为陶铸，以备他日舟楫盐梅之用，典甚盛也。

予始承乏金坛，即宣上德，意遵奉举行。及乙卯岁迁是州，辄复留意。知有柳湖书院者，为州绅行人刘君恩沛所建。屏除芜秽，结构精严。士子负笈而来者，寝食讲诵，各有其所。而且地处城隅，绝远尘境。柳岸清风，湖心活水，颇有鱼跃鸢飞之致。

余既服刘君之善推乡国，而又喜多士之足以相与有成也。乃捐资延傅，设帐传经。集城乡之秀者，肄业其中，朝夕咏诵，春冬不辍。越二年，于兹门墙日众，有志之士皆以读书明理为己任矣。

方今圣天子加意作人，菁莪械朴，远迈成周。士子生逢明盛，仰承德泽，果其好学深思，浸淫不倦，必有扬风扢雅，鼓吹休明。以上赓君相之旁求者，余将拭目而观文教之成焉。是为记。

乾隆四年知亳州事华度撰。

柳湖书院重建碑记

（清　任寿世）

天下教养人才之区，莫如学校。而相辅以有成者，厥惟书院。亳州书院向在城东南隅，为行人刘恩沛旧业，捐为书院。傍城而远市，汇水而成湖。沿湖莳柳，境静而景幽。旧守卢君见曾题其额曰"柳湖"，颜其堂曰"育才"，州绅滨州刺史王君庆泽等复相继捐田以为资。亳人士弦诵其中有年矣。乃岁久失葺，雨蚀霜凌，日就倾圮。州人士咸谋新之，未果也。

岁辛巳，余莅州任，适王君庆泽之子家椿奉其母遗命，重葺书院，以继先志。州绅兴国州刺史何君星衢相助为理，州中绅士咸乐输恐后。于是剪除茂草，相度旧基，土木瓦石，次第兴修。余深喜是举之善，而且幸经理之得人也。夫王君家椿为邑老成，不惟善体亲心以劝来学，且以身既任事，总理经画，不辞劳瘁。计其家去城七十里，遂以家事付其子。屏诸务于弗问，虽有疾，未尝少闲，勤勤恳恳，唯以营视工役为务。

余公余之暇，时相慰劳。睹其鸠工庀材，莫不躬亲，寒暑无间，已历二年于兹。迄癸未，规模乃定。前临城壕，后至通衢。东犹故址，西加扩焉。环以垣墉，新其庭宇。前为大门，中为讲堂，东为义学，西为官厅，各三间。其后东西斋各有室有厢，以为诸生肄业之所。并为治其庖湢器具，较前制有过之无不及也。其外则奎星楼耸于南，文昌阁峙于北。石塔笔立，文芒焕发。游斯院也，柳荫路曲，诗思增新。湖水春生，文澜叠起。

余乃廷名师，遴生徒，俾受业焉。而亳人士群歌"爰得我所"矣！嗟乎，事之废也易，而兴也难。工役之烦，兴复与创造等。是役之劳，全仗王君力自兴事以迄蒇工，计用钱三千余缗，则州绅士之分任者，何君星衢之力为多，王君家椿又续捐田十顷，以益养正义学之资。王君真可谓乐善不倦者矣。都人士诚念前人创造，后人兴复之意。下帷有室，继晷有膏焉。日有孳孳相与，切磋琢磨，于其际畛域无分也，门户无别也，师友相资也，桑梓相笃也。去坚僻之积习，成宏通之大儒。不安于俗，上而能以圣贤自待；不囿于小，成而能以文章报国。从兹继鹅湖，追鹿洞，不难矣。行见登巍科，膺显仕，出其所蕴，铺张伟业，润色太平。所谓相辅以有成者，当复何如也？故于藏事之后，纪其颠末于石。以待比翼接武于后者。

道光五年岁次乙酉三月，钦加知府衔诰授朝议大夫知亳州事钱塘任寿世撰。

柳湖书院藏书序

（清　任寿世）

　　夫经谈虎观，快睹未见之书；教重鹅湖，岂少等身之册？壬午之秋，余既延陈晚香孝廉主讲柳湖书院。函丈之设，三载于斯。然院经重创，故纸罕存。且地近偏隅，酒瓮莫借。巾箱假手，愧乏任彦昇之藏；书屋连床，幸接何将军之宅。

　　州绅何缓斋观察喜皋比之既备，慨栋宇之未充。乙酉之秋，因出其家所珍书二百种，捐置书院，嘉惠同人。经史子集，有美必全；青绿缥缃，无奇不弃。上下芸籖压架，足给三余；东西竹素盈仓，争多二酉。又虞积久散亡，自必得入稽核。既付仲宣之籍，还输鲍叔之金。乃复捐制钱二百五十千文，存典生息，以供藏书晒书之费，示利士林。特登州志，凡兹书目，具刻碑阴。桑梓允恭，克俾笙簧并奏；山渊既富，足使渔猎无穷。逢三伏镇心之候，尚期日下展陈，蚕鱼莫腐；值七夕晒腹之期，当思风前摊晾，朽蠹全除。荟此琳琅，人蒙实德。分斯肴馔。公岂好名？仿逸少之兰亭，少长咸集；启张华之书乘，人我同观。余愿览斯策者，惜宝如金，切勿视同覆瓿；游斯门者，满囊皆锦，毋使室有遗珠。

　　庶几拥马融之座，眼界常宽；下董子之帷，心胸可拓。宝山共入，学海有津。沾丐既多，薪传益广。从此十年得志，士窥中祕珍藏；即今四壁增辉，俨以乡嬛福地。是为序。

　　道光五年岁次乙酉十二月朔，知亳州事钱塘任寿世撰。

培英书院记

（清　任寿世）

书院之设，所以培养人才，乐育英俊也。亳邑旧有柳湖书院，在城东南隅，面城临濠，本行人刘君恩沛别业，捐为书院。嗣滨州刺史王君庆泽捐田以助薪水膏火之资，洵一邑盛举也。厥后颜公用川以嘉庆庚辰来刺亳州事，亟亟焉以兴学校、勤教育为务。集邑人而筹之，为增修之举。事闻于郡，郡太守今升河南方伯杨海梁先生嘉之，捐廉三百金，州人士相继而乐输者千有四百余金，爰于州之北隅得一地焉。左有砂碛，右有茭池，水光淡沲，映带清流。且绿树交柯，清荫四覆。于是度地鸠工，遂议增建书院于此。是时王君之子家椿亦修柳湖书院，并增捐田亩焉。

余履任之初，正书院庀工之始。邑绅士各以新议请于余，余曰："书院为培养人才、乐育英俊之地，多多益善。扬州有梅花书院，复有安定、广陵书院；吾杭有敷文书院，复有紫阳、崇文书院，皆人文荟萃之区。邑有两书院，使多士肄业其间，互相砥砺，靳于有成。是文风蒸起之象也。"柳湖仍其旧，而颜新书院曰"培英"。

工竣于我皇上龙飞之元年，题其堂曰"题元堂"，盖冀其蜚英声腾茂实，培养乐育，以储为桢干之材、廊庙之器也。于是培英书院成，而柳湖书院之在城南者，亦已重建。亳邑遂有南北书院之名。

《易》曰："人文观化"，我国家教泽覃敷，涵濡浸润百九十年。好学深思之士果能争自濯磨，得诵读之，所以专其心志，集良友之益以广其见闻，奉师儒之启迪以就乎规矩，则英姿卓荦、拔迹而腾奇者，将接踵而起矣。

余慕颜公宏奖风流，而嘉邑人士之乐善好学也，乃为之记。维时司其事者，邑明经巩天木、程轩，诸生丁国安、王佐、高捷、王泽、程轸、程捷、燕鹤翔、黄裕杰等程功绩事，筹画经营，始终不懈，所为诚足嘉尚。顾事属创始，凡师儒之膳修，诸生之膏火，尚无所藉。后之君子有心于培养人才者，或捐置田亩，或劝输金钱，资生息而绵善举，则尤余之所厚望也。

道光四年六月，知亳州事钱塘任寿世撰。

书院义田记

（清　郑交泰）

　　自古有郡国之学，有乡党之学。郡国之学官师职之，乡党之学乡之士大夫成之。而要皆存于有司之风，厉而鼓舞，以培植其根本。

　　亳之义学，向在北关外，自旧守德水卢公见曾雅好文学，时延衿佩，从容文讌，始置柳湖书院。余姚华公度蹱之，而后延师，招弟子。继以山阴陈公廷柱扩建学舍，而体制略具。然所入地租，除国课外，赢不及二百金。远延师儒，则道里、薪水之费且不敷。

　　余于庚寅奉简莅亳，意颇小其规模，而费无所出，辄捐俸以益之。既延名师主持讲席，爰选生童肄业其中。常饩之外，评骘课艺，旌其异等，率以半月为度。计馆谷、餐钱之需经费且不及其半，方思谋所以经久裕后者而未遑也。有州人李学书喟然请曰："诲彼子弟，而累我父母，于理安乎？书虽力薄，雅慕弦歌，请割上腴百五十余亩，以充院课、省试之费。"余题其事，以上之大宪，大宪奖勉有加。复下其事于州，俾勒石以垂久远。余惟工居肆而成事，日省月试，始有以励其精勤。若谋学而兼以谋食，心分而志涣，何以相观而善？至士子舌耕心织，终岁劳瘁，仅足代耕，远试省门，舟车行李，更出常年经费之外，剜肉医疮，动见掣肘。有心者宁不为之太息！然大裘普被，广厦千间，香山杜陵未尝不咏歌志之，而未睹见之实事者，力有所绌也。李君顾慨然出其膏腴，煦寒谷以温风，赞熙朝之雅化。为功艺圃，其浅鲜哉？继自今，好学者有资，好礼踵起，式扩前规，益增彬郁。将风厉而鼓舞，以羽仪黉序者，又不独在一时已也。至建置颠末，及前人义举，总乘已详，且非余所经理措置者，余故不录。

　　乾隆三十七年知亳州事香山郑交泰撰。

养正义学记

（清　任寿世）

余既莅亳之明年，邑士以节妇志之劝学输田，相率而请记于余。

余闻王氏者，王君家椿之母也，夙以节孝著，余既为请表于朝矣。兹闻其易箦之时，呼其子家椿而属之曰："汝父在时，曾捐田以益书院、义学之费。及解组归里，方因院址侵颓，有志重葺，而徒以桑榆日迫，遂成遗憾。汝合将所分之田千亩悉输于公，以成先志，以继前美。"椿泣而志之，弗敢忘。爰是鸠其同志，扩其旧基，峻其门墙，新其堂室。延师以讲习，聚士以观摩，彬彬然一时称盛云。

昔孟母择邻以定宅，欧阳画荻以教书，韦宋授学以传经，刘氏输缗以代赋，布在史册，树厥芳徽。今王氏者，不惟垂一家之范，而有以普一邑之施；不惟兴今日之学，而有以惠来兹之士。方诸古来贤母，又何让焉？王君善体亲志，嘉惠艺林，其劳于经营者，已二年于兹矣。计书院之资，崇义学之教，笃小试之用，谋大比之需。勤勤恳恳，惟以造就多士为弗及。今秋复续输田十顷，以资义学焉。盖有贤母，遵夫以训子，自有贤子遵母以承先也。厥先稼亭刺史之泽，其亦偕垂不朽矣乎！

嗟乎！世之人享祖父之余业，受国家之厚禄，丰其奉养，广其田宅，私其子孙而已。而亲族有冻馁者，且置若秦越矣，又乌知乡里之间有映雪于蓬户者乎？有凿壁于陋巷者乎？有请业无门而负笈无资者乎？

盖丈夫而有愧于巾帼者多矣！何巾帼而竟有大丈夫之行也？余尝读《王氏三世节孝诗序》及当代士大夫之后先歌咏者，久钦其家范。今既乐王氏之代有贤妇，而且乐亳之人士得相与以有成也。因为访其师资，优其劝奖，以赞成之。

夫崇奖善类，以风化斯民，有司职也。遂书以纪其实，而亦使后来继今者不忘其所自，而咸与闻风起也。岂不懿欤？

道光五年乙酉三月，知亳州事钱塘任寿世撰。

养蒙书屋小记

（清　杨继祖）

　　窃惟国家之所以治安，视乎风俗民俗之所以长厚，视乎人心之所以醇良，视乎教养。吾亳旧有柳湖书院以课成才，养正书院以端蒙养。慨自乾隆戊戌以来，河伯降祸，旱魃为虐。饥馑荐臻，弦歌辍响。洎乎乙巳、丙午，遂至易子析骸，奚止折房谢屋吁？

　　吁嗟乎！两书院基址虽存，而讲堂、庐舍不可复识矣。继祖仰承慈训，谓尔承先人遗业，幸免饥寒。常出偕二三知己，修举废坠，继美前人。而五六年来，迄无定论，心窃痛之。友人金垲示之曰："子误矣！此等急务，但当视己力所能者为之，不能大举，且小试不能及远。且及近不能课成才，且课幼学。因而不能置之郡，且置之乡。况人之好善，谁不如我？一村倡之，众村和之。家弦户诵，比户可风。特指顾间耳！斯县苟有茂才异等者，出乎期间，则处为醇儒，出为良佐，亦未必不以是为初基也。古人有言'请自隗始'，吾子其急图之！"继祖于是跃然以起，遂于居址之西北隅买宅一区，有房二十余间，克日招工匠修之葺之。既落成，以书院名请者。嗟乎！匹夫为善，其志小，其力微，所及几何？而敢少涉矜张，以增愧赧。此则继祖所皇然逊谢而不克当者也。无已，请名之，曰"养蒙书屋"，以待继起者光而大之可也。

　　州例贡杨继祖自记。

捐地碑记

（清　张善佐）

　　岁庚午七月，析津严公来守是邦，庶政具举，尤以兴起人才为务。谓柳湖书院为育才之所，数年来半就倾圮，爰视其颓者整之，荒者葺之，月有二课，必亲至院。设饮食训诲，进多士，而勉以崇经服古，饬躬励行，色温意恳，勤勤罔懈。壬申春仲，又特延柘湖屠夫子为山长。夫子名应麟，甲辰进士，澜水名宿也。乐群敬业，朝夕切劘，文教聿兴焉。肄业者日益众，而岁时膏火之资，不足以供多士。郡庠生姜过森为予友，商于予曰："余有地一十八亩，在城东丁固寺南马家桥。旧为泰山庙香火，今庙已毁矣。诸昆弟以先祖所施，不欲反为己业。将输之书院，岁可取租三千二百，稍助薪炭之需。但数无多，恐贻士林羞。奈何？"予曰："地无论多寡，期于有济。今圣天子雅意作人，俾各省会俱立书院。下而州邑，愿立者听。吾亳仰宣圣化，建之柳湖。其堂构丹漆与修脯之费，俱绅士所乐捐，原不拘乎数之多寡也。昔王文正曾奏置院长一名，给田一顷以供爨，当世传为盛事。今踵事济美，所指虽不及文正十之二。然雅意良厚，岂在多少乎？况继自今慕义者闻先生之风而起，其不以此举为之倡欤？"

　　于是呈备案牍，以存考稽。终恐世远年湮，豪强兼并，胥吏之所乾没也。援笔记此，以勒诸石。

　　乾隆十七年十一月邑廪生张善佐撰，廪贡郜琪书。

赞学碑记

（清　郑交泰）

自古有郡国之学，有乡党之学。郡国之学官师职之，乡党之学乡之士大夫成之。而要皆存于有司之风，厉而鼓舞，以培植其根本。

亳之义学，向在北关外，自旧守德水卢公见曾雅好文学，时延衿佩，从容文宴，始置柳湖书院。余姚华公度踵之，而后延师，招弟子。继以山阴陈公廷柱，扩建学舍，而体制略具。然所入地租，除国课外，赢不及二百金。远延师儒，则道里、薪水之费且不敷。

余于庚寅奉简莅亳，意颇小其规模，而费无所出，辄捐俸以益之。既延名师主持讲席，爰选生童肄业其中。常饩之外，评骘课艺，旌其异等，率以半月为度。计馆谷、餐钱之需经费月不及其半，方思谋所以经久裕后者而未遑也。有州人李学书喟然请曰："诲彼子弟，而累我父母，于理安乎？书虽力薄，雅慕弦歌，请割上腴百五十余亩，以充院课、省试之费。"余题其事，以上之大宪，大宪奖勉有加。复下其事于州，俾勒石以垂久远。余惟工居肆而成事，日省月试，始有以励其精勤。若谋学而兼以谋食，心分而志涣，何以相观而善？至士子舌耕心织，终岁劳瘁，仅足代耕，远试省门，舟车行李，更出常年经费之外，剜肉医疮，动见掣肘。有心者宁不为之太息！然大裘普被，广厦千间、香山杜陵未尝不咏歌志之，而未睹见之实事者。力有所绌也。李君顾慨然出其膏腴，煦寒谷以温风，赞熙朝之雅化。为功艺圃，其浅鲜哉？继自今，好学者有资，好礼踵起，式扩前规，益增彬郁。将风励而鼓舞，以羽仪黉序者，又不独在一时已也。至建置颠末，及前人义举，总乘已详，且非余所经理措置者，余故不录。

乾隆三十七年知亳州事香山郑交泰撰。

厘定课试新章

（清　宗能征）

光绪十九年，知州宗能征于东院建房两楹，题曰"交勉斋"，并厘定课试新章，榜示讲堂。

示曰：书院之设，原为培植寒士起见，惜乎经费不足，未能一展宏规。兹本州酌拟新章八条，榜示讲堂，愿与多士相交勉焉。

计开一书院，课期定每月初二日为官课，二十日为师课。每年自二月初二开课作为甄别，十月二十课止。生卷拟取超等五名，特等十名，一等无额；童卷拟取上取四名，中取八名，次取无额；甄别取定有名，准其应课。如有远居乡间，不及与考甄别者，准其于师课第一期自行备卷，随同请考，后不为例。自光绪二十年为始。本州议于每月初十日增试小课一次，课以杂作。双月为官课，单月为师课。生卷拟取超等三名，特等五名，一等无额；童卷拟取上取二名，中取四名，次取无额。如试卷不合超上之选，当赋阙如，不予滥列。有抄袭雷同等弊及三课不到者除名。各生童力志攻苦，堪以造就。俟佳构日多，再行议增超、特、上、中取名次，以示宽博。留院肄业拟甄别，后酌收十人，生童各半。如有额留，书院亲从山长肄业者着于甄别。案发时赴礼房报名，呈候本州核准送院。肄业自住院之日起，饭食、灯油均由书院供给。每月朔望准其回家探视一次，平日非有要事不准出门，免致废时失业。有不应课者，当众申斥；三课不应，逐令出院。各生童努力前修，辛弗自弃。本州有厚望焉。

知州卢示书院士子文

（清　卢见曾）

照得虞廷敷教，才子起自辛阳，周室作人，髦士章于云汉。

钦惟我皇上临雍讲学，开馆兴贤。罗骐骥于厩中，牧之金栈；立凤凰于池上，栖以碧梧。诏诸臣举博学之儒，旷典千秋仅见。命学正拔茂才之俊，殊恩六载。一行虽远处于象鞮，共兴怀夫鸒荐。矧兹亳郡，统辖太、蒙，柱下史之仙乡，漆园吏之故里。曹子建六朝弁冕，鹄立于徐、陈七子之间；薛考功一代宗师，雁行于王、唐八家之列。信风流之未歇，知人地之犹灵。涡水西回，不少图南健翮；谯阳东旭，岂无冀北雄才？

本州曩令山桑，代庖亳篆，适逢科试，奉檄监场。因寓目于幕中，得纵观夫壁上。今膺特调，复莅名邦。案牍纠纷，薄书旁午。理乱丝而觅绪，愧乏穆之之五官；弹别鹤以无声，顿改安仁之两鬓。

兹值中秋初过，庶政微间。香彻琼楼，砍桂磨广寒之斧；清坠玉露，食苹忆嘉宴之笙。淘美具而难并，定得心而应手。尔诸生息当六月，鸣以三年。务尽研都练赋之长，一守按部就班之法。思同泉涌，逍遥秋水之篇；笔似露坠，错落明珠之句。作者快三冬足用，阅者惊五色纷迷。

本州小试操刀，敢诩全牛在目；偶然捷足，庶几老马识途。如其技果超群，定赏鉴于牝牡骊黄之外；即或多才泛鹜，当范围于准绳规矩之中。太清楼下，广植楩楠；观稼台前，遍载桃李。从吾游者，将兴白鹿之规；企予望之，共奋青云之路。特示。

谯县创建尉廨记

（元　张　瑾）

夫生齿蕃聚，必建官设属，以什伍之布教宣化，乃有廨居，以尊异焉。盖民非官则扰，官非民则衮。扰则宜治，衮则当崇，古今通义也。粤若谯邑，画疆百里，土沃俗阜，视古侯国。自金季板荡，残于兵盗，遂致荒墟。又与宋壤比，时有我元汝南忠武张王来戍于此。宋人怖威，不敢窥境，遗民朔风，襁负还业，以奠其居。月益岁盛，而克复其旧焉。后贤牧继治，官方物宜，致用悉具，今已六纪矣。然而一尉每倅就民庐，羁栖更多，尹莫有举者，庸非漏典哉？至正壬戌良月永年，王君正作斯邑，治尚简静，黎庶歆之。一日履视前政，知尉廨久旷，愀然不乐。适窭民自言故宅当县治之西，愿售者。君释然曰："此即吾之尉廨也。"与监县伯俞、判簿祁仿合心计画，用楮币一千六百余缗以购入焉。

当旧四楹，改涂易檐，以正官署。推羡财创两庑，以庇吏卒。大门南呋垣周缭，匪逾匪墙，厥美适中。而王君可谓知先务，善于其职者矣。抑尝论之，尉之职主于盗，而县务勿预。盗之兴不由尉，而尉为驱之，是尉县一体也。世之为县者多，与时兴师而不相恤，何哉？盖由县责尉驱盗之勿勤，尉亦责县之不以礼相善，遂致乖刺。虽文移小失，犹苛责不容，又奚顾尉之无居也哉？

今王君乃以掇治县余力以成斯宇，是能通一体之情以相恤，而尉亦能勤以相辅而见报也。不其美与？噫！后之为尉者宜尽驱盗之方以忠吾职，毋以县之不礼而自怠。为县者当洁其兴盗之源以自励，毋与尉龃龉而不相恤。俾县尉合一，则民盗戢矣。居斯室者，若乃玩常踵故，靡冗率略，姑逭公谴于文移，则非王君之所望也。廨既落成，尉李彦泽介友人孙元叔，求予志其创建之由于坚珉，以垂永久，遂序其事，以为之记。

亳州兴造记

（明　王　鏊）

亳，故汤都。今城东北一里而近有汤陵，三十里而遥为桑林之野。桐宫、谷熟往往而在。春秋时为谯邑。秦汉而降，或为县，或为州，或为郡，为军，为国，纷更不一。明初复为县，隶河南之归德。洪武六年，改隶凤阳之颍州，迄今百三十余年矣。

其境大货穰，将强卒武，不为尊官，无以镇之。宏治丁巳，巡抚南直隶左副都御史当涂李公以闻诏升亳为州，体视大邦。时东鲁王侯沂以选来知州事，喟然叹曰："兹惟殷之故都，今诏所升进。而卑陋弗饰，予何以视事于此！"

乃鸠材庀工，以兴坏起废为任。谓教化莫先学官，乃重新大成殿，饰孔子诸贤貌像，建明伦堂，辟射圃，缮黉舍。又筑郡厉坛于城之北，社稷坛于城之西，风云雷雨坛于城之南。又作城隍庙寝东西二十四司。又以分司不足以贮使节，乃建总司于分司之东，府馆于州治之左。又作预备仓若干，连军储仓若干，连官厅、公廨各一。然后曰："吾亦有所休乎！"乃改作州治前堂、后寝、左库、右厅，东西列吏舍；后又作库楼二重门，固用戒不虞。经始丁巳之冬，迄辛酉而落成焉。教学有次，享祀有所，宾至有归，食有高廪，货有深藏，听断承委各有宁宇；其所建又皆高广宏敞，丹膜焕然，遂非昔日之亳矣！其用人之力，木石瓦甓之费至有千万，役亦大矣。而治之有法，故财虽费莫知所从出；行之有渐，故力虽勤莫知所劳也。侯于是可谓有功矣。

昔者孔子善于路治蒲，而孟子讥子产不知为政，则邦之改作，亦有所不得已者乎？夫得已而不已者侈，不得已而已者怠。侈固非也，怠亦非也。若侯之作其宜然乎！可谓知为政者也。于是州之士夫咸来求予文，镵石著侯之功，使来世尚有考也。

修何忠壮公祠碑记

（清　王　鸣）

《祭法》以死勤事则祀之，如张巡死睢阳之难，至今庙食睢阳，虽妇人孺子皆知其忠于唐也。其埒与巡比烈者，于明则有忠壮何公。

公讳燮，字中理，号浔江，福建晋江藉，万历乙卯举人。崇祯初尝为灵川桂东令，有政绩，民爱戴之如父母。以治行报最，迁亳州知州。当怀宗时，温、杨用事于内，闯、献倡乱于外。饥馑洊臻，中原鼎沸。亳为江淮门户，地当四冲，数被兵，居民樵苏不给。至是公奉命刺亳，或讽公以病免，而公独志靖寇氛，单骑就道。既至，则招流亡，抚疲癃，峙刍粮，训练士卒。筑城浚壕，缮甲厉兵，为战守具甚备。

方贼之在秦也，尚书孙传庭、总督卢象升、总镇左良玉相继击败之。李自成窜车箱峡，张自忠窜房竹山，尽亡其众。佥谓小丑不足介意，公独忧之。自桂东间道驰书，言于秦中大吏曰："毋幸胜，毋玩寇。伍员曰：'为虺弗摧，为蛇将若何？'扼险以待其弊，歼之可一鼓尽也。"无何，传庭入卫，三边总督杨鹤力主抚贼。贼既出，险遂不可制也。

公复上书大司马冯公元飙，以督师孙传庭坚壁潼关，左良玉坚壁襄阳，凤皖之兵扼淮，保定之兵扼河，可期四面围剿，取贼可以百全。冯公韪其意，上之于朝。而枢辅杨嗣昌、熊文灿、大珰高起潜等迎合中朝，一意主抚，旋又奉诏督战。伺虎豢狼，军无纪律。致贼焚毁陵庙，蹂躏豫楚，屠名城，杀亲王，盖自卢公象升改督宣大，孙公传庭移镇保定，贼始俯瞰东南，铁骑建瓴而下矣。

始，公自晋江将携眷属之任，继而遣之曰："吾此行誓以死报国，汝等与吾俱死无益也。"义子何春涕泣请从，许之。公起家经生而娴于从政，居恒每讲习韬略。以天下骚动，预市宝刀，蓄名马，以备不虞。

其守亳也，日则裹甲，夜则枕戈，如是者匝月。兖、豫土贼蜂起，长驱犯境。公则先登陷阵，所向披靡。大破贼于卢家庙，招降其众数千，擒贼魁，刳肠以徇于军，曰："敢从贼者，视此！"

当是时，李自成新陷河南。亳与接壤，士民方恃公以无恐。而土寇房文

179

宇、高见寰、聂三虎者数亡命无赖，闻寇且复至，乘机入城，相与结为内应。崇祯十五年四月十五日，贼果悉众来攻。云梯火炮，震喊如雷，亳屡经残破，望风瓦解。公独支危城，奋身决战，矢尽力穷，城陷被执。贼甘言诱降，公怒骂之。拽之跪，不屈，骂益厉。断足剖胸而死，首悬市上三日，怒目决眥，犹闪闪动。贼惧，空营以去，驻于涡南。

增广生孟宗素者，发愤怒曰："贼凶淫残暴，留驻未行，意不可测。与其贼来杀我，毋宁我先杀贼。且何公已死，贼必无备，乘之可破也。"乃集乡人数百，驰渡河，夜斫贼营。火光中遥见公提刀跃马，指挥杀贼，凛然如生。贼大骇，走死不暇。增广于是率众突前，大呼奋击，无不以一当百，追杀数里，夺其所掳妇女辎重而还。

十七年三月，公子诸生知青诣阙请恤，赠公太仆寺少卿，谥忠壮公。葬亳之东关外东南城角，坐奎楼下，南向。乾隆九年，公五世孙应龙访得其墓，而加封焉。盖当时吏目王隆斗及公义子何春所具验以葬者也。

余于辛巳莅亳，访求前人遗迹，谒公墓，徘徊久之。窃以公之死事与睢阳若合符节，睢阳为真源令，公亦官与同。而荒冢残碑，翳榛莽而穴狐兔，曾不若睢阳之赫赫者。睢阳守一城以捍天下，全赖昌黎为之表章。若夫明季之衰也，道丧文敝，公有睢阳之烈，而当时莫能为昌黎之文。

自兹又百余年，诚虑日就湮没而失其传也，既于其墓垒石为冢，树丰碑，植荫木。复度地于北关花市街，立祠以祀公。其襄事则太学生黄均、何永源二生，原籍皆闽人，故尤踊跃云。今落成，爰胪列其死事之颠末，而并系之以诗，俾来者得以览焉。诗曰：

> 帝臣殉守土，奕祀载其芳。
> 至今奎楼上，眥裂髻戟张。
> 明祚丁阳九，亳社失金汤。
> 生不受贼屈，死犹殉檥枪。
> 何以明壮节，仁义为圭璋。
> 何以妥忠魂，椒桂为酒浆。
> 声威并宁武，庙食配睢阳。
> 瞻拜皆赤子，申锡福无疆。

亳州知州王鸣撰。

苏公讲院碑记

（清　吴楚奇）

从来长民者，非有深仁厚泽浸灌民心，虽阴谋巧术可窃一时虚誉，未几，源之无水涸也立待，安能历久常新耶？

郡侯苏公，蜀郡名家，燕山巨族。戊子秋，治我谯郡，以惠爱之实心，为循良之实政。不计利，不沽名，不动声色，不偏私任。仁慈廉惠，十余年如一日。绅士耆庶相聚而谋曰："公旦夕将超擢以去矣。常人一德一善，犹且传之志之，以示不忘，岂泽被群生多历年所，而令棠阴无片地可瞻仰耶？"乃因平日讲论圣谕之区建书堂数楹，设凫䴗像，使公他日荣迁后，岁时伏腊，称觞拜祝，对芳容如对我公焉。岂非报德报功之美事乎？

大工将竣，因原系予言倡首，今仍乞予纪其颠末。予思古今贤父母至诚惠恺，不邀名而名卒归之者后先相望。在官则亲之如依怙恃，去任则思之如见羹墙。石庆之祠于齐，栾布之祠于鲁，杜轸之祠于池阳，荀勖之祠于安邑，张鱼为武威，任延为九真，生祠并建；陆机为浚仪，弟义为广都，遗像同标。宋发政教严明，人配汝阴之社；崔瑗溉田遗爱，郡祀汲水之乡。庙貌俨然，原非强致。今公实政实心，未尝毫有阴谋巧术以图虚誉，而贤愚爱之，历久弥新，方之古人，夫宁多让。但善政多端，未可殚述。仅胪列其大者十余事，勒之贞珉，俾观者一见朗然，且使后之人知非粉饰之说所可幸致。此休声盛事云尔。

嘉绩详列于后：一，催科寓抚，耗例轻平；一，蒲鞭德化，几致刑措；一，加意作人，思隆学校；一，监发足饷，实惠兵营；一，劝息词讼，民风渐淳；一，捐置粮船，永免封驳；一，现价公买，市肆欢呼；一，心红纸价，每岁实发；一，赏春妆点，永除陋弊；一，步履祈祷，精诚感神。

钦授内阁中书舍人州人吴楚奇撰，郡庠生李逢庚书，康熙戊戌七月立。

伯颜祠碑记

（元　撰者不详）

　　至正丙戌夏六月，敦武校尉伯颜来城父县为达鲁花赤。时河南饥荒之后，民物凋敝，寇盗窃发。侯莅政公，勤以弭盗为先务，昼逻弓兵，于邑中色目子弟习射。夜严徼析，令民各为预设方略，以为擒捕。以故盗贼闻风，不敢犯境。

　　二十年之间，境内稍宁，然贼党恒有伺害之意。己丑春二月二十一日，县治义门乡坞下村有贼二十徒，骑马执弓矢，白昼杀人而夺之货。时侯小疾，坞下张宽、卢荣踵门告急。侯闻之，奋起，怒曰：“贼敢犯吾境乎！”遂率弓兵及家人驰马出门东。扬言誓众曰：“当同戮力杀贼，以泄民恨。为民而死，男子志也！毋退缩以避患。”众皆鼓勇直前。直走坞下，至白龙庙，闻贼去掠福龙宁镇。侯转马南追，日晡，至福宁镇之水西村，与贼七八人对敌，相射。凡三往来，射伤四贼，贼惧，退。侯追之，贼高声曰：“官人休赶！”侯怒骂曰：“杀人劫财，天所不容。更望免乎？”策马追至福宁镇北，射敌数阵。不意伏卒十余骑突出杏林，前后冲杀。弓兵李垞、赵洋儿及家人俱被箭伤，众遂溃。侯失尽马渚，退奔福宁镇，镇民皆已闭户，被贼所害，弃首于宿州境，妻子收殡于城。

吴公惠政祠记

（明　贾三策）

　　南平益轩吴公奉命守亳，三年而政成，天子嘉其绩，擢贰九江。去之日，百姓遮留，不忍别，佥谋祀之，时以乱，弗果。迄今逾祀，父老复聚谋曰："若父母吴公，系百姓心久矣。在今日庸可缺祀？不以慰吾辈后来之思念乎？"于是相与捐资庀材，建祠邑之中隅，而奉公像。时竣事，咸谓当有言以记之。

　　予不揣荒陋，乃濡毫而扬言曰：天下之族在祀典者，非以其宣力王国、勤劳民事已也。昔文翁敷化于西蜀，龚遂覃惠于渤海。直以岁月之间，遂能治化大行，至今易世而下，令人企仰不忘，庙食无穷。

　　猗惟吴公，宣誉岭表，海内风闻，非一日矣。吾亳得而父母之，何其幸哉！其慈祥恺悌，可以扶危济困；简静重厚，可以息事宁人。虚怀鉴物，则民不忍欺；厘弊锄奸，则吏不敢犯。洁己爱民，抚循不倦。质之古循良，诚无愧矣。以是而俎豆之，其有以合古祀典之所载乎。

　　予生也晚，尝承公教。丰采仪型，宛然在目。知公德政之入民心为最深也。夫人子之于亲，瞻依左右，相忘于无事，其情未切。惟不幸而相离，则感慨思慕之情，于是为独至。公今去亳矣，百姓之思未已也。自兹祠既建，得朝夕登降其前，亦可少慰赤子依依之至情矣。予观礼于父老之末，从父老命，次叙颠末，以识岁月云。

　　工部主事州人贾三策撰。

张公惠政祠记

（明　方宏静）

乙卯秋，涪陵张公奉命守亳，今迨三年矣。亳民立祠祀之。初，公之抵亳也，政弊民疲，俗竟悍靡淳。公询诸父老，检厥旧政，郡斋夜思，不遑宁处，咸举而更新之。无何，百废俱兴，因革绪理。且公警敏天成，听断如响，抚孤弱，摧权豪。但见讼者服，诬者庆，欢声载道。境内帖帖无异词。府中案积，次第检结。时复值东南戎马之扰，势难支措。公从容应变，事办而民不告劳。其他新久废之学官，辟旧缺之神道、陵庙、公所，城梁、坊市焕然改观者，不能悉数。

今兹阳煦和气，视昔之严霜大冻者，有间矣。亳之士夫颂于公，氓庶歌于野，里胥乐于官，咸曰："我朝将百余年矣，如公者几人？使其泯泯而去，奚以表遗泽乎？"

此祠之所由建也，方祈神吁天，恐公旦夕迁秩，无以长庇我亳民。岂知直谅难容，贞白易污。适有厚要于公者，而公不如其欲。其不遇也，必矣。公宁自病，而不以病民。虽爱公者售自全之说，公终不从。

公高人也，土苴世故久矣。取非其有，而屈己赂人，计不为也。公坐政，尝以鬼神自鉴，瞬息不忘。对越至于谪伏发奸，亦往往奇中。人是以异公之政，而不知公之心事原与鬼神相依附也。

今乙未春，即于谯国之中街立祠设像以祀，期月而告成。夫祠之成，民成之也。而其成之果，而且连略无疑怠者，民不知，公亦不知。公惟知尽守土之责已矣。夫砻石树碑，所以垂于永久，而立祠又所谓希旷之典也。民之祀公，公之祀于民，是岂偶然也哉？

予宗党多商于亳，挹公之润实深且久，亳士民及武平卫指挥吴腾等，因予兄而属予文，故僭为之记。

公名猴，字茂举，号得泉。迩闻公有勇退意，夫以公之才之敏，可统摄江郡。矧海内多故，允资敏哲，鸿功骏业，固未有涯也。欲遽拂衣，得乎？因及之。

户部郎中方宏静撰。

薛考功祠记

（明　李先芳）

　　余初读《薛考功集》，爱其涤濯滓颣，寄芳腴于至淡，有六朝以上风骨。想见其人必倜傥独行之士也。既弗克见，则欲造其庐，收遗书，以传诸后。

　　嘉靖癸亥，余以尚宾卿贰左迁同知亳州事，始诣考功之墓。阅文征明、唐应德所撰墓志铭若表，及中丞南岷王公所收遗书序，怃然叹曰："考功先生节义文章，尽在是矣！"因过西原草堂，坐莹心亭，诵壁间乔、苏二尚书、马中丞诸公诗。疏竹数竿，大石严严，清标恍如有见，亦赋诗以吊之。无何监察御史肃庵朱公临郡，余率国人请曰："本朝宏德以来，文人最贤者惟信阳何大复、亳州薛西原。砥砺修行，高朗令终，载在《名臣录》久矣。德清蔡中丞为大复立祠专祀，而西原未之及也。且无祠，尤可悼痛。"

　　时南岷公以少司徒阅兵淮扬，余晋谒如其请，公曰："是吾意也。"两院檄文俱下，乃卜城东二里许薛氏故茔之旁，实为属目之地。方召工营之，考功弟子国子生薛衢，颇以学行禅其家。乃扣郡曰："方春恐妨民役，衢家尚克堂构也。愿代成之。"郡相孙使君察其诚欵，俾竣乃事，复赍十金助之。余亦采大木数围，树坊以表其门。衢恳余为记。

　　余惟先生之初弱冠也，仪封王浚川见而奇之，后为忘年之友。先生之家居也，南岷公见而友之，永为莫逆之交。二公以大谏名御史，一外补而得西原，所得逾所失矣。

　　余不佞，待罪内台，出倅兹土。粗通声韵，靡所取裁。思欲执经先生门下，竟不可得。既闻父老述其历官居乡之行，令人竦心拭目，叹服久之。为我法程者，岂惟雕龙之技哉？奈何不我时遘，徒且山斗之仰耳！

　　呜呼！先生以瑰玮卓绝之才，而秉谦抑受虚之心；以宏深静专之体，而负方刚耿介之气。以况潜明春之资，而积克己居敬之功。是以抗节世氛，拂依从好，所蹈益伟而不自己，所学日邃而不自知。特悟众妙，优入元境，诗文其余事也。晚年闭关解体，忍性黜聪，而考注《老子》。自号大宁居士，亦紫阳注参同之遗意。故不害其为通方博雅之君子也。

嗟嗟，先生既没，时有六载，祠之落成，创自今日。首倡建议之端，永享钟虞之祀，宿貌瞻之在迩，令闻传之无穷。士林缺典不为无补，而夙心亦少偿矣，虽极被严谴无悔也。人言士有旷世而相感者，夫岂偶然哉？兹叙其大都，并前挽词一章镌之石云。

尚宝卿知亳州事李先芳撰。

朱公崇祀名宦祠碑记

（清　小子霖）

维乾隆甲子十有二月，先大夫苍严府君奉天子制，崇祀亳州名宦祠，从士民之请也。越明年，乙丑五月，小子霖以庐州守调守松江。因得以官事之暇，从绅士耆庶后奉木主以祀。祀毕，群请以事志诸石。霖不敏，未能道扬先人懿行，愿以圣天子殊恩旷典，都人士爱慕之忱，有没世而难忘者，爰举见闻所逮暨士民所缕述者，志其节略焉。

先大夫姓朱氏，讳之琏，字商玉，苍严其号也。性廉明仁厚，喜书史，事君亲，接众庶，立身行己，无一不衷于道。年二十，出为福建建阳令，即有政声。未载，擢四川忠州知州。时川建当寇贼蹂躏之余，井邑空虚，田畴荒芜。先大夫以民瘼未起，如治病瘵者，亟宜培养元气，省刑薄税，节食用，减仆从，躬问民疾苦，两地流亡者以次渐复。随丁王父艰，惜不能久于其任。

服阙，除亳州牧。有讽先大夫者曰："亳乃江南繁剧区，其俗犷悍，多奸猾，险健好讼，轻文事，非建阳、忠州比也，子其慎诸。"先大夫笑应曰："政贵因地制宜，岂以成见拘哉？"下车日即访拿豪蠹十余人，立致重法。诸奸猾皆股栗慑伏，寻悔过，自改迹。有讼于庭者，为平心剖断，摘发若神，自后人无敢乱法犯禁。一州积习顿除，徐得以文事化导之。

其先，州治内有奎壁楼，倾颓已久。捐俸金修之，选能文者数十人诵读其下，最以变化气质，陶淑清性。由是士习端方，文风丕振。壬午乡举，吴君楚奇名冠南闱，咸以为勤学兴贤之验。其他如免义门之税，给流亡之银，身被其泽者，至今历数世犹颂德不衰。

阅几季，因建阳任内细事，例得降调。亳民闻之，仓皇奔告，环公堂号泣者，顷刻以万计。曰："愿以万口赎我父母。"先大夫正色抚之曰："某以薄德牧斯土，体圣主忧劳百姓之意，愧未称职。今有过，仅议降调，方重感激。而尔等乃尔，不益吾罪过耶？"众咸喻服。然迫于情，终聚泣不忍散。无已，由便门出署。众哭，随之，径奔省吁大中丞范公。大中丞悯其情，为叠疏代

187

请。圣祖仁皇帝施格外之恩，可其奏，因复留亳。后十二年，擢安庆府同知。有倡前此之议者，众止之曰："今之去，为父母荣也。安有人子而不愿荣其父母乎？"遂各顶盆香，具酒脯，泣而送之。建生祠于北门外，绘像以祀。岁时相向拜祝，与在亳时无异。

康熙四十八年，亳地水灾，田庐漂没，民不聊生。制抚知先大夫素得亳民心，特檄往办赈，复如亳。与故工民相见，潸然泪下，曰："吾子弟乃穷困至此矣！"俟请命后赈，恐数万生灵不及待，因先设法措处，散粥募粜，继奉朝廷诏大赈，躬自董率，阅昼夜无倦容。俾老幼废疾咸沾实惠，全活民无算。

佐理皖城，历经八载。兼名府州县，篆无虚日。后蒙荐，擢直隶宣化府知府。宣化，古边陲境也。地性苦寒，生理瘠薄，又当军兴之际，百姓罢于转输。先大夫整率属吏，务以剔弊厘奸，惠养良民。宽猛相济，一如治亳时。方其初任宣化事也，悯百姓输纳之艰，切禁下吏，毋许额外需索。会有总办军需之大官，有意阻其事。为面争数次，不纳。遂振衣而起，厉声曰："任父母斯民之责，何忍坐视百姓受刻剥之苦？愿系印绶，辞官去。"大官因感悚，改容俯谢，严令士弁勿许扰害百姓，因赖以安。先大夫以一身而为斯民倚庇者，大率如此。

历十载，推为循良第一，特调正定府知府。任未久，值世宗宪皇帝即位之初，颁圣祖仁皇帝遗诏，访求明代后裔，特调进京引见。蒙赐一等侯爵，奉祀先陵。先为镶白旗，后拨入正白旗，兼管都统。时召见，咨询地方利弊，屡荷温谕。己酉岁，疾作，赐帑金调治。庚戌正月初四日，以疾终，赐祭葬，俱出于异数云。

呜呼！先大夫一生宦绩，惟以实心行实政，故能推广圣德，子惠穷黎，勋烈铭于旗常，讴歌载于道路。而任亳有一十八年之久，斯其积于民者独深且厚，宜其尸祝俎豆历三十余年，思之如一日也。

乾隆七年，小子霖以部郎奉特旨监赈江南，遍历凤、颍、泗等处，宣布皇恩，稽查赈弊。亳于颍为属邑，流民杂处，忽相惊喜传告，争扶老携幼遮迎道中，曰："此吾故州牧朱父母嗣也。昔吾父母惠爱无穷，而赈济灾黎，尤多奇绩。今阅数十年，君其复来活我。"环睹霖容止，曰："与吾故父母无异。"因感泣涕零，相向问故父母起居，及离江南后详略。知去世已久，为俯伏号哭，声彻四野。哭未已，有起而言者曰："吾父母已没，其德泽常存于亳。语云：有功德于民者祀之。非吾父母，谁当之钦？盍请崇祀名宦，以垂不朽。"遂条举善政，卓卓者数十余事，白于上宪而以闻于天子，制曰："可"。

　　呜呼，观先大夫之所以施于民，与夫民之所以效于先大夫者，皆出自至忱悱恻，而非有所勉强矫饰于其间。卒以信孚邦国，诚格宸聪，赐爵受封，显荣褒大，历膺三朝之宠命。是足以表见于后世，而为身司民牧者劝也。岂独积善成德，宜享其隆，为子孙之庇赖哉？

　　爰固都人士之请，为述其梗概，以勒诸石。并书绅士耆庶各姓氏于后，志人祠之所自始也。至凡生年月日与夫谱系之，所自出子姓之所由衍，当备载家传中，故不复赘及焉。

　　乾隆十四年岁次乙丑十二月，庐州府知州调松江府知府小子霖撰，邑人廪生孙介书。

节孝祠碑记

（清 尤拔世）

钦惟圣天子超乘六气，表正万邦。道德一而风俗同，教化行而彝伦叙。粤自我皇上临御以来，诏天下督抚、学臣，采及民间节孝妇女，举以闻，随赐帑金，树坊旌表。寻又虑年久坊残，终归湮没。谕令府州县卫立祠于学校之旁，春秋致祀，俾节孝芳名与忠义咸垂不朽。兹盖隆恩异数，亘古所未经行者，良欲鼓励人心，而示以所天决不可二也。

《礼》云："夫者，妻之天。"亦如臣事君，子事父。忠孝节义，其为事天也同。顾余窃思乾坤之正气，见于男子者固难；而见于妇女者，尤难之难。使须眉男子负七尺躯，非忠无君，非孝无亲，则所天不二，分固宜也。

若夫巾帼女流以阴柔之质，而绸缪年少，愿托良人。惚□□升迁，防吉士俗情，往往有之。乃不幸早丧所天，历飘雨摇风之际，向能矢饮冰茹蘖之操，全节全孝，始终靡渝。非人生之巨苦，而天下之所至难哉？此不二天者。所由蒙恤于朝廷，而坊以表之，且祠以祀之也。

按：谯都前此者，如夏侯令女辈，立有三烈祠矣，御史万公之文可考焉。然未有叠隆懿行，肇禋学官，堂宇门楼，高倚云路，若今诸嫒之格外荣光者。吾意都人自过此，莫不翼然而趋，俯然而式，即田夫、里媪，举欣欣然想见其人。其或不然，抑以赧然汗颜，怅怅然失步。百世而下，犹生之年。恶用□□偕老为耶？

盖天者，理而已矣。天理之在人心，古今如一。岂系为臣为子，反妇女之弗如耶？客岁，余承乏莅亳，有风化之责是。忠、节二祠，缺然未立，惧无以宣上德而作下情。时方相度，又数□公出省会之始，旋而后次第分建，鸠工庀材，斯宇乃落成。于今夏为额其门，曰"节孝祠"。符诹吉日设位，题名矣。余因拜，手谨识"天恩异数"，为祠事所由，以昭道一风同化，行彝叙之盛云。至节孝之后人，则有国学黄建极、支茂昆、刘辅佐等，共襄乃事，例得并书。

雍正九年岁次辛亥嘉平月，知亳州事尤拔世、学正陈志洛、训导黄应树立。

修三烈女祠碑记

（明　万镠）

魏曹文叔妻夏侯令女，海秀妻李氏，毛继妻宋氏合祀之，名曰三烈祠。

万镠曰：亳，汤之都也，其犹有先王遗风欤？率之易与为善。此三妇者，相去千有余载，全节守义，以终妇道，其心一也，同有功于世教者。祀典缺焉，何以示劝于是邑人？卜筑为祠，合祀之。落成于嘉靖乙未夏六月，盖镠迁谪之明年也。佥属余纪其事。余维令女执义不弃衰亡之曹氏，其事著明，具载史册，可以不赘。

李氏于嘉靖二年岁饥，夫死，无力，不能葬。身亲负土为坟，悲号哀恸，里巷为之感泣。临媪说之，族人迫之，誓不他适，抱女沉河而死。越三日，尸浮如生，女犹在手焉。

宋氏于宏治十三年夫亡，年十八，苫块神主前，每夜以夫衣为覆。四十年不出闺阃，哀毁伤目，年八十四而卒。

呜呼，三氏，女流耳！贞一之操，始终不渝。孰为而孰使之耶？天理之在人心，有不容泯焉者，古今如一日也。乃世之学士大夫砥砺志行，将自矢之终身。未几临事变而阻挠者多矣，岂妇女之弗若耶？利欲害之也。

明御史万镠撰。

重修三烈女祠并附祭待旌节孝碑记

（清　孙得伟）

钱塘郑侯，莅亳四年，德修政举，时和岁丰。崇秩祀以明虔，表幽光而训俗。树兹危楼，思逾镌珉，擢出贞荩，荣同附骥。东门外有三烈祠者，乃祀魏曹文叔妻夏侯令女，明海秀妻李氏，毛继妻宋氏也。建自胜朝，载在祀典。荒芜是慨，踰历已多。破瓦委尘，凋梁卧雨。荒苔深而暗萤出，落叶积而寒蛩鸣。怀清之台已倾，行义之闾安在？问诸父老，谁知孝女之碑？哀此贞魂，几类若敖之鬼。任侯于是率诸生梅冠春、胡效愚、马藩、王佐等葺而新之，属记于伟，谓："责归于守土，而敬始于维桑，请挥彩毫，用宣懿美。"伟维章，志贞教，端造于闺帷。肃礼明禋，义均乎治化。兴其媚奥媚竈，徒营祸福之心；何如谈孝谈贞，隐寓兴观之旨？况三烈女心皎云天，义坚生死。一则鼻洒盈襟之血，身羞栖草之尘。一则投水以明心，一则覆衣以矢志。事隔千载，节有同归。莫践义途，显襄阴教。此昭其灵爽，可回女丁妇壬之心；荐以椒浆，堪低白发红颜之首也。

至于破镜生悲，孤鸾坐命，口不读《柏舟》之什，耳不闻《女史》之箴。而乃茹蘖无甘，餐茶尽苦，石将身化，笄并心磨。或门第衰微，而生悲寡鹄；或子孙零落，而死作凶禽。朝廷无绰楔之荣，闾里乏坊碑之表。遇之穷也，良足悲已！任侯并准附祭，以待表扬，仁至深也，德至厚也。

嗟乎！侧陋之贤，其迹易晦。义烈之性，为天所哀。剪刘氏之金，香仍在骨；斫湘娥之竹，泪尚留斑。不慰旷古之冰魂，胡励近今之柏节？从此丰碑纪行，栗主栖神。夫殷有三仁，虽年湮代远，而节高一世，幸身灭名存。庶填海帝娥，长享馨香之荐；并矢音溁女，永无湮没之悲。将见我亳俗蒸蒸日上，鼎鼎日新，炳焉与三代同风，未尝非任侯栽培明教之力也。

道光四年九月，试用训导州人孙得伟撰，知府衔知亳州事钱塘任寿世立。

咸平寺碑记

（清　孙维龙）

亳州，江北一大都会也。入其境，则成汤有陵，老子有祠，希夷有里，土人皆能一一指其处。至若崇闳修拱，象教庄严，屹然矗立于城之北门内者，则曰咸平寺。

考寺之初，或云唐时所造，而今志则云洪武二十八年建。唐自太宗崇奉释教，所在寺观林立。若汾州之有宏济寺，莒州之有普济寺，晋州之有慈云寺，印山之有昭觉寺，汜水之有等慈寺，洺州之有昭福寺，幽州之有悯忠寺。盖因轸念国殇，为之荐福。说者谓不失发政施仁之一端。

若亳，为开元时天下州郡十望之一，则寺之由来，谓建自唐时者，理或有之。至谓寺建于洪武间，考洪武初，亳州领县三：谯、鹿邑、城父是也。后降为亳县，寻复升为州，属南直隶凤阳府。凤阳为王业发迹之所，其有龙兴寺者，太祖亲自为志碑以传示后世。亳去凤才三百里之遥，则其规模壮丽，使有以资拱卫而重藩篱也，宜哉！乃岁久剥蚀，藩削级夷，不能避燥湿。而僧人复不善经理，割寺旁之地以售民。恐有议其非者，将寺中所有碑记悉碎之而投之水。访其所存，惟败址颓垣，草深数尺。向所尊为古刹者，渐为狐狸、鼪鼬之窟宅，见者恧焉久之。会山阴陈公廷柱来牧是邦，亟谋重建。惧其费之无所出也，仿乾隆二十六年捐建永清桥例，日月既久，铢积寸累，遂得金钱七万有奇。谋始兴工，适以忧去，继之者则今郡伯海陵张公家炎及城阳张公肇扬，踵事而行，终始不懈。

乾隆三十四年秋，余奉檄承乏兹土，工犹未竣。越一岁，而始告成焉。寺前三门，门三涂，殿崇九楹，阶五级，于佛阁峙其后。高数仞，由廊而东为准提庵旧址，今改名资庆阁。由东而北有春秋阁、文昌阁、地藏王殿；其西则为四方之打包持盂而至者斋舍，凡宗庙桼桷，瓴甓罘罳，罔不毕至。

呜呼，制宏且备矣！而余得以一篑之劳观其成，宁非厚幸欤？夫释氏之说，儒者不言。愚夫愚妇入浮屠之宫，焚香顶礼，所谓求福田利益者，吾不知其究何如也。然斯寺也，山川、城郭、云树、舟车之胜，历历在目，可以登高明，可以远眺望。又其地踞州治之乾方，攒霄耸秀，保障一隅。所谓上观天象，俯协坤灵，胥于是乎？在而百年来，废坠之举一旦重新起之，此亦有志复古者所大快也。

寺之西偏开广善局，施药舍棺，尤合于古人任恤乡党之义，故牵连而乐书之如此。维时共襄斯举，则余僚友州同知平湖程光弼，吏目元和李绎，而董事则州人王士英、黄均、何承宗、李学书也。夫事虽集于众擎之举，劳则成于董理之人，并书之以垂不朽云。

知州孙维龙撰。

咸平寺碑记

（清　郑交泰）

　　自昔身瞻丈六，梦法象于深宫；光镜三千，现圆明于震旦。虽出尘离垢，色相皆空，而合土范金，庄严丕焕。欲登宝筏，先仰金容，善信输诚，由来旧矣。

　　亳州咸平寺本唐宋之古刹，为祝圣之道场。既有历年，不无堕剥。长慨鬘华之黯黮，莫倾钵汁之淋漓。寺虽鼎新，像犹漫漶。爰有州人李君名义者，陇西右族，仙濑传家。幼秉善根，长敦厚行，不阶寸箸，陶朱之手殖偏饶；橐散千金，卜式之义声遐播。怡怡孝养，何须远服车牛？秩秩斯干，共羡基崇堂构。兼以心存利济，谊切睦姻。助不时之需，族党资其困廪；捐有常之额，亚旅贷其仓箱。甃石成虹，快飞梁之共举；立碑表隧，钦圣迹之重新。固已见义必为，从善如渴；犹以少年投笔，心仪弦诵之侪；暮齿翻经，身绕栴檀之座。思助他山之玉，兼施佈地之金。念切瓣香，训留易箦。嗣君学书，谨奉遗言。力遵治命，原田每每。泮宫既扩，其芹泥翡翠；霏霏梵宇，亦光于葱岭。经始于乾隆三十五年三月初二日，落成于乾隆三十六年四月初六日。自释迦牟尼迨十八应真及梵王护法之祇，靡不辉腾舍利，坚修不坏之身；彩炫天花，光满如轮之面。成兹善果，不负前言。

　　乞记胜因，以扬先德。顾惟恪守儒风者，自有圣贤之模范；旁参竺氏者，乃崇妙相于瞿昙。教本殊途，道非同轨。然而因果报应之不爽，亦足儆邪放僻之心；福田苦海之分明，稍可破鄙吝愚顽之习。诚慈悲之能切，自忠恕之不违。善念所推，世风日厚。况李君毕生敦行，愿常矢于博施；遗训勤惓，诚无遗于小善。继世传其孝义，润色及于浮屠。次第攸分，后先有序。爰书贞石，昭示来兹。

　　乾隆三十八年，岁次癸巳二月，奉直大夫知亳州事香山郑交泰撰，巴东县知县邑人梁巘书并篆额。

咸平寺碑记

（清　李廷仪）

　　"州志"载咸平寺建于明洪武二十八年，盖据重建言之，非初建也。或谓初建于唐，为崇因寺，宋改为咸平，后因之。自嘉靖二十三年重修至乾隆三十年，历年已多。即旧制宏整坚实，圮坏固所不免。

　　前州牧孙公《重修咸平寺碑记》谓"岁久剥蚀，藩削级彝，不能避燥湿。而寺僧又复不善经理，割寺旁之地以售民。恐众议其非，遂将所有碑碣悉碎而投之水。"呜呼！梵宇琳宫，鞠为茂草。至问其创始之年，而茫无可据。则碑记所系，不綦重欤？

　　乾隆三十年，山阴陈公廷柱来牧是邦，亟谋重建，仿乾隆二十六年捐永清桥例，商贾店铺各有斟酌布施，无不踊跃。日积月累，经费遂足，计获金钱七万有奇。方欲鸠工庀材，陈公适以忧去，张公家炎继之，张公肇扬、孙公维龙又继之。襄事者乃州同知程光弼诸公，董事则王、黄、何、李诸君，踵行不懈，寺僧灵熙复清慧解事，越数岁而落成。轮奂巍崇，金碧照耀，规模恢廓，迥非旧观。于五十七年十一月初六日夜，正殿自焚，甎瓶宋庙略无存者。或疑为凫灯之火，夫凫灯之所在多有焉，能火耶？乾隆五十八年秋，余莅兹土，拜牌读法诸大事，月常一至。观其前三间，规制宏峻，列宇轩敞，惟正殿九楹，但余焦土。以庄严之地，忽为瓦砾之场，过者能无蒿目焉？殿后则千佛阁，数仞高崿，飞檐耽耽。由廊而东，为资庆阁，即准提庵旧址。由东而北有春秋阁、文昌阁、地藏殿。其西则挂搭诸僧斋舍，东为方丈，方丈左精舍数楹，为游人栖息之所，幸皆无损。又有广善局，施药施棺，张公肇扬倡首，而州人各捐金成之，在寺之西偏。

　　余嘉其法良意美，踵行不废。又设字纸会于文昌阁，在会者朔望毕集，各有捐资。则斯寺也，不但为谯中第一精蓝；深严壮丽，境清规肃，亦诸善之所萃也。余时即有缮完之念，每于公事见州之绅士及董事诸君，必为言之。住持僧实际又以重修为请，时州人丁永辉及诸董事方议经始，余与谯城同宦诸公各捐俸以助其成。自己未孟冬至庚申季夏，功甫及半，余适以署凤阳府事，将之任，实际请为记勒石焉。

夫象数之设，所以利益群生者，有在历代，未之有改。其非为佞佛也，亦审矣。况此寺飞甍峻宇，攒霄耸秀，当州治之乾方，尤为形家所喜，守土者其亦加意哉！

余既喜寺僧发愿之诚，乐同僚友之一意襄助，且感董事诸君子之贤劳，故列名于左，至各街首事、诸善士并各行厘头等姓名书诸阴。

嘉庆十二年岁次丁卯夏四月，诰授奉政大夫知亳州事溧阳李廷仪撰文，赐进士出身例授文林郎截取知县许州李炳南篆额，郡人黄裕杰书丹。

崇兴寺碑记

（清　方　鸣）

郡之有东、西台也，相传为魏黄初时建，所以作邦镇，表名胜也。东台地辐辏，且属周道，四方宾至者或陲会其中，故多车马焉。而西台虽亦密迩郭城，其幽旷岑寂，殊非东台比。然而选清胜恣退瞩者，则又多去彼而适此，盖喜其地之偏也。

余童子时尝嬉游其地，爱其土泽泉甘，山深树古。时虽不能凭高而赋，然已低徊久之。既而兵火迭经，所在铄毁。余亦尝经过其地，则其概故存耳。而苍凉满目，向之所谓肖然而菽然者，亦既荡为寒云断草、荒烟杳霭矣。

嗣是兴朝鼎建，城郭里邑渐次复故，余又心忆西台之胜，每一至再至焉。仰见甍栋依然，松杉郁起，俨吾少时所见者。展拜之余，喟然兴感，且疑何以至此？

寺僧象先谓余言曰："此郡人赵君见垣、孙君茂宗同力所成也。"尔时心窃异之，以为残创之余，人各经营室家计且不给，而顾以及梵官佛舍，此其绸缪之事，盖亦既艰而苦矣。而惜无有为之述其志，传其事者也。

二十年来，余奔走名场，形散而神耗，力罢而气困。盖山水登临之事，亦无复志焉。即凤所流连且一举足可至如西台者，固禁迹七八年矣。则夫如吾目所见始焉，而佳胜继焉，而芜没与夫终焉而改观者，盖亦相与忘之已耳。而赵君见垣忽造余，请记西台修葺事，且道其由来甚详，述其废兴状倍，悉曰："垣庸几何，吾与茂宗所版筑也；梁栋几何，吾与茂宗所度量也；松筠几何，吾与茂宗所种植也。俯仰前事，酸楚犹在十指间。徒以当时为其事而未计其功，而同事亦遂有存殁之异。佥谋未同，故勒石事久而不就，今待子。"

呜呼！余既忘情于西台之胜，然闻其言而省之，固余曩所欲为述其志、传其事者也，而默然耶？

夫天下事不患其盛而忽衰，第患其衰而不能复盛。盖有人焉，为之修举，则天下事自不至废也。如西台之兴起，其工浩繁。今二君攘臂一倡，而举国遂欣然从之，承已坏之基，而垂不朽之业，何者？诚见而乐为也。故凡襄事捐输者，悉刊于后，俾永著焉。

余殆将穷且老矣，行筑半亩官于其台之左，听明月之钟声，解灯前之梵语。与释子辈衲衣草履，遥寄于苍茫岑寞之乡，以毕吾事云尔。

时因赵君请而详记之，俾归而刻石焉。

康熙十六年五月，郡廪生方鸣撰。

崇兴寺碑记

（清 郑交泰）

　　出亳城而西，望高台翼然，上有名蓝。舳舻耸峙，丹黄金碧，映发于青林绿树间者，则王君士英所修之崇兴寺也。是台相传旧筑于魏黄初年，本名观稼寺，其创始无可考。而毁于明季，修于国朝，载之《碑记》。

　　百年以来，渐就荒落。梁桷赤白，移剥不治；金容黯黮，漫漶尘埃。王君偕兄士俊、士杰，尝以暇日游集于此，惜其殿宇垣墉之日就倾圮也，同谋鼎新之。未几而两兄物故，殿日益坏。士英慨然曰："是余之责也！"夫爰鸠工庀材，扫除净土，极意庄严。经始于辛卯之春，而落成于壬辰之秋。半橼片瓦，不藉檀施；鳌柱虹梁，顿还旧观。凡就旧基而谋更新者，为大殿五楹，后阁三楹，护法伏魔殿三楹。鬘髻香花，一朝灿烂。而徒侣参证之地，亦新其榱栋窗棂，以供游憩。计里蹄之费，盖千五百焉。工竣，问记于余。

　　余闻王君好施，亳州所称善人也。爰因其善缘而引申之：夫儒言性善，佛言善根，语不同而功用则同归于施济。施济之事不一，而莫不本于善心。孝友任恤，善之本也；葺残举废，善之末也，即末可以揣本。王君信大雄氏之教，一切以慈悲方便为心。则其能任恤于乡党，可信也；以兄故未及举行而独力践言于后，其孝友于家庭，亦可信也。颓垣断础，一朝而成，绀殿琳宫，双林再造，百年未有之善果也。自是而百年而千年，使瞻礼者生慕善心，生护持心，则又今日创积之善因也。由本及末，善善相生；后果因前，善善相续。俾名山古迹依佛刹以常留，虽曹氏省耕观稼之事化若云烟，而其驱除于建安之中，攘穷于黄初之后者，是非常在，公论难逃。时令二三野衲与游人过客凭吊唏嘘，于以消营竞而息贪嗔，亦可见本性之长存，而善根之不昧矣。非崇因寺现证之善缘乎？因书其语，以告后之来游是寺者。

　　知亳州事郑交泰撰。

崇兴寺碑记

（清　王懋勋）

亳旧有崇因寺，在城外西北偏，用供铁佛地，号西台，与城东东台之岳庙耸然而对峙。兵燹后，无住持僧。橼柱仅存，不足以蔽风雨。予摄篆斯土，适以勾当公务，经其侧，则见神像剥落，楼槛倾敧。问诸居人，具得其废兴始末。

下车凭吊，为叹息者久之。因思佛教之兴，始于东汉永平之岁，唐宋诸儒辞而辟之屡矣。初不识魏晋梁隋之间，何以日新月盛，至于建兴祠宇，装塑金身，百般崇奉如此耶？又不识我佛如来奚所沾溉于亳，而亳之人亦为之顶礼膜拜耶？岂殷道率民以事神，亳为殷商故都，犹染于尊神之余习而莫能变耶？吾知之矣，佛寺之兴，非历代帝王师相好为清静寂灭，实欲藉因缘果报之说以济其德礼，形政之穷，而范斯民于大道中也。

大抵古今治术凡三变：唐虞三代以道德论是非，而不及功罪，是禹汤文武之治也，其民则迁善远罪，而不自毁；战国先秦以律令论赏罚，而不及报应，是申、韩、萧、张之术也，其民则俯首帖耳而不敢逞；自汉承秦敝法，令兹彰上，恃其劫制之术，而不知仁义之可风下，习于巧避之方，而不顾天良之剥丧。屠戮愈惨，奸伪愈滋，渐仁摩义之化，既不可以复兴劓刖鞭扑之刑，又不能以已乱此佛氏之善缘孽报。不惧人以死亡，但惧人以果报者，所以一入中国而人人乐于奉行也。

自东汉以迄于今，贤君代作，而其道德终莫能比于三代，其治法亦莫能过于萧张，长民者求一更化善治之方而不得。是以道德法律之外，每隆重佛法而参用也焉。梁之通泰，唐之兴福，明之报恩，胥是物也。

今亳介江淮之间，其俗敦厚直质，高气节而重然诺，则固有先圣帝王遗民矣。而其子弟负果敢之性，豪宕感激，赴义轻生。昔之人悯其旧俗，思所以优柔而驯扰之，则于我佛之慈悲定慧或有取焉。是则崇兴之所由创建也，夫予既慨佛寺之日倾，而又念佛法之有神于治道也，辄捐廉而兴修焉。

201

又得士商大有、恒有、红坊，及众杂货行、钱店、景昌、天成号等捐资以为之助，则固无虞大工之弗竣也。己阅年而岁寺成，计费钱一千三百余串。其捐资多而督率者，则库承郭廷弼，税承周应符、周鉴堂也，监修率勤者州绅侯君征庸也。是为记。

时光绪四年岁次戊寅秋八月，署亳州知州王懋勋记。

南海寺碑记

（清　余光祖）

　　谯城之南里许，有南海寺，乃古刹也。余刺谯一年，以簿书仆仆，未暇一至其地。既而羁留七载，闻其香火颇胜，心窃向往之。及今归旆，将发，而住持普心等以本寺佛像俱以装彩维新，丐予一言以勒诸石。又以匆匆就道，不遑瞻礼，予因之有感矣。事无难易，力无巨细，亦视乎人之心志耳。人而有志，则诸事可为；人而一心，则众擎易举。盖尝观于创守盛衰之故，而不禁流连三叹也。数年以来，升沉异势，兴废殊观。即此瞿昙氏之踵事增华，益晓然。值兹重熙累洽之世，农有余粟，女有余布，衣食丰裕，谁不好善？则牧斯土者，百务可以俱兴，自不独尊崇西来大意也。

　　住持僧仔肩其事，地主廪生王茂官捐金买地基，永肇丛林，以及倡首乐施，共成善果。诸姓例得镌名于左，使后人知创始之有自，装修之何时。嗣而葺之，亘百年如一日。庶几释迦之教可与圣朝之德泽，并垂不朽矣。寺基恢廓，其北为太平庵，庵北为镇海庵。狮象峥嵘，猋屃环列，古木阴翳，鸟鸣上下。林壑之幽，嚣尘之静，倘予他日再游斯地，犹能为郡人赋之，是为记。

　　乾隆二年岁次丁巳四月，前亳州直隶州知州余光祖撰，郡庠生杜延佐书，亳州知州华度立。

圆觉寺碑记

（清　戴有祺）

谯城自国朝以来，官吏贤明，民众富庶。境以内花宫精舍、香刹神祠，在在有之，虽雕朽，靡丽可观。然地少灵奇，僧多椎鲁，不离市态。

独域北有寺名圆觉者，去城不里许，南带河流，北襟陆野，堂廊净敞，庭院清幽，既可群游，尤堪独赏，颇为临观胜地。相传创自唐代贞观时，中间遭兵燹陵夷而废兴者已数数矣。

明季末年，寇氛横逆。郡城不保，何况山林？而一片清池皓月，不凄凉于蔓草荒烟者几希。洎皇清定鼎，海宇升平。缁流始因有增无稍理新之。至康熙乙未，瞬息三十余年。前之新者又复朽坏倾颓，而寺僧碌碌，无可荷大雄担者，又安足与谋彼岸之功哉？及可明上人嗣法住持，念香台云物，几就荆榛，乃谋复旧观于众善。于是，太学生颜君乐输恐后，出资而倡。其州之人鸠工修葺山门、大殿、经阁、回廊，虽次第重新而规模仍旧，无过前人，不废后观而已耳。

至若增扩基场，高崇殿宇，画栋雕梁，千霄拂汉；朱丹金碧，耀日照星。重修复作之功，未有如今日之瑰伟特绝也。盖可师志愿既坚，才力复勇，不辞寒暑，无论晨昏：一肩云版，纷纷击破朝烟；五指木鱼，静静敲残夜月。二十年勤劬如一日也，以故乐善君子不吝倾囊而襄成胜果。又以大殿后隙地无多，复买张、裴、杨、李四姓基地，兴建大悲宝阁。高插云霄，碧瓦朱栏，陆离灿烂。其规模宏伟，大非寻常境界。苟非师德之有以感动人心，功果能如是乎？工既竣，师以书来谓余曰："贫僧志愿毕矣！檀邦功德不可泯也。幸先生玉堂清寐之余，为我记之。"

予既系官□朝，操觚冰署，愧无枝头结缘佛面，又何敢不以半纸人情而足师愿也耶？故不辞而敬诺之。俾勒石遗诸不朽云。

钦赐状元及第翰林院修撰新安戴有祺撰，海阳程文熙书，奉政大夫知亳州事关中朱之琏立，康熙三十六年岁次丁丑二月。

东岳庙碑记

（元　曹时晦）

　　鬼神造化之迹，无物不有。大而覆载，光而照临，流而川，峙而岳，与夫昆虫草本，莫不有鬼神为主。故曰体物而不可遗，有天下国家者，视等差而岁享之。庶几阴阳和风雨时，不致霜雹雷震之变、水旱疾厉之灾，所以保养民生于安全之地也。

　　亳州东岱行宫，至元乙亥岁者民刘文兴等合力创建。正殿四楹，东西庑、献堂、神门，通二十楹。今历六十稔矣，风凌雨摧，朽剥将坠，过者悼之。

　　至元重纪之三年，有王仁、李友直、徐旺等遂规划褚币若干缗，一撤旧而新之。虹栋桓楹，倍蓰于昔，结构巩固，檐宇宏深。远而视之，有山出云飞之势。

　　于是奉像，设于中构，金碧增辉，而又甃完中途，瓦覆周垣。芳树阴森，扃钥坚固，诚栖神之盛地也。厥功告虞，寥阳宫提点张冲真属予文，纪其兴构之颠末于石，以示将来。

　　抑尝闻之，神不歆非类，民不祀非族。季氏鲁大夫而用旅，夫子犹讥之，而况民乎？窃惟境内祠宇有土之责，废而勿葺，厥职旷矣。为民者乃逾分代之，举政可知矣。虽然，敬神者，事天之道也，与崇异教、舍万金而求不可必得之福者有间也。好义赞成者共刻于碑阴，以垂久云。

　　元学正曹时晦撰。

修井龙王庙碑记

（清 杜 蒂）

余承乏亳州司马，历二载余。见北关外有井焉，泉源清澈，繘以供朝夕者，不啻万家。立龙王庙于上，以祈福佑，由来旧矣。

余以母忧去。服除，上宪复檄补原缺，再莅兹土。自问未有惠爱及民，殊负厥职。而井与庙则已为水所坏，庙貌倾颓，井甃崩圮矣。

夫亳自周以来，代有名迹，至今父老犹能言之。而世远年湮，煨烬之余，欲求故址，渺不可得，又何有于一井也？然而是井也，居阛阓之中，人民富庶，百姓乐业。行潦陂泽，既不可食；而去河尤远，担汲维艰。苟不经营修葺，其为不便于民何如？适居民以兹务请，余因捐俸以倡，并谕诸乐施者。佥踊跃鼓舞，又有里民郭秉伦力任劝募之责，不期年而落成。

今夫修废举坠，亦司牧者之责也。苟利泽足以及人，则除道成梁，前代皆著于令，而况乎井欤！《易》曰：井养而不穷也。又曰：木上有水，井君子以劳民劝相。井养之义，大哉！至于龙王庙，本因井而设，今则榱桷聿新，威仪肃穆，以妥以侑，民藉以并受其福，而长沐神灵之利于无穷也，是为记。

州同知杜蒂撰。

重修雷祖庙碑记

（清 刘 科）

乾坤六子，震号长男，厥象为雷。当阴阳相摩，天地相荡，必鼓之以雷霆，斯奋之以风雨，烜之以日月焉。《易》曰：雷以动之。《礼》曰：地载神气，风霆流形，庶物露生，无非教也。

盖帝出乎震而载万物者，莫疾乎雷。轩辕维主，谢仟是辅，神有专司，灵爽聿昭矣。依古以来，大麓弗迷，《金滕》示警，破高禖之石，击会稽之羊；下及乱臣逆子，作奸犯科，木荫不祥，五谷不惜，惟神明罚勅法，天怒毕彰，亦雷雨作解，赦过宥罪。凡此，下民各宜尊礼者也。

亳州城内东北角旧有雷部行宫，岁久圮坏。里民及各善士捐资修葺，兼挟册募缘，庀材鸠工，并新庙貌。夫民所瞻仰，祀典攸崇，礼固应尔，由此震来虩虩，以恐致福。笑言哑哑，有则无眚，胡不可为一方人士庆哉？予秉铎谯陵，快睹斯举。因为纪捐助姓名，俾勒诸石。

乾隆二十九年岁在甲申六月乙酉，举人选授亳州学正毗陵刘科撰，邑人廪生牛郜琪书。

火星庙碑记

（清　王　鸣）

　　州南弥勒院北火星殿，创自其里袁氏，岁久倾颓，龉龃荆榛，荒秽不治。余初莅亳，即慨然欲修葺之。而民务殷繁，次第有待。越一岁，幸烟火万家，俱熙熙然安居而乐业也。捐资四十金为倡，而同寅程君庚园、都司邱公昆圃亦分俸以助。众绅士因踊跃共酿金若干两，嘱捕厅李君东皋董其事。

　　自壬午六月鸠工，迄今年五月而庙始落成。谨按：神农氏号，炎帝厥后，黎为高辛火正。淳烁惇大，光昭四海，故命之曰祝融。《周礼》：夏官司爟，掌灯火之政。令季春出火，季秋内火，民咸从之。凡祭祀，则祭爟。盖德配五行，功传六府，民生赖之焉至切。而义叔平秩，南讹独言，敬尤以见。日永星火，赫赫明明，不可亵也。《史记·天官书》曰：南方火，主夏，曰丙丁。礼失，则出荧惑。荧惑者，赤帝熛怒之神，司天下群臣、百姓之过。察骄奢、亡乱、妖孽，为执法星。夫灾由人兴，神以敬格。昔宋景公有至德之言，而荧惑退三舍。

　　予自治亳以来，兢兢业业。常懔象齿之焚身，敢信璀莘之能禳。而巍焕其庙，金碧丹黄，炳灵扬烈，俾州人士知所虔惕，侧身修行，预远灾氛，则亦未尝非神道设教之一助矣。庙成，命僧永泉主持，僧请为经久计。故义民侯祥者，前刺史杨公之司阍也，性诚恳，能小心事人。杨公去，慕李君磊落，愿为操筦钥。而年已幡然七十矣，无室家，病革箧存，余资六十金。李君谋于予，交典商生息，岁得利十二两，半储为将来修理之费，半给该僧供香火费。而从此神式凭之，以妥以侑，永保我蒸民，不至如袁氏之创建于前而倾颓于后，其亦牧斯土者所为。乐神人之和，而质诸先王燮理阴阳，慎重水火之意，庶无憾也欤！至因火星殿庙重新，而其中三皇、大士、地藏、弥勒诸殿庑概加修整，则亦有其举之，莫敢废之，而非以信佛饰观为也。谨叙其始末，俾人知庙之改建实出自众姓乐输，而他人不得复藉称山主人，入室作践，有亵神明。其督工趋事王千木、李宏勋、王寿山、刘公垣等，幸勿衍勿忘，以祈于有永，爰勒于石而为之记。

　　乾隆二十八年岁次癸未十月，知亳州事溧阳王鸣撰文并书。

真武庙碑记

（明　周　鉴）

　　谯城之东，涡水之南，元天上帝真武庙，凡旱潦疾疫，祷必响应。近年黄河入涡，水势冲激，岸日倾圮，渐及庙垣。王公景德乃鸠工觅役，创屋四楹，经始于成化元年六月，迄工于七月。规制严峻，镘镬辉煌，视旧制则倍蓰矣。

　　乃卜日奉迁神像，正位南面。仙姝神将左右分侍，炉瓶钟鼓，供养之具，咸列如仪。仍堑台之四围，以限内外。门台之南，以通往来。托禅僧广真住持，以奉香火。将刻石以记创建之由，乃遣人至潮，以书示鉴，命文其石，以垂不朽。

　　鉴闻真武即北方玄武之神，在天有象，在地有形，象形必著者，乃壬癸之精英，大阴之偶数也。故张子云："两在故不测。"是神之灵异，显于古而验于今。永乐初，护国庇民，祛邪辅正。太宗文皇帝勅修武当宫观，以答神贶。今公据诚，殚忠创建，迁神众于高亢爽垲之处，有磐石之安，无冲激之患。固不期神之报，而神之福公自不期然而然也。然则公之寿富康平，宜家保族，世享天禄，而与国同休者，不待卜而可知矣。

　　公名裕，明威将军武平卫指挥王铭之叔父，鉴之戚党尊属也。鉴既述其事，复繁之以诗，俾祈祷者歌以佑祭。其词曰：

> 神之洋洋兮，周流无滞。
>
> 庙食于兹土兮，绵越百世。
>
> 倏忽去来兮，不我知捷。
>
> 灵响于桴鼓兮，吾人之不□。
>
> □之祠神兮，椒兰苾芳。
>
> 神之报人兮，百福来畀。
>
> 丰我嘉谷兮，时我雨旸。

驱我厉鬼兮，殄我□蝗。

蕃我嗣息兮，永昌勿替。

厥始兮，祀事孔明。

成化三年丁亥十月，奉议大夫知广东潮州府同知事长乐周鉴撰。

潮真庵碑记

（清 高 琳）

　　潮真庵者，乃碧霞元君香火地也。历年久远，风雨颓散。顺治年间，琳父明玉公、琳叔彪公目击荒凉之况，心焉戚之，每欲访德行僧尼住持，乃久之而未得其人。

　　至康熙十一年间，闻戒衣尼僧福常忠厚朴实。琳父与叔因延请入庙，奉祀香火。残者修而坏者补，弥月之间，颇有可观。琳叔彪公顾之心喜，又将庙后地基一段，施于庙内，规模得少扩焉。

　　福常于是虔心募化，又重修正殿两廊，更购旁地，增其基址。正殿之后重整三大士殿宝殿，净土阁一座，周围禅舍焕然一新。较之厥初，不啻什伯。此非神灵感应默佑而能如是乎？然而喜施药，助其成善果者，诸檀越之功也。其朝夕从事，为之经营于无己者，实福常之力也。今福常年八旬，大功告成，欲刻石以垂不朽。因索记于琳。呜呼！先人之善迹，福常之经造，以及诸檀越之乐施，均不可没也。因不揣固陋而为之记。

　　康熙五十四年岁次乙未八月，邑人高琳撰文，学生高得仁书丹。

白衣庵碑记

（清　屠应麟）

　　白衣庵，古谯东门外丛林也。谯为江南北郡会之区，而禅寂焚修，四方行脚往来挂搭之所，并无古刹。庵自国初顺治年间，僧尽休创始建立，而规制未就，无恒产，惟托钵收供，以奉香火而已。自后华山僧妙湛卓锡来此，祖华山之法，专律门之教，愿力宏深，因缘广大，恢扩崇起，遂成大丛林焉。今灵熙上人住持已久，退院后，僧悉檀继之。境静规肃，信尘埃中清凉福地也。

　　山右董君名继先，雅志好游。自武林、姑苏回，息驾于谯。礼忏至庵，晤灵熙上人，盘桓竟日，挥尘谈禅，机锋颖敏，知其足以阐扬圣教，接引后学，与华山僧诚后先相映也。及睹白衣大士殿，偏居二门之傍，关帝殿像置之暗室，茆茨湫隘，尘昏土垢，心遂怦怦动。

　　爰与二上人议度地，正方改设大殿各三间，爽塏巍焕。起工于庚辰十月，落成于辛巳四月，像俱重为装塑。

　　呜呼！昔则偏陋，今则正大；昔则颓废，今则庄严。凡瞻仰于此者，诚敬之心可以油然而生矣，岂徒暮鼓晨钟得安梵诵而已哉？是役也，董君独捐千余金，鸠工庀材，不假募缘，以成此胜果，其亦可传不朽也欤。余以灵熙上人之请，因书之石。

　　屠应麟撰。

太平庵碑记

（清　聂　琦）

古之圣人以神道设教，非以愚天下之耳目，所以助政治之所不及，悚天下之心思智虑，而使之趋于为善之路也。

盖朝廷之望民甚殷，导民之具甚详。而又绳之以法，驱之以刑，为善者有所慕，为不善者有所畏，其亦可以无事矣。然可以范民之身者，或未足以动民之心；能治于已然之后者，或未能禁于未然之先。

圣人于是立之教曰："作善，降之百祥；作不善，降之百殃。"又曰："积善之家，必有余庆；积不善之家，必有余殃。"而天下人之心思智虑，暗室屋漏之中，皆若有朝廷之法束缚其手足，而不敢逞。然而圣人实非愚天下之耳目，善恶之报，必以类应，诚有不爽者。夫善而曰作非，无因而创之之谓也；善而曰积，有所继而扩之之谓也。有以创之于前，又有以扩之于后，其获报更有未可量者。

亳州城南关有太平庵，创自明时，有阁巍然，设三大士像其中，盖数十年矣。后有会首卢国举同住持海注又修大佛三尊，拘草堂以供之。今有国举子卢良陛继其父志，与住持守绪多方募化，雕塑关帝像金身，功果完成。遂立碑，记其事，以见前之创者不坠其绪，后之继者能扩其功，使后之继起者又因而光大之。则为善之事无穷，而其获报亦无穷。是为记。

康熙十二年岁次癸丑三月，郡廪生聂琦撰。

重修文昌宫碑记

（清　任寿世）

亳州为古焦邑，成汤之遗迹于是乎存。殷人以尊神导民，遗俗重于事神。灵宇神祠岁有增益，独文昌司禄之祀尚安简略。

嘉庆六年，诏天下皆立文昌祠，春、秋二祭如关帝故事，各以时举。而亳邑旧有文昌祠，在学宫殿后。明万历辛亥，学正蓝山陈公以其卑隘幽僻，乃移建于青云路东，以补震方之缺。壬子掇巍科者二人，众以为神之灵佑，维是供奉。有地而庙制未崇，且日久渐圮。嘉庆三年，前刺史李廷义前辈倡而新之，亦仅于东北隅一席之地以奉香火。其于守土崇事之礼，未极诚敬；而于奉敕建修之昔，亦未克举。行此非所以光盛典而答神庥也。

夫亳州为皖省大都，岂尽无怀才绩学之士？而数十年来科名寥落。揆厥所由，盖知文章之本于气数，而未知文运关乎人事也。夫气运之振兴，操之神力，而其事由于人心。人心之所向，其神必灵。不有感之，谁其应之？虽司禄之神聪明正直，未必以此为黜陟。而天人相应之符，精诚感召之理，亦有默为鉴者。气运之转移，安知不出于此？

余以辛巳之秋来牧兹土，任事几及三载。久思遵旨兴建，用昭诚敬，每朔望瞻礼。相度地势，自殿基至后节孝祠止，计长十三丈有奇，广不下三四丈，均系官地，平时就为民居，可折改以修祠宇。惟所费不赀，请俸无几。因与众绅士公议捐输，择日兴工。自癸未六月初旬开工，越三月告成。栋宇宏丽，肃肃穆穆，神亦来格来飨。庶几，人文蔚起，科甲连绵，赖神庇于无既矣。是举也，始倡于余，而邑绅士高华等复具呈公吁，又得文武同僚协成义举。上以昭奉旨建修之典，下以伸守土崇事之诚。斯固众人乐善不倦之深衷，亦文昌司禄灵爽之式凭也。爰叙始末，以勒贞珉，永垂不朽，是为记。

道光四年甲申五月，诰授朝议大夫知亳州事钱塘任寿世撰文并书，亳州营都司叶养福、营千总王国彩、州同曾怡志、署学正房遐振、学正汪茂醇、训导焦锡荣、吏目胡松龄、义门司巡检余桂森同立。

重修文昌帝君像碑记

（明　路　质）

质尝考先圣所称"祭则设尸"，及古明王绘云台诸像焉，此何以故？盖亦因像以著诚，缘诚以昭享。夫像之时义邃矣哉！迨稽祠官，无论其他，若吾大成庙享，鲜不像祀于历代。唯自先柄臣建议而撤之，嗣后未有不雌黄于此间者。

余自虞赣承乏于亳庠，阅岁，藉令惟鲁弗文，然亦靡不饬笾簋于神，督课艺于士。唯日夕凛凛，株守一博士箴也。顷校艺，宵旋倦而隐几，梦游一神宇，恍见穴中神矗然崛起，如有所授者。余蘧蘧觉，兢兢然，异之。及旦，遥视文昌祠，缮葺圮垣，凿土得帝君像，俨然如寤寐所睹者。余蒲伏请登之祠，方罗拜而像化矣。噫，噫乎神哉！唯是帝君典天枢之鉴，衡为文章之司命，虽亿幻化，现弗一均之，秉于孝友也。

余既捐俸，鸠工绘像，用答显灵示梦之异，以昭尽职事神之诚。业既献藻陈兰，馨明禋于俎豆。而通庠诸生周如砥等征余一言，镌之贞珉，以彰灵贶焉。

呜呼，唯我多士，咀英撷藻，彬彬藉藉，罔不歌《南陔》而颂《在原》，文夔龙而勋皋契，应灵速化，笃岂孝友。金闺玉笋，鸳联鸿序，勒旗常不朽之功符。

帝君锡命之义，庶几不负。予鼎新之下，恂也。斯役也，即谓宪章古圣帝尸祝绘像之微蕴可矣。

万历乙巳四月直隶凤阳府亳州学正新升山东济南府学教授新中彬庵路质撰文，赐进士第奉政大夫工部屯田清吏司郎中前行人司行人郡人星衢贾三策书丹，赐进士第通奉大夫山西承宣布政司左布政使功升正二品俸前刑料给事中侍经筵官郡人正屏李国士篆额，亳州训导马嗣光、苑尚质，生员周如砥、赵学颜、李朴立石。

九日宴谯楼记

（清　高搏九）

　　丙申之岁，节届重九，太守张筵召集群贤于南城谯楼之上，列菊为屏，一丝一竹，设而不张。客至揖坐，不立监史，觥酬交错，更仆不厌。既而撤幕启窗，近眺遥瞩，秋气横空，金飙振木，辞柯依干，丹黄殊状。极目苍莽，一望无涯。逮俯视城郭，首尾相衔，襟带涡流，爻间扑地，圣宫元殿，森然峙立。帝德王功，依稀若接。四顾诚可乐也。

　　斯时，或倚窗寄傲，或握手谈心，或对花悦目，或抚景生情，各适其所适，而莫之拘焉。及更盏加爵，移席联几，远述古烈，近讨时事。银烛重剪，高谈转清，漏下数鼓，晨星窥户。姝子输诚，大夫前席。

　　余乃离坐而言曰：古今胜游，以良晤为足述。如兰亭之修禊事，黄鹤之溯仙踪，岳阳表忧乐之怀，醉翁尽山水之兴，皆以为一时之美谈。若夫《简兮》抱志于榛苓，《淇澳》兴怀于菉竹。美人在望，盛德难忘，夫不有进焉者乎。当此鼠不趋人，鸿不悲野，共庆再造之日，而良辰在目，优游言欢。凡在坐之同人，吏有仙风，士无饰节。倾鲁酒而话唐风，宁得仅等之登高之遗事已耶？于是不辞固陋而记之。

永清桥碑记

（清　严文照）

　　亳固江淮间一都会，北达秦晋，南通吴越。其治之北郭，涡水环之，百货所集，富商大贾咸聚于此。宋时设灵津渡，明有范公桥，康熙丙子复建，名人和。后重建，易名普济。轮蹄络绎，踵接肩摩，利赖久矣。数百年来，屡坏屡修。其间营度捐输之士，俱已勒石，遗碑犹存。乾隆四年，涡水暴涨，挟黄流而下，漰荡震撼，木石尽倾。民方舟以渡，杂沓挤排，间有颠溺者，苦为民病。七年，郡伯京兆李公按部，见而悯之，将请帑为浮桥。已估计若干，而前明府金陵朱公以为计非经久，宜仍建石桥。于是与诸父老谋，区画经理，度材几何，工几何，匠氏伫廪几何。迄有成算，询谋金同，乃特举里中老成练习、勤敏有干局者王兰生、翁坦如等四十有三人，仔肩其任。设法募助，储蓄金钱，以待兴筑。斯时也，精诚所至，远近响应，翕然慕义者莫不乐输恐后。

　　不二年，财赋所积，约可集事，遂择于九年八月初一日开工。四十三人者分工办理：某也总摄其事，某也鸠工庀材，某也司会计经出入，某也仍任劝施以足用。悉自携斧资，栉风沐雨，朝夕寒暑，无懈无怠。

　　维时朱公亦日历工所，勤勤恳恳，鼓舞作兴之，由是人益奋，思必效其力也。未几，以忧去。海宁陈公、三原杨公相继莅兹土。恐艰巨之功或致中隳，悉心殚力亦如朱公，且捐俸为助。盖先是规模已就十之七，至十一年冬，桥遂落成，比前加高广固铁。陈公名之曰"永清"，志庆也。

　　余以乾隆十五年岁庚午夏六月，奉檄来守是邦，见是桥之巍然聿新，询之司事者，因得详其桥之所以始与桥之所以成。爰谕之曰："如有未了之事，余一一为成全之。非敢希美前贤，盖除道成梁，凡为政者与有责焉耳！"

　　越岁，董事人请曰："桥虽成，尚未勒石。恐贤牧之勤劳，襄力之祗承，久而湮没，愿公为之纪。"余叹曰："使守土者而尽如数公，则何利不兴？趋事者而尽如王兰生、翁垣如等，则何政不举？余虽未与斯役，乐观厥成。"乃述其颠末及诸姓氏于碑阴，与桥并传不朽云。

乾隆十八年十二月朔，奉直大夫知亳州事大兴严文照撰，溆浦生员郜琪书。

重修永清桥碑记

（清　王　鸣）

亳形势旷衍，其受水巨浸曰涡河。下接淮，上近黄，当豫省之委。明嘉靖刺史范旸建桥于州之北关，所以捍水，即以利行人，志称范公桥是也。然迅流捣啮，废兴不一。始名范公桥，继名普济，后曰永清。考国朝百余年来，一筑于康熙三十年，田维贤捐三千金为之倡；一修于康熙五十九年，李孝子长桂主其事；又重建于乾隆九年，前州牧朱公宬倡率绅士王兰生等劝募以成。

窃以为历年不久，屡劳兴造，此固由水之横决，其来不可测；抑以亳无山石，艰于购运。类藉筑垛架木，以便往来。故究同略彴之支，不可经久也。

余于辛巳夏初莅亳，相度水道，思有营建。是年秋，豫之杨桥河决，一昼夜涡水迅长，不没高岸者仅三寸。涛声噌吰，喧呼遍野。余夜起，整衣冠默祷。漏方尽，步泥曳水，亲诣河干祭告。水忽从上游他注，以杀其势，两岸居民幸无恙。而桥已漂荡，但余乱桩残垒矣。

夫亳为山陕通衢，轮蹄络绎，而涡河近城北一带有商贾、百货所聚集，断不可一日无桥。惟是镇水德之灵长，尽人功之坚确，事在能图久与不辞劳而已。集绅士议之，凡前所架木成之者，必皆易之以石。于是慎选老成，审定规模，计河宽三十二丈二尺七寸，分为九圈。下植巨桩，深三丈四尺，上垒密石，面封巨石。其为工也固矣，其为费也大矣。余与诸同寅捐俸以倡，绅士继之，设法醵金，无不踊跃。而董事各任所长，共二十有余人。太学生王士英尤以贤劳著。士英素乐善，廉介有操行，人共信之。其于斯役也，不但自捐，而四载之赔苦，难以尽述。总掌募项，亲督工，无间寒暑，凡四年而桥遂成矣。

余因念治亳以来，时和年丰。其有关古迹，有便民生者，罔敢任其废坠。如汤王墓、何忠壮祠，以及城工、东南乡水利，皆次第告竣。而斯桥为川途要道，赖各董事实力赞襄，劝募至二万七千余金之多。鸠工庀材，善建不拔。较从前九年之兴造，今改发石圈，计增石砖倍之。复能约己裕公。凡所一切茶汤饮膳，皆各解囊，无丝毫支及捐项，故用力专而工益加固。宁不足感灵河伯，永监人事之坚贞于勿替哉？

今适当告成之日，余以量移六安，从此行矣。则未尝不私幸余之来此，其于商旅、居民犹能有济者，皆任事之得人以相与成功也。爰为之记，以勒诸石。抑更有与民约者，桥之成，非易易矣。其两旁勿令搭盖篷架，铺设货物。一恐有碍轮蹄，一恐日久争占。倘敢不遵，乡保指名，请究其毋忽。

亳州知州溧阳王鸣撰。

重修永清桥碑记

（清　刘　科）

　　亳，故汤都，汉称谯郡。豫州接壤，山陕通衢。为往来商贾、四方宾客之所毕集。其横亘北关外者有涡河，架木为桥，以资利涉。宋时号灵津渡。前明嘉靖间，刺史范旸改建，因名范公桥，载州志可考。

　　涡河，上通黄水，下达淮、江，受豫之委，黄河溃决，亳先被灾。桥不能支，屡修辄圮。国朝康熙三十年，行僧如意承州牧朱之琏命，挟册走募，得善士田维贤捐银三千两，扬州兴化季大有捐修中节，余者州人助成。九年毕工，又更名普济。

　　阅康熙五十九年，桥木败腐，本州孝子李长桂倡修。又雍正三年火毁，长桂再修。今上临御之四年，黄水涨溢，冲激尤甚。时广德李公国相署颍州府，事经亳邑，目击情形，亟申请上宪，檄州牧金陵朱公宸，遴选四十余人，公举王兰生为总理。自九年五月，设柜劝输。一切行货客商数稽担石，拨取厘头，其他摇会彩资尽归捐项，铺户门面日派杂摊钱。五月，朱公以忧去。署州陈公韶、接任杨公遵时后先经理，十一月二十二日告竣。改定今名，曰永清桥，意谓庶几可以久矣。

　　迫乾隆二十六年七月，豫之杨桥河大决，挟黄河之水并入涡河。一昼夜间水高数丈，两岸居民半成巨浸，桥随浪滚，彻底漂流，行旅回踪，洪波中断，幸溧阳王公讳鸣者莅任已三月，集绅士会议，谓兹桥所以易圮者，由于架木。必尽易以石，始堪垂远。而亳邑无山，艰于营运，遂悉仿朱金陵遗法，谕众蠲资，垒趾以石承砖，桥面封以巨石。择襄事者二十有余人，而董成者国子上舍王君士英独肩其任。

　　士英乐施好义，才略夙优，品洁行廉，兼耐烦苦。载星还往，自备供餐。以辛巳秋经始，至乙酉冬讫功。四阅寒暑，糜金钱二万余两，凡发为桥圈者，九高加于旧者。五尺履道坦坦，顿成巨观。

　　昔欧阳永叔记偃虹堤有云："大事不患于不成，而患于易坏。"作者未始不欲其久存，而继者常至于怠废。计前此屡修，弊在杂需木料。兹得一劳永逸，功在砖石全施。遥忆自今以往，时和岁稔，允犹翕河。即或豫倒狂澜，其亦可以无虑矣。

余适司铎谯陵，快睹斯举。窃以王牧为民捍患，士英从事贤劳，捐输前哲，皆可书也。因为缕述其详，俾勒诸石。

亳州学正刘科撰。

重修洪河桥碑记

（清　王　鸣）

亳地形素称平旷，无山阜为障，故川途往往多溃决。而桥梁之设，非略彴能支，费最繁，功亦最巨。

洪河者，北流巨浸也。尝周览水道，南有肥，北有涡，而为沟为潭为溜，近于陆行孔道者，惟洪河之盘淤逍沸，势尤迅矣。明万历年间创有石桥，兴废不常。及国初重建，屹然也。而波腾湍激，数年来半就倾颓，行人甚病之。夫亳为南北通衢，中州锁钥。雍、梁、兖、豫、吴、楚，百货辐辏，霜蹄尘辇，担盐贩夫，络绎不绝。而斯桥适当其冲，一日不筑，商旅之害，抑亦守斯土者之咎也。

州耆士公请倡修，余因偕同寅各捐俸以助，而慕义乐输者累累。太学生赵助、尚仑、刘岩等董其事。入山选材，择匠授事，筑茅舍为督工所，饮馔皆自给。暑日寒霜，相度无间。初不待余之悬鞶鼓以劳来也，盖其利物济人之心，有共出于诚然者矣。

窃念余莅亳已三载，修城垣，通沟洫，凡一切废坠当举者，皆不惜设法倡导，思便于民。其桥工之最大者莫若北关之永清桥，现兴工作费将逾万。涡河锁峡，事非得已，然大半实为两岸商民贸易计。若此桥，则数省轮蹄上下所必赴之交途，固不独免居民之招舟问渡已也。

自壬午五月鸠工，迄今年十月而桥告成。虽所费不及永清桥什之二三，而数亦以千计。工无虚耗，力能倍勤，石固桩深，坚实胜昔。其庶乎足镇洪河之水，永传利济之恩。而回念未修筑时，雨雪之晨，蹒跚飒栗，踧踖难前，甚且覆辙坠涧，间有不免。则今日之商旅骈集，往来如坦，其功德为何如哉！而于王政所称，平道路，治津梁，即余亦可藉告无忝焉。爰为之记。

知州王鸣撰。

江公救灾记

（清　张佩芳）

　　余知寿州日，亳州梁君闻山主书院讲席，每为余言戊戌七月亳人罹水之惨，与州牧江公之所以赈救，辄唏嘘泣下曰："我公仁人也，亳之人不能忘，请为公以征。"后余许之。

　　今年四月，余迁泗州，公迁六安，同日引见江宁行官，间以前事询公，公逊谢曰："无他异。"逾月，公升知凤阳府。又逾月，余至泗州，闻山乃函闵君士双所为《亳灾纪略》示余。

　　先是，六月河溢入涡，城西故有堤，公增筑之。及七月九日河决开封之考城，越二日，水大至薄堤，堤溃，及城壕堑皆满，平地水深数尺，民夹壕而居者数万家，争拥入城。越三日，河又决仪封，由商邱下注武家河。河故平衍，复由雉河溃流入涡，所至民争堵御，低者田庐多坏，反咎高者，持械思斗，公至立解。乡民避水徙城中日以千计，有浮瓮而至者。尤远不能至，则缚筏置树间。狂风骤雨又作，远近呼号。米价腾踊，市肆昼闭，有米贾积粟数千石，乘时居奇，民益哗。公乃榜示，示毋得闭，佥平其值。而监其出入，禁民之群聚要索者，于是粟稍出。又虑无钱者不得食，煮粥以饲，为二厂，分给男女。相隙地编茅屋数千，以居流亡。日作饼饵，分饷四乡。昼夜巡视，寝食几废。是冬发帑拯济，民乃获宁。而亳人则曰："吾父母妻子之所能及此惠者，公之赐也。"

　　明年水退，作护城堤于涡之南岸二千余丈。六月，水又至，竟以无虞。巡抚闵鹗元奏其事，上褒曰："勤民能事。"公之再升为府实以此，自河南趋曹、单。亳，去河不二百里，涡径城北，下达蒙城、怀远入淮。元明以来，河决则入焉，往岁为剧，以致沿淮诸邑咸罹其害，而亳尤剧。河不治，则灾不除。

　　故公之所以注措，非一时之利，乃后来者之法程。而闻山又言：水初至，公日招都司李芳园、千总马世杰、学正王大昕、训导闵士双、署州同事吏目潘华诸君，商所以捍御，凡有所为，众以为可，然后行之；众有所知见，则择而行之。呜呼！其殆廪廪德让，君子之遗风与！宜亳人之思慕不忘也。

公名恂，字于九，江苏仪征人。

乾隆四十五年岁在庚子十月十二日直隶泗州知州平定张佩芳撰，原仕巴东县知县邑人梁巇书。

江公救灾记

（清 马文玮）

　　圣天子一海内，子元元，中外臣工咸体保赤，至意膏泽下民。而我亳州父母江公其尤著也。

　　亳自乾隆四十三年七月，仪封、考城河决东注，一由亳之涡河，一由亳之武家河，横流州境，悉成巨津。当是时，田禾尽没，庐舍成墟。竹树摇空，水天一色。民之压者，溺者，有见机而先逃者，有强涉而幸济者，有为巢以困守者，有乘桴以远奔者。噫嘻！荡析离居，祸未有甚于此时者矣。

　　我父母轸念哀鸿，飞详上宪，亲行巡视。船载糇粮，于民之不火者，悉予之。又先委员分给抚恤，而于城内流民则谕庵观寺院以居之。又于城隙结庐，使得宁息，民于是始有望生之心矣。水抵州城，多方捍御，全城无恙。克奏殊勋，所尤感者，州中十一二日，民多乏食，鞿危不宁，有米商居奇不售者，众欲瓜分；又有居积沈姓者，众谋强贷，一时哗然，莫可禁止。我父母盛其仪备以出，至则申以德威，定价令卖，又谕买户至天后官给票验照，至于沈姓事则止罪渠魁一人。而民情肃然，民志亦帖然矣。向非应变如神，恐无知小民未必不蹈肥邑夏廷赞之覆辙也。至于民贫无措，则先捐俸劝乐输。于成汤陵、咸平寺设两粥厂，以全活之。有钱无粮，则开仓平粜，恐不足，又谕富户粜以哀益之。未几，大宪奏闻，蒙恩溥赈，合州灾庶咸庆更生。而我父母竟以己饥己溺抱病署中，使人不胜于邑也。幸赖总戎李相公相助为理，奉委诸君分猷相从，故得如淮阳卧阁而治耳。嗣是水势稍退，虑民之无居地也，则有所请之房价；虑民之无衣也，则有所捐之棉袄；虑民死之不能葬也，则有所施之棺木；虑民地之不能耕也，则有所借之籽种。又筑近堤以护城池，拨川米以资籴粜，筑街坝以御冲击，减典息以纾困穷。

　　至其设官渡、疗药汤、禁私债、贷社仓，害已至而为之救，害未至则为之防。今者涡水以南，果皆安堵如故矣。独惜武家河两岸仍为薮泽也。虽蒙父母面谕，欲筑武家河堤以防河患，而土未反宅，水未归壑，工筑难兴，势不得不竚立以俟尔。他如籴米抢水，不无奸民。一经查出，法在必行。是以境内宁谧，盖惟临之以智，育之以仁，正之以义，故能沛皇猷，宣宪德，而为亳民大再造之恩也。

夫一州之利，广其法，实天下之利也；一时之泽，永其传，亦百世之泽也。然则父母之德，又岂仅迩日遍福亳民已哉？故恭记其略，以俟夫观风者采择焉。

乾隆四十五年五月邑举人马文玮记。

耿文宗救荒记

（清　王云万）

人有恒言，皆曰："乐善好施。"夫好施而无所为者，乐善之人也；以好施成乐善之名，则亦好施之人焉耳。富人挟升斗之惠，锱铢难减，意气转增，即其善自谦抑者，犹未免伤心蒙袂，失口嗟来。所以古之难衣食者，甘心键户而僵卧也。盖施而不居其名者，难矣。

康熙己丑岁，江南北大饥，而亳尤甚。耿君文宗，字君卿，家储豆千五百余石，价且日昂，贸易他所，可得三倍利。君卿独念梓里饥，思有以少济其族党，又恐区区者易尽，而招好施之名也。遂号于众曰：以衣物易者听。当是时，亳饥者众，中户以下俱不免就质子母家。子母家又故压其值，且质者既众，资本告罄，谢无以应，往往有持衣物终日皇皇无所得钱以搏一餐者。君卿起而悉诺之，且视所持之物剂量缓急，物之完美出于稍有力之家者，平酬其值。苟素知其贫，则折足之鼎，败鼓之皮，或数倍其值以酬之，邻里之资以举火者，盖不啻数百家云。

余谓是举有五善焉：木金石锡，皆以饱餐，至便也；鹑衣洒解，尘甑生香，至速也；物之完好者平买之，则来者有节，而时日可展；垢敝者倍偿之，而贫窭得济，则存活者众，至均也；挟物而来，握粟而往。民乞贷之迹，其称名之雅，以倍从之，价仅存十之三四，而不邀推解之誉。其宅心甚广，以视沾沾见德者，其度量相越，岂可以道里计哉？

且使君卿出其所储，减价和卖，亦足为德一时。然贫窭者囊乏青蚨，将熟视而莫可如何。即使尽捐其值，在亲串间，既难以为名，而一二知自重者，又不屑箪食豆羹之惠，不得已而辗转委屈，计出于此。遂于救荒成策外，另开方便法门，宜地方大吏深嘉而乐予之也。君卿孙炽以例贡成均，犹庋敝物数箧，示后人无忘祖德云。

无锡王云万撰。

巡按江北誓辞碑

（明 蒋春芳）

御史之职，守在纪纲。外则澄清海宇，内则绳纠庙堂焉。可以一身之汗秽，强将公道而主张。

乙未之岁，惟月之阳。天子命我，来巡兹方。将欲于浊者而是激，将欲与清者而是扬。鼓嘉生而豳遂，群兆庶于用康。简书有赫，小臣悚惶。蚤夜以思，天牖其良。行动生影，声动生响。日则务积，能怪浊者之不滥觞；已蒙不洁，能令清者之自见其长。回互闪铄，消沮闭藏，永堕小人之行径，终非君子之心肠。敬为誓辞，列之神堂。一言一戒，丁宁春芳。朝夕从事，求靖此邦。及瓜告贷，一物毋将。书籍笔墨亦是。苟违斯誓，苞苴私藏，渡河则殒于河，渡江则殒于江；生还无望，舆襯归乡。神明森列，毫发不爽。行旅维九，书册衣裳。即损之而又损，虽四五亦何伤？虔兹誓之，宣布天威，俨其在望。持釜乎，吾将行肃所司以官常。毋谓下民为易虐，毋谓金小而无伤。倘有犯乎，三尺剑必借于上方。重则击之以雷霆，轻则加之以风霜。务期肃清一方之吏治，百拜稽首，以复命于吾皇。

万历丙申北海蒋春芳书碑。

龙凤沟碑记

（清 卢见曾）

　　亳之水患，非天为之也。亳无高山大陵，亦无培塿，四郊之外如平洋。惟西北少高，然甚狭，东南广数百里，皆洼下之地。雨泽时降，则泛滥无所归。河之受水者，南有肥，北有涡，贯通二河有古干溪之沟，而干溪之淤塞，固已久矣。水患之尤甚者明河、中心沟、油河诸水皆会于三丈口之清游湖，又兼受河南邻邑之水，故其势益浩瀚。所恃以入涡者则有梭沟，而梭沟之淤塞又已久矣。其南之达梭沟者则有牛毛河，其东之入涡者则有皂沟、田家沟、脱缰沟，皆淤塞不治。故知非天之为灾也，不尽力于沟恤者之过也。

　　雍正九年，予以蒙城令代理亳州，已知其水患之可以除。辛未三月而去，又四年，自六安调治亳，乃得亲履其土，度其势而为之。始至则欲开梭沟，然梭沟有砂礓十里，不可以开。纷纭众论，莫之适从。予思涡之两岸皆土，择其卑下之地别开一沟，分三丈口之水而达于涡，则利等于梭沟，而工省于砂礓。计已决，有告予者曰："水之达涡者，旧有龙凤沟，虽已淤塞，而形势依然。"夫土之淤塞，十不敌砂礓之一。计惟开龙凤沟，以复其故道，则水之阻于砂礓者，既不由龙凤以入涡，而龙子岗、黄家沟之由牛毛河以达梭者，亦皆由龙凤以旁泄于涡，而诸水悉治。予因集绅士耆老而共议之，计工若干，计费若干，财赂之所出，力役之所征，听民情之所愿。时则倡事者有人，出货者有人，督工者有人，予又以酒食劳之，不数月，而龙凤沟以成。

　　于是牛毛河入龙凤沟，龙子沟自斗沟至河，黄家沟自老龙湖至河。河自樊家桥至修家沟皆开淤通道以入涡，而白鱼港则由皂沟入涡，狐狸洞则合田家沟入涡，田家沟、脱缰沟前后相继成功，而亳之水患除十八九矣。至干溪沟虽不可以不浚，犹可以稍缓。且绵亘四十余里，兼有桥梁待修，予将以二三年图之。而今已迁庐州，是继予者之责也已。噫！予兴水利于六安，十之成八九矣；而调治亳，予除水患于亳，十之成又八九矣；而迁庐州，将行皆眷顾，依迟而不忍去，安得不惓惓焉。致望于后之君子，吾知当圣明之世，任司牧之责，人有同心，必不忍躐前人之功而自病其民也。沟之长与深广丈尺并出货事者之姓名皆载之碑阴以志，不可磨灭云。

卢见曾撰。

重修王哑巴桥碑记

（清　王敏学）

是桥之名因人而名也，人名而何以题之桥？盖喑者所肇修也。今重修矣，而名不易者，何也？不忍忘其朔也。尝闻耆老之言，曰乡有前辈王姓者，忘其名字。少病喑，家于河之干。见人之病涉者而怜焉，乃自担土，为垒于水中。凡数十垒，而后达两岸焉。自是行者便之，而公亦病。历数日，忽昏瞀作呕吐状。及醒，遂能言。乃益募金购砖石雇工，役成巨桥十数孔，而王哑巴桥之名以著。方公之担土为垒，年未及壮，又无人以助之，往来奔波，汗挥下如雨，行道者伤之，而公不以为苦。夫岂有所为哉？且夫喑聋残疾，天民之穷而可怜者也。乃不暇自怜而怜人，且不祈怜于人，而惟哀夫往来阻塞、颠踣于水者之无人怜也。岂非所谓人心为质者耶？及垒成而塞者通，己之窒于口者亦通。天之报施善人，何其适相合也？

予尝谓天能因人，而必不能因人之为善。盖靳其财而力可善，靳其耳目而手足亦可善。公不以喑为恨，而以他官体之具为非偶。于是焦心劳思，苦筋力以成其济人利物之功。其于赋形，可谓无负矣。迨夫至诚格天，一鸣惊人，必大发其能，言之用以训俗，而维风如古时木铎之徇。桥工之成，特其一事焉耳。

建桥之岁，莫可纪矣。至乾隆二十年后，渐即残缺。有张承武、王乔年、权上禄、吕惠公、张德政等修补之。后乾隆四十三年，黄水冲激，桥俱圮。至今嘉庆十三年，王全体、刘平章、权思尧、马理平等倡议修筑。四方居人闻兹桥之名，悉乐出其资财以襄事。经年而工竣，属余作文以记之。余辞不许，乃谓之曰：人之爱其财与力，其情无以异。今诸君慨输金资而无难色，与前辈之担土营营，同为恻怛之实心，而非有徇名之念也。至退迤奔走以募告，搫石运灰，其劳费亦约与前事等，而诸君乐之。何兹乡之多善人也？其亦闻前辈之风而兴起者耶？

桥旧无碑，其创建之始末，与前辈喑而能言之故，皆仅得之传闻。今恐其久而湮没，且无以劝善也。故不忍易其名，而叙其事亦特详云。至桥之名，人多嫌其不雅，而予独感其事之可以风世也。他若雁齿红栏，天津绿水，廿四之箫吹，月夜万里之魂消柳枝，徒以资观赏而牵羁愁。其感人之浅深，视此当何如也？

　　永城县举人王敏学撰。

广善局记

（清　张肇扬）

　　天生民而设官以牧之，将使之涵濡德泽，引养引恬，老寿耆颐，幼孤遂长。而非先知其疾痛以为之所，其曷有济？余幼时读曾南丰《越州赵公救灾记》，辄慨然欣慕。及服官以来，奔走风尘，偶有经画，恨不及前人万一。然考其设病坊，给药石，民不幸罹旱疫得不死，虽死无失殓埋，此岂异人任欤？南丰云："其施虽在越，其仁足以示天下；其事虽行于一时，其法足以传后世。"旨哉，是言也！

　　余任六安，师其意而行之，名"广善局"；任寿州又行之，名"广济局"。至今两地之民赖以活，赖以葬者，岁不胜计。丁亥冬，量移到亳，适前任陈公相度地形，议建咸平寺于城之乾方。议初定，以忧去。余继之，捐俸钱二十万助公费。而士庶皆乐于趋事，争输恐后，规制遂较初议益宏丽。

　　余因念致力于神，必当先成其民。亳俗素恃强，有疾则好服克劫伐大剂，往往以此伤其身。贫者无力求医，死则藁葬。甚且暴骨不著土中，尤可哀也。就寺西偏设施药所，择知医者司其事，问病给以药。其药皆依古方，多奇验。人以为有神助。孤寡茕独，死无所归，以棺收瘗之。自设局迄今已三越岁，董事者无倦色，署其局曰"广善"。盖较六安、寿春两局，利更溥焉。先儒有言："一命之士苟存心于爱物，其于人必有所济"。余所在行此，非敢沽名，盖亦遵古人恤蓄之意，求不负初心云尔。

　　今咸平寺将落成，署篆勘堂，孙公为之记。而耆庶以广善局尤余所劳心筹画而成者，请志其事，勒诸石。余以事能传久为贵，岁计局所费不赀，皆赖诸绅士乐善不倦。董事王士英、黄均、何承宗、李学书经纪有法。余虽捐薄俸四百金以倡，亦涓流耳。今约计所积，除建局及岁费外，现存一千六百余金。议置田亩，量所采岁租，以供岁用。但恐用不继，则惠不广。然人之好善，谁不如我？他日慕义君子源源而来，互相接济，是则余私心望此，至切也。倘或以善小不足为，则《越州赵公救灾记》何以传诵不衰？无恻隐之心，非人也。有其举之，谁忍废之？

　　余将去，书此以告我耆庶。俟后之官斯土者兴感而更恢宏其制焉。是为记。

　　知亳州事莒州张肇扬撰，试用训导蒙城苏廷煜书。

黄天仪平籴记

（清　王云万）

　　黄天仪，名维玑，以例贡成均。先世自歙迁亳，数传至名成，字韶九者，天仪之父也。以信义长者推于亳人，举二子。长维璿，次即维玑。赋性诚恪，与人乐易和厚，一如其父。家庭孝敬，父兄之前，虽燕闲无惰容，无忤色。伯兄早故，诸侄俱幼，教训抚育，一如己子。综家政整齐严肃，食指百余。而公出纳均美恶，下至臧获，不异食。故自其大父迄于孙曾，合爨同居，虽童稚无诟谇声。其子祖俊守其遗规，罔敢斁，一庭雍穆，盖六世于兹矣。且能推其意，以任恤于乡里。凡崇福利民之事，皆修举无倦。乾隆丙子岁，亳大饥。恻然悯之，爰出所储数千石，减价平籴。州牧籍其数厥缗满千以上之大宪，各奖异有加，旌其门。核所减之数，以本地市值为准。是岁江浙尤歉，转粟南下，利用三倍册报，减数盖不啻矣。

　　余维天不平而有水旱，地不平而有丰歉。能弥其憾者，在于人力。愿人之谈道义、轻货殖者，既空言无补，力不足以平之。而一二有力者又多权子母营什，一往往操奇质迁，且欲巧乘其不平以为利。则信平能平者鲜也。

　　天仪能不逐利境外，以厚桑梓。捐重资而无德色，丰凶水旱之岁，少得平焉。尽能若是，天地可无憾矣！人情殖利自私，有一家之中而隔若吴越者，亦有好大喜名而箪食豆羹，见色于家庭者。天仪犹能以平于家者，平于乡里，其斯为有本之施欤。余故乐记其事，以劝后之能平者。

　　无锡王云万著。

后　记

　　本书系安徽省哲学社会科学规划后期资助项目（AHSKHQ2021D10）的研究成果。本项目的研究得到安徽大学历史学院朱正业教授的倾力帮助，从题目的推敲到研究内容的拟定，朱教授均不厌其烦地给予指导。本书在体例结构和研究思路方面，得到了阜阳师范大学吴海涛教授的无私帮助。

　　本书在写作过程中，得到亳州学院各级领导的关心和支持，亳州学院发展规划与科研处、亳文化研究中心和中文与传媒系等部门，对于本书的出版均给予大力支持。此外还有亳州学院的刘运好、魏宏灿、陈德琥等诸位教授，对本书的写作提出了许多建设性意见。

　　本书在碑刻文献搜集过程中，得到了南京大学博士生程诚、亳州市博物馆馆长吴磊和亳州市级非遗拓片技艺代表性传承人张亚珍等诸位先生的帮助。合肥工业大学出版社的编辑老师们，在本书的编辑、校对和出版中，付出了许多艰辛的劳动，在此一并感谢！

　　亳州作为曹操家族故里，其家族墓葬遍布城郊，一些墓志铭弥足珍贵。自华佗种植药草以来，亳州中医药产业发展延绵不断，明清时期亳州已成为饮誉全国的中药材集散地。当地兴建了许多药业会馆，如山陕会馆（花戏楼）、徽州会馆等。至今保留在会馆中的碑刻，无疑是研究传统中医药产业的珍贵史料。明清时期亳州还出现有薛蕙、吴楚奇等文化名家，其中有些碑刻出自书法大家之手，极具艺术研究价值。此外，亳州还保存有宫祠、荒政、文庙、学宫、书院等相关的大量碑刻文字，是研究亳州乃至整个皖北地区历

史文化的重要史料。

到目前为止，亳州碑刻研究尚处于零散、无序状态，散见于各个领域的相关研究，不够集中、系统、全面，虽或有论述，或侧重于文献史料，或重于考古发现，或偏于书法艺术。这种状况与亳州厚重的历史文化不相符合。本书以亳州碑刻为对象，从文化的视角，开展初步系统整理和研究。

由于亳州碑刻文献内容丰富，本人学识有限，书中难免存在诸多不足之处，望各位专家批评指正。

作 者

2022 年 9 月于亳文化研究中心